区域可持续发展
——基于不平衡的视角

QUYU KECHIXU FAZHAN

JIYU BUPINGHENG DE SHIJIAO

首都经济贸易大学出版社

Capital University of Economics and Business Press

·北京·

图书在版编目（CIP）数据

区域可持续发展：基于不平衡的视角/姜玉英，徐生霞
著．--北京：首都经济贸易大学出版社，2024.3
ISBN 978-7-5638-3606-2

Ⅰ.①区… Ⅱ.①姜…②徐… Ⅲ.①区域经济发展-
经济可持续发展-研究-中国 Ⅳ.①F127

中国国家版本馆 CIP 数据核字（2023）第 187735 号

区域可持续发展：基于不平衡的视角
姜玉英 徐生霞 著

责任编辑	晓　地
封面设计	砚祥志远·激光照排 TEL：010-65976003
出版发行	首都经济贸易大学出版社
地　　址	北京市朝阳区红庙（邮编 100026）
电　　话	（010）65976483　65065761　65071505（传真）
网　　址	http://www.sjmcb.com
E- mail	publish@cueb.edu.cn
经　　销	全国新华书店
照　　排	北京砚祥志远激光照排技术有限公司
印　　刷	北京九州迅驰传媒文化有限公司
成品尺寸	170 毫米×240 毫米　1/16
字　　数	278 千字
印　　张	17.5
版　　次	2024 年 3 月第 1 版　2024 年 3 月第 1 次印刷
书　　号	ISBN 978-7-5638-3606-2
定　　价	75.00 元

序 言

2021 年 11 月 11 日，习近平主席在亚太经合组织工商领导人峰会上的讲话中指出："我们要准确理解可持续发展理念，坚持以人民为中心，协调好经济增长、民生保障、节能减排，在经济发展中促进绿色转型、在绿色转型中实现更大发展。"当前，我国不同区域之间发展不平衡、不协调和不可持续问题依然突出，因此，树立正确的发展思路，正确认识区域可持续发展，具有重大意义。

从人类发展的历程来看，经济发展从来都是通过区域性表现的，具体由一定的地理区位组成若干个人类经济活动的集聚中心，进而形成一定范围内的经济增长极。区域发展不平衡是区域内部或区域之间各经济体发展过程中表现出的不平等、不充分现象，坚持创新、协调、绿色、开放、共享的发展理念，加快推进区域协调发展战略，可使区域经济实现由初级到高级、由无序到有序的动态转变，进而推动区域可持续发展。

本书以"区域可持续发展：基于不平衡的视角"为主题，在遵循相关理论与现有文献研究一般认知的基础上，以创新设计解决问题的适用方法为手段，注重理论分析与实证检验的结合，从产业、资源、市场三个方面提出了区域发展不平衡的组合测度方法；从内因推动与外因冲击两个方面出发，基于区位因素、要素禀赋、比较优势和政策导向等多重因素，构建了区域发展不平衡影响机制的分析框架；从非线性、空间辐射性和外部约束等多个方面，设计满足适用性、有效性和稳健性的关系研究模型，拓展了不平衡视角下区域可持续发展的实证分析策略；以区域产业政策、"城市群"建设和"一带一路"倡议为评估基础，从比较优势与地理区划等多元融合发展的视角，为差异化区域可持续发展战略的制定与实施提供经验借鉴与对策建议。

本书在写作过程中，得到了中央财经大学贾尚晖教授，北京师范大学赵楠教授，首都经济贸易大学刘强教授、马立平教授、张宝学教授，西安财经大学王佐仁教授、张维群教授，北京印刷学院朱晓峰教授等专家学者的指导与帮助，在此表示诚挚的感谢。此外，还要特别感谢首都经济贸易大学出版社，首都经济贸易大学统计学院研究生王斯、杨家辉、周佳蓉、王力荣，没有他们的帮助和付出，本书不可能很快出版。

　　由于作者水平有限，不妥之处在所难免，恳请各位同行和读者批评指正。联系邮箱：xjtujyy2003@ sina. com，cuebxueshengxia@ 163. com。

目　录

绪　论

1.1 研究背景

世界发展是一个域观过程,经济发展也是一个域观过程。域观视角以体现经济主体的行为和关系为主,可反映其异质性特征,重在强调区域经济发展过程中的"特色"(金培,2019a)。纵观人类经济学研究范式的演进过程,从微观、宏观到域观,即立体化的观察与识别和多维角度的评价与解释,可见域观视角是我们认识世界、接近经济现实的关键。就中国而言,国家内部的域观构成元素极为复杂,不同的商域和域类主体并存,纵横交错、相互影响,区域发展态势也表现出不断演进、不断优化的特征。具体表现为,随着经济体制改革的持续推进与市场经济作用的有效发挥,在多重区域发展政策与战略的综合作用推动下,中国区域经济发展路径由非均衡发展演变至协调发展,再演变为高质量发展,呈现出明显的阶段特性(刘秉镰等,2020)。进而,实施区域协调发展战略,对增强中国区域协同发展、拓展区域发展新空间、全面实现国家区域治理体系与治理能力现代化以及加快构建双循环新发展格局具有重大战略意义。

习近平指出,中国秉持创新、协调、绿色、开放、共享的发展理念,推动中国经济高质量发展,全面深入落实2030年可持续发展议程。同时,中国积极深化南南合作,推动共建"一带一路"同2030年可持续发展议程深入对接,为全球实现可持续发展目标作出积极贡献。可持续发展是"社会生产力发展和科技进步的必然产物",是"破解当前全球性问题的'金钥匙'",区域可持续发展问题的研究至关重要。

在人类发展的历史中,200~300年前的西方工业革命和20世纪中期以来的中国经济结构的调整优化可以认为是对当今世界经济格局具有重大影响的两次工业化"奇迹"(金培,2019b)。如前所述,经济发展是一个域观现象,该现象所呈现的状态在很大程度上依赖政策的制定与实施,但是,中国国土辽阔,各地区资源禀赋各异,其经济发展水平和特征差距很大,即使实行同样的政策,在不同的地区也会产生不同的结果。因此,区域协调发展的演进是一个相互联系、密切交织的动态调整过程;而地理区位临近性、比较优势相似性、经济结构合理性、交通设施连通性等均为其特征影响因素。从理论上看,产业结构演进带来劳动生产率的增长率变动是我国经济增长出现结构性"加速"与"减速"的重要原因，也是推动区域经济协调行稳致远的关键所在，而产业空间集聚是产业结构演进的直接体现，由此可见，产业空间集聚的测度与分析在区域发展不平衡问题的研究中具有至关重要的作用。

党的十九大报告明确指出，中国社会的主要矛盾已经转化为人民日益增长的美好生活需要和不平衡不充分发展之间的矛盾；党的十九届五中全会在审议通过的《中共中央关于制定国民经济和社会发展第十四个五年规划和二〇三五年远景目标的建议》中强调，中国发展不平衡不充分的问题仍然突出，并将优化国土空间布局、推进区域协调发展和新型城镇化作为奋斗的目标。党的二十大报告也强调了促进区域协调发展在推动经济实现质的有效提升和量的合理增长方面的重要作用。面对百年未有之大变局和中华民族伟大复兴的战略全局，要想推动中国区域经济可持续稳定发展、继续提升国际地位与影响力，就必须处理好国内区域发展的不平衡不充分问题，使不同地区的发展潜力得到释放并形成区域发展合力。其中，产业基础高级化、产业链现代化水平提高和经济结构的优化是区域协调发展战略推进的重要保障。

当今世界正经历百年未有之大变局，新一轮科技革命和产业变革深入发展；与此同时，各国环境日趋复杂，地区热点时有起伏，不稳定性和不确定性明显增加。尤其是 2020 年全球经济受新冠疫情影响，其不稳定性和不确定性表现突出；2020 年 11 月全球制造业 PMI（采购经理指数）为53.9%，较上月回落 0.6 个百分点，全球经济复苏出现波动。值得庆幸的是，2021 年主要经济体开始走向全面复苏，但复苏进程有所差异。伴随全球经济的逐渐复苏和我国产业结构的调整优化，各地区之间的产业协调与联动发展呈现出前所未有的广泛性和紧密性。同时，我国各地区产业之间也存在着相互制约、相互促进、相互竞争、协同共赢的多元化复杂博弈关系，产业集中度较低、市场竞争力不强也是缩小区域经济发展差距的难点。

站在新的历史起点上，如何从"产业结构演进→结构红利释放→生产率提升→区域经济可持续发展"的系统性作用路径来增强联系度、提升均衡度、加深融合度，增强活力、提高效率是下一步区域发展的重点和亟待破解的难题。其中，区域经济发展不平衡的测度研究既是基础，又是核心；路径分析与对策研究既是重点，又是举措。

1.2　区域发展不平衡的研究现状

纵观区域经济发展的历史进程，中国无论在战略政策还是理论创新方面，都进行了积极有效地探索与实践，取得了举世瞩目的成绩；与此同时，不平衡是普遍的，要在发展中促进相对平衡，如图 1.1 所示。具体地，一些增长极地区的过度拥挤、环境恶化、要素流动受阻，一些经济腹地的发展滞后、经济衰退，以及地区之间的无序竞争和利益分化等问题，都突出表现了我国社会主要矛盾为"人民日益增长的美好生活需要和不平衡不充分发展之间的矛盾"。

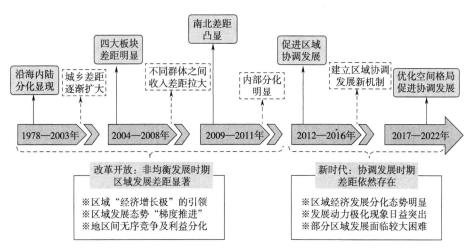

图 1.1　改革开放以来中国区域发展不平衡的演进特征

经济发展从来都是通过地区性来表现的，由一定的地理区位组成若干人类经济活动的集聚中心，进而形成一定范围内的经济增长极。产业基础的高级化和产业链现代化水平的明显提高是经济发展的重要推动力，可通过产业结构的转型升级来优化经济结构，进而达到促进区域可持续发展的目的。然而，区域是一个开放的系统，区域协调发展包含经济、政治和社会等各个层面的沟通与协调；同时，产业结构也是一个由多层次、多因素构成的复合体，二者关系的研究更是一项复杂的系统工程。

1.2.1 理论基础与测度方法

1.2.1.1 理论基础

自 18 世纪 20 年代以来，国内外学者对产业集聚与区域经济发展理论的研究涌现出大量成果。总体而言，国外学者的研究早于国内学者，但是国内学者的研究更加适应中国区域产业发展的实际要求。具体地，可将现有文献从以下三个方面进行概括：

首先，是以杜能（Thunnen，1826）农业区位论[①]、韦伯（Weber，1909）工业区位论[②]、克里斯泰勒（Christaller，1933）和廖什（Losch，1940）中心地理论[③]为代表的古典区位论。该理论的研究焦点在于如何为某一产业部门（多指农业或工业）的空间布局选择一个相对最优的地理位置，多采用新古典经济学的静态局部均衡分析方法，进一步探究厂商的最优区位决策（李琳和刘莹，2014）。虽然至今已有近 200 年的历史，但也为本书研究早期的区位因素提供了一定的参考借鉴。

其次，从要素集聚理论看，根据研究对象的不同大致可概括为三个方面。一是资源要素禀赋理论（Martin and Ottaviano，2001；范剑勇等，2014），认为一个国家或地区的经济发展是以技术、劳动与资本为要素支撑的，集中体现了资源配置效率；二是生产要素流动理论（Hyman，2013），认为地区经济发展水平的提升是生产要素自由流动、合理配置的结果，也离不开政策支撑与比较优势发挥；三是技术要素集聚理论（Yu et al.，2021；杨开忠等，2021），认为科技创新要素是提高生产力的关键因素，并且呈现出较强的空间溢出效应。

最后，是以李嘉图（Ricardo，1817）的比较优势理论[④]与克鲁格曼（Krugman，1991）的集聚经济理论为代表的新经济地理学理论。该理论重

---

① 农业区位论产生于 19 世纪二三十年代，其标志是 1826 年德国农业经济学家杜能（Thunen）的著作《孤立国》的出版。

② 1909 年韦伯（Weber）发表了《工业区位理论：区位的纯粹理论》一文，提出了工业区位论的最基本理论；而后，他于 1914 年发表了《工业区位理论：区位的一般理论及资本主义的理论》一文，进一步综合分析了工业区位问题和资本主义国家人口集聚。

③ 德国城市地理学家克里斯塔勒（Christaller）和德国经济学家廖什（Losch）分别于 1933 年和 1940 年提出了中心地理论，这是研究城市群和城市化的基础理论之一。

④ 1817 年李嘉图（Ricardo）出版了《政治经济学及赋税原理》，并提出了比较优势原理。

在通过空间结构的要素特征、资源禀赋和演变方式探索各有关要素之间的相互作用关系，并揭示出不同城市群、不同产业集群（或产业园区）在发展过程中的比较优势和规模优势，并以此优化空间格局（沈玉芳和刘曙华，2008；Combes and Gobillon，2015）。该理论不仅拓展分析了经济活动的空间集聚与全球化等经济现象，而且从国际贸易理论与对外直接投资理论相结合的视角拓展丰富了产业转移、空间集聚等理论。

而后，区域经济理论不断完善与发展。随着中国区域经济不协调问题的出现，国内外学者立足中国经济发展的实际，对上述研究理论进行了改进与完善。具体地包含以下几个公认的主张：其一，从马克思主义经济学理论出发，卢根鑫（1997）提出了产业重合论，该理论强调产业投资与贸易是促进价值构成异质性和技术构成相似性的基础；后续有学者在产业重合论的基础上，针对产业转移在空间上对生产要素移动影响的特性描述（顾朝林，2003）、制造业在跨国之间比较优势的选择（Ehizuelen，2017）等进一步扩充了区域产业发展研究的内容与方向。其二，基于区际产业转移的竞争优势视角，魏后凯（2003）给出了产业发展的动态博弈论，该理论从外商投资在"区位"上的变化特征进一步分析了产业（尤其是服务业）的发展前景，并将产业发展与地理空间布局联系在一起；在此基础上，也有部分学者从战略性新兴产业的长期动态演化（Kampstra et al.，2006）和传统产业与战略性新兴产业的动态博弈分析（刘嘉琳和汤吉军，2020）入手，采用动态博弈模型，进一步拓展了区域产业发展环境的研究内容。其三，从产业转移的多层次、多因素特征出发，李具恒（2004）提出了广义梯度理论，将"梯度"扩展到要素、人力、生态、制度、经济和社会等多维层面，给出了区域经济协调发展研究的新视角；随后，有学者从中国产业迁移与集聚的现状（Wen，2004）、不同区域尺度层面下产业的转移特征（雒海潮等，2014），以及不同价值链升级视角下产业发展业态（刘友金等，2020）等方面，对国内产业转移实践过程中出现的"梯度"现象进行了多方位探讨。

1.2.1.2 测度方法

区域经济本身是一个十分复杂的系统，在资源禀赋、地理区位、经济发展、政治文化、生态环境等多个方面表现出异质性。在区域发展不平衡的测度方面，现有文献常用的方法有变异系数法（Williamson，1965）、基尼系数法（Pyatt，1976）、广义熵指数法（Shorrocks，1982）等，其主要思想就是针对单一或多个经济指标，从相对测度的视角对区域发展不平衡的影响因素进行分析。显然，不同的指数测度方法反映了不同的理论依据与价值判断，在实际测算中各有优劣，可根据所研究问题的性质、研究目的和所掌控的资料进行相应的选择（冯星光和张晓静，2005；Cao，2010）。还有部分学者对上述常用方法进行了改进与修订，如以人口占比为权重对变异系数加以改进（Akita and Miyata，2010；覃成林等，2011），以二元城乡经济结构改进基尼系数法（程永宏，2006；张超等，2020），以二阶段收入分组为依据修正泰尔指数法（Akita，2003；刘晓明等，2020），等等。上述研究，基于所研究问题的实质，针对不同的研究对象，对常用的不平衡测度方法进行了一定的调整，可进一步揭示所研究内容的特点。

中国经济发展进入新常态，已经从高速增长阶段转入高质量发展阶段，针对区域经济高质量发展的特性，有学者基于全要素生产率（TFP），提出逆绝对离差方法来构建区域经济高质量发展不平衡指数（Liu et al.，2020），该方法既满足了现有方法可分解、可测度的要求，也融入了时代发展背景，为区域差距测度方法的改进与创新提供了新思路。也有部分学者将因子分析、动态聚类等多元统计的思想引入区域发展不平衡或不协调的综合测算分析中，给出不同视角下的区域发展不平衡或协调发展的综合指数（李琼和陈婷，2017；王青和金春，2018；徐生霞和刘强，2019），为区域发展不平衡成因的分析提供依据。

在产业集聚的测度方面，现有文献常用的方法包括行业集中度、熵指数、赫芬达尔-赫希曼指数（HHI）、EG 指数、基尼系数、空间集聚指数、空间基尼系数、哈莱-克依指数等（Dagum，1997；Edward et al.，1992；王子龙等，2006；Cao et al.，2016；Shi et al.，2018；刘强等，2020）；上述方法基于产业集聚的不同状态、所研究内容的不同方面，从绝对指标和相对指标两个维度进行了设计，主要集中在产业集聚综合指数的测算和差异分解两个方面，其各有优劣，很难在同一框架中进行比较分析。也有学者将衡量地理要素分布特征的标准差椭圆（SDE）方法，从分布重心、长轴标准差、短轴标准差和方位角等多个角度拓展到产业空间集聚测度方法的设计中（Lai，2003；赵璐和赵作权，2014；刘华军等，2019）；该方法以地理区位为研究对象，对产业发展与空间格局进行了综合考量，而且丰富了探索产业空间集聚效果的测度方法。还有学者在考虑产业空间集聚特征的基础上，引入可量化产业集聚"非线性"特征的 Copula 函数，对赫芬达尔-赫希曼指数进行了改进，并以此刻画产业集聚的复杂性（徐生霞等，2019），该方法可以有效地反映产业集聚在空间上对邻边地区的非线性辐射强度，可为制定区域产业差异化政策提供技术与数据支撑。

在区域产业结构演化的测度方面，在框架结构上，众多研究主要从宏观层面上构建不同视角下区域产业结构演化发展的框架，利用一般均衡模型刻画产业层面上区域发展不平衡的演化特征（Duranton and Puga，2002；魏后凯，2008；王铮和孙翊，2013），他们的研究以区域产业分工的基本模式为研究基础，重在揭示区域产业分工的差异性和具体特征，进一步从"国土协调开发"的视角拓展了区域发展理论，并且从产业结构的演化路径入手，对区域的协调发展进程进行了分析。但是，一般均衡模型主要关注行业部门层面上区域经济发展的演化特征，未能体现出产业结构在时空演化过程中所具有的动态性、不确定性和路径依赖性等特征（Jagdish，2003；Drucker and Feser，2012；李晶和王海星，2020）。

事实上，在新经济地理背景下，产业集聚是在多区域竞争市场环境中形成与发展的（Bravo，2014；原毅军和高康，2020），由于区域经济发展水平和要素资源等的差异，不同区域间的产业发展是存在很大差异的。以"现象—机制—效应"为分析路径，从空间关联性出发，进一步考察产业协同集聚与创新效率和空间溢出效应之间的关系，是现有文献对区域产业测度研究的视角拓展（Andersson et al.，2005；崔喆等，2020）。然而，区域间技术差异引发的知识溢出效应往往会直接推动创新在多区域间空间扩散，因此，其在驱动产业结构调整中也具有重要推动作用（戴魁早和刘友金，2016；Giulia et al.，2017）。综合来看，区域产业结构演化的测度研究，主要以产业结构、产业集聚和空间分布等特征因素的差异性考察为目标，以相对指标和绝对指标的测度方法改进为基础，重在强调产业集聚在地理区位上的分布差异。

1.2.2 内容机理与政策评估

1.2.2.1 内容机理

就研究视角而言，可归纳为两个方面：一是从经济增长的角度探究要素配置与产业集聚对区域经济发展的影响；研究以增长极理论为依托，通过极化效应与扩散效应实现市场机制优化与资源再配置，进而实现协调发展（Ellison and Glaese，1997；丁鸿君和沈坤荣，2016；孙晓华等，2018）。该视角强调以产业转移带动国土空间布局优化的重要性，并以产业扩散模型为基础，进一步拓展新经济地理思想在区域产业研究中的应用领域；同时，该视角也重视产业转移在优化要素配置空间中的基础作用，进一步强调产业转移在区域协调发展中的调节作用。二是从空间优化的角度审视产业转移的要素空间配置对区域经济发展的影响。该类研究所得结论大不相同，一方面，产业集聚阻碍区域协调发展论认为，落后地区通过承接产业转移方式进行发展将长期处于追随式发展的困境，不能实现跨越式发展，也会阻碍区域协调发展的实现（Wu et al.，2005；成艾华和魏后凯，2013；Hanlon and Miscio，2017；卢娜等，2019）；他们更多地强调产业有序转移在经济规模增长中的抑制性影响效应，并通过控制环境污染来加大区域发展差距。另一方面，产业集聚促进区域协调发展论认为，产业空间集聚是推进落后地区生产要素合理流动与要素高效聚集、实现跨越式发展与区域协调发展共同推进的有效途径（Yildizoglu，2002；Hsieh and Klenow，2009；孙晓华等，2018；王韧和李志伟，2019）；他们的研究基于产品生命周期理论，从产业演化的产生、发展、成熟和衰退等方面的特征出发，对产业转移如何促进经济发展进行了详细的分析，进一步从经济发展的视角探索了其对区域差异缩小的影响效应。

就作用机理而言，产业集中度和经济绩效之间的作用机理一直是学界争论的焦点，不同学派对产业集中度如何影响市场绩效有不同的解释。哈佛学派以行为、结构和绩效（SCP）为分析框架，得出经济结构通过影响经济行为进而影响经济绩效的结论，并从宏微观两个视角，基于制造业等单个产业集中度和利润率之间的关系（Klepper and Simons，2005；孙智君和李响，2015；王志祥等，2018）、多个产业集中度与利润率之间的关系（Findeisen and Sudekum，2008；孟昌和杨星灿，2017；曹炳汝和孙巧，2019）对上述结论进行了验证。该类研究在构建区域产业集聚和城镇空间格局演化指标体系的基础上，以产业集聚和城市空间结构关系分析为研究目标，结合常用计量统计模型和地理空间相关模型，进行深入挖掘。芝加哥学派认为，即使是在高度集中的产业里面，也存在着有效竞争，所以，反托拉斯行为是不必要的。从宏观视角看，产业集聚是产业演化形态上的空间转变，也是对生产要素空间移动的描述（Henderson et al.，1995；Wan et al.，2006；韩军和孔令丞，2020）；从微观视角看，产业集聚是企业区位调整和再选择的经济过程（Martin and Ottaviano，2001；Billings and Johnson，2012；徐生霞等，2020）。该类研究强调产业结构调整与产业联动发展视角下区域经济发展的现状、动态演变结构；以经济理论为支撑，实证分析产业集聚对区域经济发展的影响过程，进一步通过经济结构调整与经济发展变化分析区域经济发展不平衡的具体影响因素与效应。

1.2.2.2 政策评估

对区域发展不平衡和产业集聚测度、作用机理的研究最终将以政策为载体落脚于实施。就应用实施而言，可从区域产业政策制定与政策实施效果两个方面进行概括。一方面，区域产业政策制定反映的是区域经济发展的阶段特性，大都围绕不同历史背景，以政策主导主体不同（Wagner，2007；李爱民，2019）、产业结构与政策融合的区域差异性（刘乃全等，2005；余典范等，2011；李言和毛丰付，2019），以及演进阶段划分（范恒山，2017；王娟娟和任可，2019）等为主进行描述分析。这类研究以区域经济发展的时空演变特征为研究基础，从区域规划、区域战略，以及特色区域建设目标等关键文件出发（孙志燕和侯永志，2019；兰秀娟和张卫国，2020），深刻解读区域发展的非平衡路径与协调路径内涵，给区域产业政策的制定与颁布提供了经验借鉴。另一方面，政策实施效果的评价研究，需要从经济政策的不确定性（Corradin and Popov，2015；胡成春和陈迅，2019）和区域经济恢复能力（Cheng and Qian，2009；廖敬文和张可云，2019）等多个角度进行综合考虑。其中，经济政策的不确定性重在强调受内外部经济环境的影响，国家或地区政府为了摆脱经济衰退，并刺激经济增长而进行的系列改革，颁布的一系列区域发展政策；然而，对于中国来说，不同区域在经济发展水平上一直存在明显差异（杨海生等，2014；Liu et al.，2020），故差异化政策制定势在必行。

此外，政策效果评估在近年来逐渐由定性评价转为定量测度，其中，常见的方法有断点回归方法（Fields，2010；陈林等，2019）、双重差分设计（Cidell，2010；俞立平，2020），以及合成控制方法（Abadie et al.，2010；陶士贵和高源，2020）等。该类方法研究的兴起给区域政策的量化分析提供了工具，并且可以从时间、空间和时空交互的视角更加全面地刻画政策实施的效果，例如，对京津冀协同发展战略在区域经济建设中的引导作用的探讨，认为京津冀协同发展政策的干预可有效提升经济整体增长水平（王金营和贾娜，2020）；经济特区相关政策的颁布在带动地区经济发展，乃至全国整体经济发展能力提升方面的作用分析（卞泽阳等，2018）；"一带一路"倡议对国内（张倩肖和李佳霖，2020）以及国际经济环境（葛璐澜和金洪飞，2020）的调节效应；等等。总体上，关于政策效果评估内容的研究在逐步细化，并逐渐以量化分析为主，可为区域产业政策的制定与实施提供一定的现实参考。

总体而言，国外学者对于产业环境与区域经济发展的研究远早于国内学者，在各方面尤其是在基础理论方面累积了丰富的成果。但现有成果大都从国外实践中形成，与我国新时代经济环境的实际和高质量发展的要求有诸多不同，故不能直接搬用。在区域与产业发展理论方面，国内学者在产业集聚、产业结构优化、区域发展不平衡与区域协调发展相关理论研究上不断拓展，从国内发展到国际协作，取得了较大突破。

1.3 区域发展不平衡的理论分析

从经济增长理论看，产业集聚作为一种生产集中的经济现象，是以产业转移、要素流动和资源禀赋为基础条件的演化过程（Richard and Martin，2004）；产业在空间上的集聚、要素的跨区域流动以及区域产业政策的合理转变可促进经济增长，已经在大多数研究中达成了共识（陈得文和苗建军，2010；樊士德和姜德波，2014）。从空间集聚理论看，经济增长和产业空间集聚在本质上是一个相互影响的内生化演变过程，很难隔离研究（Krugman，1991；张治栋和吴迪，2019）；产业集聚的规模效应和集聚效应是产业空间集聚的直接表现，同时，也是促进经济发展规模提升的核心推动力，还是加快产业结构转型升级的重要抓手。从中国区域发展的历史经验看，区域集聚和经济增长是相伴相生的过程，而区域集聚的集中表现是产业集聚，因此，如何处理好产业空间集聚和区域发展不平衡之间的关系是减少区域发展差距、促进区域协调发展的关键。

以现有经济增长理论和空间集聚理论为核心，以现有研究文献为辅助，本书对产业空间集聚与区域发展不平衡之间可能存在的理论影响机制进行阐释。从产业空间集聚的相关理论看，资本有机构成理论、雁阵理论与"中心-地区"理论组成其基础理论，它们为产业集聚、经济增长和区域差距之间关系的研究提供了理论支撑，同时也表现出不断演进的特征。资本有机构成理论强调的是三大产业的构成差异（马克思，1972），包含产业集群对资本构成的影响效应（Peter，2017）、技术进步对产业发展和集聚规模的作用路径（蒋南平和徐明，2020），以及资本有机构成自身的阶段性特征与区域发展之间的关系（刘修岩，2014）等；雁阵理论强调产业结构的雁阵贯序与竞争比较优势（Ozawa，2005），以工业技术能力提升、国际分工与产业传递发展为研究对象，从要素动态流动与产业阶梯化发展的视角对雁阵理论进行拓展（袁富华和张平，2017），进而审视产业发展与经济增长之间的必然联系；"中心-地区"理论是对"中心-外围"理论的进一步扩展，反映了经济活动在地理上呈现的空间分布格局（Fujita and Thisse，2004），多以外部经济通过产业地理集中分析产业集聚与区域经济发展的关系（刘红光和刘科伟，2006；Genevieve et al.，2019），进而探讨其可能对区域差距造成的影响效应（兰秀娟和张卫国，2020）。

从产业空间集聚表现的形态看，随着产业集聚水平的不断提高，其呈现出规模效应、拥挤效应以及极化效应（或扩散效应）的阶梯演变态势。在产业集聚的初期，受交通的外部性特征影响，跨区域产业发展的运输成本显著下降，经济增长呈现出规模报酬递增的态势（Tang，2014；杨仲舒和那艺，2020），进而呈现出"规模效应"，并且可由发展经济学中的MSV理论（动态比较优势理论）做进一步解释（Murphy et al.，1989；刘勇，2010）；在产业集聚的中期，竞争激烈、要素价格上涨和资源相对匮乏，导致产业集聚呈现出"拥挤效应"（Accetturo，2010），使得产业集聚产生的外部经济效应出现抑制性的负向作用（Ellison et al.，2010；刘信恒，2020），进而加剧区域发展不平衡；在产业集聚的后期，大量企业不断聚集、规模经济再次显现优势，而产业集聚也呈现出扩散与再集聚的状态，在此阶段上的区域要素集聚现象更为明显，并且呈现出"中心"指向（Tientao and Diègo，2016），以城市群建设最为突出，多呈现"核心都市中心—核心都市外围—城市群次圈—城市群外围地区"的空间梯度扩散态势（叶玉瑶和张虹鸥，2007；李凯等，2015），而经济的进一步扩散会在一定程度上促进区域的均衡增长（李凯等，2016），进而缩小区域发展差异。综合来看，由于产业集聚产生的正、负外部效应的不确定性，其对经济增长的影响关系呈现出明显的倒"U"形趋势（兰秀娟和张卫国，2020；Liu et al.，2020），根据"规模效应"、"拥挤效应"和"扩散效应"的博弈作用结果，确定产业集聚对经济增长的具体关系，进而确定其在区域发展不平衡中扮演的角色是本研究的重要内容。

区域发展不平衡是区域内部或之间各经济体发展过程中表现出的不平等、不充分现象，而合理的推进区域协调发展战略，可使区域经济实现由初级到高级、由无序到有序的动态转变，并对"互惠共生+合作共赢"内生增长机制的形成具有重要的推动作用。缩小区域差距要求各经济体（或子系统）之间既要有产业的明确分工，又要有合理的相互协作，其本质是资源、要素和产业之间的协同（Mitchell，1998；陈建军等，2009）。进一步研究认为，区域发展不平衡减缓的本质在于资源禀赋、要素流动以及产业分工三者的协同，分别由三个核心驱动因素呈现，即区域比较优势、区域经济联系以及区域产业分工。下文将着重从这三个方面论述区域发展不平衡抑制因素的理论机制。

1.3.1 产业分工理论

区域产业分工是指区域之间与内部子系统产业的分工和协作，如图1.2所示，体现的是产业分工程度与区域经济增长、区域分工与经济增长之间的关系（Fagbohunka，2012），各子系统通过一定的产业分工模式组成区域的综合产业发展环境，各自承担相应的经济纽带作用，推动形成高效有序的协同作用机制（董昕灵和张月友，2020），进而缩小区域发展差距、减缓区域发展不平衡程度。

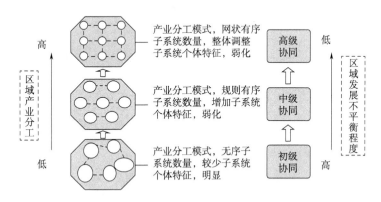

图 1.2　区域产业分工与区域发展不平衡

注：虚线表示区域产业的分工模式；实线圈代表子系统，其大小反映的是子系统个体特征，即越大个体特征越明显，反之则越弱。

　　产业分工在由无序到网状有序，由个体特征明显到逐渐弱化的调整过程中，产业集聚具有重要的地位，并且它的演变特征影响着区域发展的不平衡程度（Liu et al.，2019）。具体而言，在区域产业分工的初期，各子系统的个体特征明显，总体整合程度较低，故整个区域的运作效率相对较低，故而区域发展的不平衡程度相对较高（郑玉雯和薛伟贤，2019）；而后，区域产业分工模式由无序到网状有序优化，各子系统的发展优势在产业分工的引导下不断彰显，进一步整合了区域资源，进而减小了区域发展的不平衡程度（刘莹等，2020）。此外，在产品生命周期中不断演化的梯度推移理论，其本质是"区域工业化"，包含以新古典区域均衡增长理论为基础的区域均衡发展理论、近代区位理论、"核心-边缘"理论等（董亚宁等，2021；Cheng and Jin，2022）。

1.3.2　经济联系理论

　　区域经济联系在演化过程中表现出联系度不断增强、资源配置效率不断提升的特征（Chatterjee and Turnovsky，2012），如图1.3所示。缩小区域发展不平衡程度要求区域中各子系统之间实现要素自由流动、资源共享，且可通过经济活动强化区域间的有机联系，进而形成高效、有序的协同发展运作体系（涂建军等，2019）。

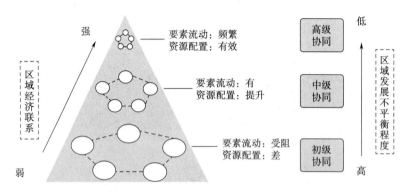

图1.3　区域经济联系与区域发展不平衡

注：虚线表示区域之间经济的联系，粗细程度反映了其强度，越粗表明区域之间的经济联系越为紧密，反之则弱；而实线圈的大小则反映了区域间发生经济联系时的资源损耗，实线圈大表明资源损耗大，反之则资源损耗小。

在区域经济联系相对较弱时，区域之间的要素流动受阻，资源的配置效率会降低（魏丽华，2018）；此时，子系统之间自发无序的经济运动作用强于子系统之间紧密关联的有序运动（方创琳，2020），区域经济发展差距较大，很难实现区域经济的协同发展。而后，区域经济联系不断加强，要素基本实现完全自由流动，可通过频繁、有效的交流达到高效整合区域发展资源的目的（Chyi et al.，2012；Long et al.，2013）；进一步，使得资源配置效率显著提升，缩小了区域经济发展差距，推动了区域协调发展进程的实现。

1.3.3　比较优势理论

以自然资源、劳动力、资本、土地、技术等多个方面为构成要素的资源禀赋，在区域层面的直接表现是比较优势（Sen，1997；姬志恒等，2020）。如图1.4所示，从区域比较优势的演化路径看，比较优势由静态转变为动态、由资源驱动型转变为知识管理驱动型是其基本特征（Corning，2014），不同阶段的区域比较优势对应不同的产业发展环境，同时也对区域发展不平衡的作用效应存在差异。在区域比较优势的初级阶段，区域经济的发展主要依靠自然资源，在此阶段信息、技术和管理处于外围发展层，它们在区域核心竞争力与比较优势中的作用尚未显现，产业分工也处于无序状态，区域协同发展的状况亟待改善（李琳和刘莹，2014；刘佳骏，2020）。而后，各子区域依托自身的比较优势参与到整个区域经济系统的分工协作中，进一步调整区域的协同运作体系（刘军和段会娟，2015）；具体表现为，信息、技术和管理等高级要素逐渐演化为核心层（袁富华，2014），区域资源的配置效应显著提升，这不仅改善了区域经济发展的模式，也在整体上提升了区域协同发展的能力，进一步缩小区域发展差距（董雪兵和池若楠，2020）。

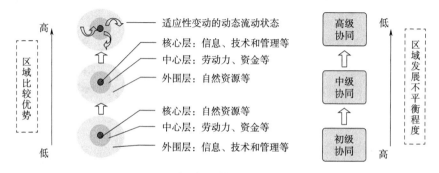

图 1.4 区域比较优势与区域发展不平衡

如前所述，区域产业分工、区域经济联系和区域比较优势是区域发展不平衡的主要影响因素，三者同时作用于区域发展不平衡的经济大系统，其作用强度不同，但三者之间也存在很强的内在联系（李凯等，2016；董昕灵和张月友，2020）。具体表现为：首先，区域产业分工和区域经济联系之间存在相互引导的协同作用关系。产业分工模式的不断优化可传递影响子系统之间的经济联系，并加快区域协同发展推进的步伐（张晓平，2008）；与此同时，区域经济联系水平的提升可促进要素在地区之间的自由流动，子系统之间的交流方式和层次也逐渐优化，促进产业分工模式的合理化布局，进而缩小区域发展差距（张梦霞等，2020）。其次，区域经济联系和区域比较优势之间存在相互促进的协同作用关系。区域资源禀赋是最根本的经济基础，它决定了子系统的先天比较优势，而在区域发展不平衡程度缩小的过程中，根据比较优势理论，区域之间要素（包含有形和无形）的自由流动，会通过一定程度的区域经济联系使得区域比较优势进一步转化（胡鞍钢和刘生龙，2009）；与此同时，各子系统在加强经济联系的过程中，需要利用要素的交流来弥补不足，实现从相对比较优势到绝对优势的不断转化（梅燕和蒋雨清，2020）。最后，区域产业分工和区域比较优势之间存在相互依托的协同作用关系。区域比较优势是区域产业分工的基础依据，而区域产业分工又是区域经济比较优势得以充分发挥的重要保障（生延超和刘晴，2020）。

综合来看，从中国区域发展的历程看，区域发展差距的缩小是各区域高效有序整合、实现一体化经济运行方式转变的关键目标。产业集聚以区域产业基础分工为表现，具体通过经济联系、比较优势共同作用于区域协同发展体系，与此同时，区域集聚和经济增长的紧密联系是产业空间集聚状态调整的重要依据，可通过产业空间集聚效果的测度、产业结构转型升级、区域经济结构调整等方面呈现其与区域经济增长之间的关系，进而探究其在区域发展不平衡演进过程中的作用，为区域可持续发展战略的实施提供经验借鉴与结论支持。

1.4　研究内容与研究方法

1.4.1　研究内容

本书关于"区域可持续发展：基于不平衡的视角"的研究主要包括以下七个方面的内容：

第一，不同视角下区域发展不平衡程度的测度研究。第 2 章从经济发展水平、经济高质量发展和居民家庭收入等三个视角分别对区域发展不平衡程度进行单维度测度；围绕社会发展的包容性、资源配置的高效性、空间结构的高集成性以及区域发展的可持续性等多方面，从经济发展、公共服务、创新能力和生态环境四个维度对区域发展不平衡进行多维测度；在此基础上，以中国省域层面为实际研究对象，对 2004—2018 年中国区域发展不平衡程度的时空演变特征进行了比较分析。具体包括两个步骤：第一步为测度模型设计，第二步为区域发展不平衡的时空演进特征分析。

第二，多维空间视域下区域经济可持续发展的测度研究。第 3 章从竞争力、位序-规模两个视角对空间视域下反映区域发展不平衡本质的"潜在效应"进行了量化分析；从信息流、交通流两个维度刻画了"流空间"，在改进耦合-协调模型的基础上，对空间视域下反映区域发展不平衡网络化与多极化特征的"流空间效应"进行了趋势分析；从地理区位与经济发展相匹配的视角，提出了"双重权重乘子"法，改进了空间面板杜宾模型，对空间视域下揭示区域经济发展不平衡内在作用机理的"其他空间效应"进行了影响因素分析。

第三，产业空间集聚与区域发展不平衡的作用机制探讨。第4章从以下三个方面进行研究设计：一是产业空间集聚与区域发展不平衡之间动态因果关系探讨，具体将根据结构转化设定，引入 Toda-Yamamoto 因果框架，对产业空间与区域发展不平衡之间的相互作用关系进行探讨；二是产业空间集聚与区域发展不平衡的非线性作用机制探讨，进一步反映产业空间集聚与区域发展不平衡的复杂性、多样性与动态性影响关系的特征，避免单一线性关系假定对二者关系研究片面的问题；三是产业空间集聚与区域发展不平衡的空间效应探讨，用于反映区域发展不平衡的演进是一个相互联系、密切交织的动态调整过程，同时，强调空间因素在区域产业问题研究中的重要作用。

第四，产业结构优化与区域发展不平衡的作用机制探讨。第5章基于多维思想，对产业结构优化内涵进行了理论界定，并从合理化、高度化、高效化、高新化四个维度，提出了一种综合测度产业结构优化效果的非参数几何评价法。在此基础上，从经济理论与计量模型相结合的视角，对产业结构优化与区域发展不平衡的关系进行考察，探求区域与产业经济工作的动态优化策略，进一步根据实证分析所反映的空间格局与优化方向，为产业结构和区域发展的深入研究提供经验支持。

第五，全要素生产率与区域发展不平衡的作用机制研究。第6章紧紧围绕"资本折旧率测度→资本存量方法改进→全要素生产率测算→区域经济发展不平衡与经济质量关系研究"的主线展开。具体地，从生产函数与资本折旧率选择的角度对全要素生产率进行理论分析与实际测算，以全国和三大地带为研究对象，从经济高质量发展推动区域经济一体化发展的视角，对全要素生产率与区域经济发展不平衡之间的非线性关系基于中国三大地带区域发展不平衡的现状与成因进行了分析，进一步拓展了区域发展不平衡问题的研究框架，为差异化区域可持续发展战略的制定与实施提供了对策建议。

第六，贫困治理、产业结构与区域发展不平衡关系研究。第7章从经济增长理论与基尼系数关系匹配模型两个视角对区域经济发展的不平衡增长理论进行了基于脱贫效果与产业转型升级两个维度的拓展与深化。首先，考察了贫困治理和产业结构调整对区域经济不平衡发展的线性与倒"U"形作用机制的影响效应；其次，将贫困治理成效与产业结构调整两个变量共同作为影响变量，考察了区域经济协调发展进程中二者交互作用的影响效应；最后，以新三大地带为例，对贫困治理效果、产业结构调整与区域经济不平衡发展之间"地域差异性"和"时间动态性"的演变轨迹进行了探讨。

第七，区域可持续发展的对策研究。第8章基于资源禀赋、要素流动以及产业分工等多个方面的协调分析，以区域发展政策的调整和变迁为切入点，在进行政策实施经验分析的基础上，利用RDD、PSM-DID和SCM模型对区域产业发展政策、"城市群"建设和"一带一路"倡议的政策效果进行了量化评估，以各地空间规划的新布局为切入点，给出推动各地区产业转移与对接、整合与协作，进而构建产业集群，延伸产业链条，实现区域产业合作的对策建议，并通过方案设计给出区域可持续发展的路径选择。

1.4.2 研究方法

本书基于统计学、计量经济学已有的分析理论和量化方法，结合产业空间集聚与区域发展不平衡相关研究的实践特征，采用定性分析与定量测度相结合，以定量测度为主的研究方法进行。针对不同的研究设计，构造符合适用性和有效性的测度方法、改进满足实用性和可操作性的计量模型。具体表现为：

1.4.2.1 定性分析方面

在阅读大量文献和实际部门调研报告总结的基础上，以文献研究法和比较分析法为主，从两大方面展开：第一，利用文献研究法通过对区域经济、产业发展政策及相关文件的学习与深入理解，给出产业空间集聚与区域发展不平衡的测度目标与评价原则；第二，利用比较分析法通过对区域产业分工、区域经济联系和区域比较优势等三个方面关系的进一步梳理，以基础理论和发展理论为研究基础，给出产业空间集聚与区域发展不平衡关系的理论机制。

1.4.2.2 定量测度方面

在现有研究方法和模型设计的基础上，结合产业空间集聚、产业结构优化、全要素生产率、贫困治理与区域发展不平衡问题关系研究的具体特征，以测度方法设计和计量模型改进两种方式展开研究。就测度方法设计而言，主要包含以下两个方面：一是区域发展不平衡的测度。具体涉及经济高质量发展视角下逆绝对离差测度方法的提出，从经济发展、公共服务、生态环境和创新能力四个维度构建了区域发展不平衡的综合测度体系。二是产业结构调整与优化视角下区域发展不平衡程度的测度。具体包含产业空间集聚效果测度的赫芬达尔-赫希曼指数（HHI）改进，产业空间集聚内在作用视角下区域发展不平衡程度单维度"位序"方法提出，多维度"匹配+耦合"方法设计。就计量模型改进而言，包含以下五个方面：第一，针对产业空间集聚与区域发展不平衡的关系检验设计，通过傅立叶逼近改进 Toda-Yamamoto 框架，给出二者因果关系判断的动态耦合模型。第二，针对产业结构优化对区域发展不平衡之间复杂性、多样性与动态性的关系影响，提出用面板门槛模型和 Logit 响应模型进一步探讨二者之间非线性和阶段性的影响效应。第三，针对全要素生产率与区域发展不平衡的作用机制分析，提出一种新的测度折旧率的非参数方法——均值回返法，相较于现有的折旧率测算方法，该方法不需要模型假定和参数估计，也不需要确定资本的相对效率、残差率与折旧率的具体关系，在实证研究中具有较强的稳健性。第四，针对贫困治理、产业结构与区域发展不平衡之间关系研究中的中介作用，通过间接关系模型，进一步在资源约束、人口结构约束和技术进步约束下探究二者的关系。第五，针对政策干预在区域可持续发展演进过程中的引导作用，提出利用 RDD、PSM-DID 和 SCM 分别量化分析区域产业政策、城市群建设政策和"一带一路"倡议在推动区域可持续发展中的效果。

1.5 研究意义

1.5.1 理论意义

理论意义包括两个方面：第一，以实际问题为驱动创新统计测度方法。本书从如何科学测度"区域发展不平衡"程度这一实际问题出发，以问题为导向，设计构建一套关于效果量化分析问题的非参数组合测度体系，构建满足实际需要的统计模型，研发新的估计方法，并探讨非参数估计量的大样本性质，充分发挥统计方法在社会经济发展中的工具作用。第二，强化数量经济、区域经济、产业经济与经济统计的有机融合，实现数理方法的应用创新。本书第3~7章将基于面板门槛模型、半参数模型、地理测度模型以及空间计量模型等设计产业空间集聚与区域发展不平衡之间作用机制的量化分析方法，可进一步拓展统计学的应用领域，推动经济统计、数量经济、数理统计、产业经济以及区域经济的有机融合，进一步丰富交叉学科的融合发展。

1.5.2 实践意义

实践意义包括"可应用"和"如何用"两个方面。就可应用而言，重在强调引入统计方法如何解决实际问题，主要概括为两个方面的内容：一方面，测度方法注重整体设计、系统有效，本书提出了一套关于产业空间集聚效果、产业结构优化升级、全要素生产率和区域发展不平衡程度的组合测度体系，该测度体系注重系统性和整体性，可以测度总体在时间上所取得的成效水平，并可进一步量化个体在空间上的分异规律；另一方面，测度方法设计注重实效性和协调性，在区域发展不平衡影响机制的研究中，方法模型的设计基于"交互式"思想，可集中体现不同阶段、不同空间以及不同个体的分异特征，并与研究主题紧密相扣，可为制定差异化的区域可持续发展政策提供理论与数据支撑。就如何用而言，一方面，统计模型与数理方法是描述经济问题"现象"的重要载体，可反映区域整体经济发展随时间的变动态势，也可揭示区域发展不平衡程度的内在与外在影响机理；另一方面，注重成果转化的政策实施路径分析，有利于查找推动区域经济高质有效工作中存在的不足，并找到解决问题的突破口，为区域经济与产业经济策略的动态调整和优化提供方向，为推动形成区域可持续发展的长效机制提供现实依据。

1.6 技术路线与研究框架

1.6.1 技术路线

本书以"区域可持续发展：基于不平衡的视角"问题研究为驱动，在遵循相关理论与现有文献研究一般认知的基础上，以创新设计解决问题的适用方法为手段，将所研究的内容与方法应用于实际活动，并最终服务于区域经济发展的研究中。其中，立足于提升经济高质量发展水平、促进区域协调发展的时代要求，提出一套科学有效的测度体系既是基础也是关键；立足于理论基础拓展和方法适用性改进的设计理念，探寻区域发展不平衡的内外在影响机制是核心内容；立足于产业空间集聚、产业结构优化、全要素生产率与区域发展不平衡的现状，进行政策实施路径分析，为评估各地区工作绩效、进一步优化区域发展战略、营造良好的区域经济可持续发展政策环境提供决策依据是最终目标。鉴于此，总体上遵循"是什么→为什么→怎么样→怎么做→怎么做好"的研究思路展开设计，如图1.5所示。

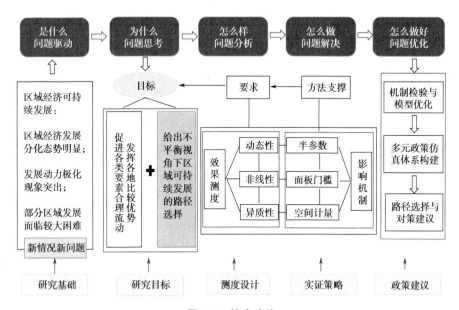

图 1.5 技术路线

1.6.2 研究框架

根据上述研究思路，本书对"区域可持续发展：基于不平衡的视角"

的研究内容按照如下框架（见图 1.6）进行设计。

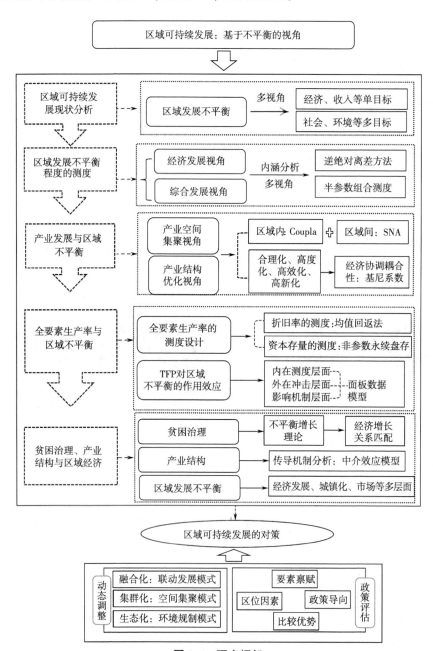

图 1.6 研究框架

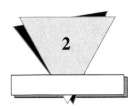

2

区域发展不平衡程度的测度
与时空演进

从中国社会与经济发展的实践看，区域发展不平衡与地区差距问题的研究是经久不衰的经济增长课题，其中，如何测度区域发展不平衡程度，并针对测度结果对区域发展的现状做全面的分析尤为重要。本章从区域发展不平衡程度的测度方法设计出发，提出了单维度测度区域发展不平衡程度的逆绝对离差法，构建了基于经济发展、公共服务、生态环境和创新能力等4个维度、26个具体指标的综合评价框架，并对不同视角下区域发展不平衡的程度进行了结构分解研究；在此基础上，对不同维度下区域发展不平衡的时空演进特征做进一步分析，旨在为深入了解区域发展不平衡的现状提供支持。

2.1 引言

区域发展不平衡问题在世界各国普遍存在，许多学者认为，一个国家或地区长期处于区域发展不平衡的状态，可能会引起该国或地区经济增长能力下降、生态发展阻滞，甚至社会不稳定等方面的问题（Kanbur and Venable，2005；袁晓玲等，2010）。自改革开放以来，中国经济发展水平呈现迅猛增长的态势，并且在地理上基本形成了东部沿海向中、西部内陆辐射的经济发展格局（张虎和韩爱华，2019）；与此同时，各地区的经济发展水平表现出显著差异，呈现出板块间分化凸显、板块内部分化明显以及南北分化加剧等特点（倪鹏飞，2019）。虽然区域发展不平衡的问题从过去到现在一直存在（金碚，2019b），但是在多重区域发展政策与战略的综合作用推动下，中国区域发展路径由非均衡发展演变至协调发展，再演变为高质量发展，呈现出明显的阶段特性（刘秉镰等，2020）。

近年来，中国经济发展迅速，人民生活不断改善。然而，中国是一个幅员辽阔、地区禀赋差异较大的国家，区域发展仍然处于不平衡、不充分的状态。令人欣慰的是，党的十七届三中全会以来，在"城乡一体化"政策的推动下，在社会、经济、生态、文化等各方面综合协调发展策略的实施下，区域发展不平衡不充分程度有所减弱。截至2019年底，我国城镇化率达到60.60%，比2010年提高了10.65个百分点，比2000年提高了24.38个百分点；虽然城乡一体化水平有显著提升，但是城乡差距依然存在，表现为居民人均可支配收入差距从167元（1978年）扩大至27 238

元（2019 年），基尼系数也从 0. 317 扩大到约 0. 474[①]。此外，我国省域差异依然存在，且该问题也日益凸显。

从各地区人均 GDP 数值看，2019 年甘肃省人均 GDP 为 32 995 元，而北京市人均 GDP 高达 164 220 元，是甘肃省的 4. 98 倍；云南省人均 GDP 为 47 944 元，上海为 157 279 元，是云南省的 3. 28 倍。显然，省域经济发展差距大。从资源禀赋看，2018 年江西省人均水资源量 2 479. 18 立方米，而西藏自治区高达 136 804. 70 立方米，是江西省的 55. 18 倍；山东省人均水资源量 342. 40 立方米，青海省为 16 018. 32 立方米，是山东省的 46. 78 倍。显然，省域资源禀赋差异巨大。从科技水平看，2018 年江西省技术市场成交额为 115. 82 亿元，而广东省高达 1 365. 42 亿元，是江西省的 11. 79 倍；天津市技术市场成交额是 685. 59 亿元，是重庆市的 3. 64 倍。显然，省域科技水平差异较大[②]。

作为世界上最大的发展中国家，我国区域发展不平衡的现象长期存在，对于该问题的研究包含诸多方面，其中，区域发展不平衡的测度研究既是基础，又是关键，然而，无论是测度指标选择，还是测度方法设计一直以来都备受争议，在学界尚未达成共识。本章试图以测度指标为基础，以测度方法设计为核心，以区域发展不平衡的时空演变特征为依据，对区域发展不平衡的测度研究进行补充与完善。

2. 2　测度模型与方法

区域发展不平衡测度方法的设计往往与测度指标（或指标体系）的构建相伴而生。现阶段中国在经济发展、民生福祉、技术创新、生态环境方面，与人民日益增长的美好生活需要相比，仍存在不同程度的发展不平衡不充分问题。一方面，从空间格局看，省域、三大地带、四大板块和八大综合经济区在资源禀赋、经济水平、发展模式等方面都存在不同程度的差异，区域发展不平衡的测度方法需以多维测度指标体系构建为基础进行设计；另一方面，区域经济根植于中国经济发展的整个进程，对区域经济发

---

① 数据来源：《中国统计年鉴》，基尼系数根据杨耀武和杨澄宇（2015）的研究计算而来。

② 数据来源：《中国统计年鉴》和国家统计局官网（http：//data. stats. gov. cn/）。

展不平衡的测度必不可少。因此，本节基于不同测度指标（体系）的构建，从单维度和多维度两个方面，分别以宏观与微观为研究视角设计区域发展不平衡的测度方法。

2.2.1 单维度视角的测度模型与方法

针对单一经济指标，嵌入变异系数法、基尼系数法或泰尔指数法是现有不平衡测度研究中的常用做法。就测度方法而言，虽然也有很多学者对上述三种方法进行了一系列的加权改进处理研究，以进一步拓展其测度内涵与性质；但仍未解决不平衡分解中工具变量选择、组间重叠部分容易带来误差，以及空间划分割裂、不平衡来源不易分解等方面的问题。鉴于此，本章根据不同的研究视角，针对不同的研究内容进行区域发展不平衡程度测度方法的设计。

2.2.1.1 经济发展视角下区域发展不平衡程度的测度方法

当前，中国经济已由高速增长阶段转向高质量发展阶段（Xu et al.，2022；黄梦涵等，2023）。由此，对于经济发展的衡量标准，不仅包含了经济发展水平（或经济增长），更囊括了经济发展质量。鉴于此，本节分别从经济发展水平和经济发展质量两个维度对经济发展视角下区域发展不平衡的绝对离差测度方法进行设计。

首先，就经济发展水平或增长速度而言，大多学者从地区生产总值（GDP）或 GDP 增长率等单个指标对其进行表征。遵循常用做法，充分考虑人口规模因素的影响，选择人均 GDP 为基础指标，以离差为设定原则，提出经济发展水平下区域发展不平衡的绝对离差测度方法：

$$IRD_{it}^{e,\ d} = \frac{\left| PGDP_{it} - \frac{1}{N} \sum_{i=1}^{N} PGDP_{it} \right|}{\frac{1}{N} \sum_{i=1}^{N} PDGP_{it}} \tag{2.1}$$

式（2.1）中，$i(i = 1, 2, \cdots, N)$ 代表地区，$t(t = 1, 2, \cdots, T)$ 代表时期，$IRD_{it}^{e,\ d}$ 为 i 地区、t 时期的经济发展水平下区域发展的不平衡程度，$PGDP_{it}$ 为 i 地区、t 时期人均地区生产总值，$\frac{1}{N} \sum_{i=1}^{N} PGDP_{it}$ 为 t 时期所有地区的人均生产总值。显然，利用绝对离差方法对区域发展不平衡进行测度，可更加直观、有效地反映各地区的相对不平衡程度，且 $IRD_{it}^{e,d}$ 取值越大，区域发展不平衡程度越高。

其次，中国正处于经济发展的新常态，提升经济发展质量，注重投入产出均衡发展成为一种必然趋势。就经济高质量发展的测度指标而言，学界通常用全要素生产率（TFP）进行表征。基于此，选择 TFP 为基础测度指标，以逆离差为设定准则，提出经济发展质量下区域发展不平衡的逆绝对离差测度方法：

$$IRD_{it}^{e,\,q} = 1 - \frac{\left| TFP_{it} - \dfrac{1}{N}\sum_{i=1}^{N} TFP_{it} \right|}{\dfrac{1}{N}\sum_{i=1}^{N} TFP_{it}} \qquad (2.2)$$

式（2.2）中，$i(i = 1,\ 2,\ \cdots,\ N)$ 代表地区，$t(t = 1,\ 2,\ \cdots,\ T)$ 代表时期，$IRD_{it}^{e,\,q}$ 为 i 地区、t 时期的经济发展质量下区域发展的不平衡程度，TFP_{it} 为 i 地区、t 时期全要素生产率。显然，与经济发展水平不同，经济高质量发展水平与区域发展不平衡之间存在逆向影响关系，为了调整其影响效应，故用 1 减去绝对离差值。

目前，现有研究对 TFP 的测算可分为参数与非参数两类方法，其中，参数方法多以随机前沿分析（SFA）为主，非参数方法以融入距离函数的数据包络（DEA）方法居多。在综合考虑两类方法的基础上，选择模型参数可调、操作过程简便、计算结果能分解的 SFA 进行 TFP 的测算。SFA 模型利用 ML 方法进行参数估计，在求解生产前沿面的基础上测度偏离生产前沿面的无效部分。其基本形式为：

$$Y_{it} = f(K_{it},\ L_{it})\,\mathrm{e}^{\varepsilon_{it}} = A_i K_{it}^{\alpha_i} L_{it}^{\beta_i}\mathrm{e}^{v_{it}-\mu_{it}}$$

左右两边均进行对数化：

$$\ln Y_{it} = \alpha_{0i} + \alpha_i \ln K_{it} + \beta_i \ln L_{it} + v_{it} - \mu_{it} \qquad (2.3)$$

式（2.3）中，Y_{it} 为单产出指标，一般用地区生产总值刻画；$\alpha_{0i} = \ln A_i$，代表技术进步水平，用国内专利申请授权数进行表征；L_{it} 代表劳动力投入情况，用就业人数进行表征；K_{it} 代表资本投入，用永续盘存法进行测度。另外，与现有文献不同，设定 $\alpha_i + \beta_i \neq 1$，可有效避免资本和劳动不满足规模报酬不变的假定；$v_{it}$ 是随机扰动项；μ_{it} 为技术无效率项，服从半正态分布，即 $\mu_{it} \sim N^+(m_{it},\ \sigma_\mu^2)$。

就资本存量的测算而言，在李宾（2011）和陈昌兵（2014）等研究的基础上，利用 $K_{i,t} = K_{i,t-1}(1 - \delta_{i,t}) + \dfrac{I_{i,t}}{P_{i,t}}$ 进行测算，其中，$K_{i,t-1}$ 为前一期资本存量，$\delta_{i,t}$ 为资本折旧率（具体测算中选用9.6%[①]），$I_{i,t}$ 为当期新增资本投资（用固定资本形成总额表征），$P_{i,t}$ 为固定资产投资的价格指数，具体指标的选择和测度参见刘等（Liu et al.，2020）。

此外，式（2.1）和式（2.2）测度下的区域经济发展不平衡程度为总体效应（陈楠等，2023），可将其分解为区域间不平衡和区域内不平衡。以经济发展质量视角下区域发展组间与组内不平衡分解为例：

$$IRD_{B_{it}}^{e,q} = TFP_{it} - \frac{1}{N-1}\sum_{i \neq j=1}^{N} TFP_{jt} \qquad (2.4)$$

式（2.4）中，$i, j(i \neq j = 1, 2, \cdots, N)$ 代表地区，$t(t = 1, 2, \cdots, T)$ 代表时期，$IRD_{B_{it}}^{e,q}$ 为经济发展质量下区域之间的发展不平衡程度。进一步，区域内部的不平衡为：

$$IRD_{W_{it}}^{e,q} = IRD_{it}^{e,q} - IRD_{B_{it}}^{e,q} \qquad (2.5)$$

2.2.1.2 收入视角下区域发展不平衡程度的测度方法

收入作为衡量居民生活水平的基础要素，可通过收入差距来表现区域经济发展的不平衡性，无论是从收入分配的相关理论，还是从各国经济与社会发展的实践看，这种设定关系均存在，但是现有文献忽略了收入视角下区域经济发展不平衡的测度研究。因此，基于居民人均收入微观视角，利用 Zenga 指数给出其测度方法。选择该方法的原因有三点：第一，Zenga 指数适用对象较广，不仅可针对宏观整体做不平衡因素分解，还可针对微观个体进行不平衡加和分解；第二，Zenga 指数应用范围较广，不仅能满足标准化、可分解等要求，还具有强转移与加和分解特性；第三，Zenga 指数可进行因素分解与组群分解，具有深入挖掘不平衡成因的作用，可解决绝对离差方法不能区分经济发展水平高、低地区在区域发展不平衡测度中贡献差异的问题。

首先，对 t 时期所有个体的收入水平从小到大进行排序 $0 \leqslant y_{(1)} <$

---

① 根据三种资本折旧率（分别为5%，9.6%，10.96%）的比较结果，我们选择了9.6%。有关具体的计算过程可查看单豪杰（2008）的文章。

$y_{(2)} < \cdots < y_{(r)}$，收入集合对应的频数取值 $m_{(1)}$，$m_{(2)}$，$\cdots$，$m_{(r)}$；

其次，令前 h 个个体为低收入组，后 $r - h$ 个个体为高收入组；记前 h 个个体的累计收入为 $y_h = \sum_{j=1}^{h} y_{(j)}$，累计频数为 $M_h = \sum_{j=1}^{h} m_{(j)}$；

接着，全体累计总收入为 $y_T = \sum_{j=1}^{r} y_{(j)}$，累计频数总和为 $M_T = \sum_{j=1}^{r} m_{(j)}$，那么，收入水平较低组的平均收入为：

$$G_h^-(y) = \frac{y_h}{M_h}, \quad h = 1, 2, \cdots, r \tag{2.6}$$

式（2.6）中，$G_h^-(y)$ 为 t 时期收入水平较低组的平均收入，y_h 为前 h 个个体的累计收入，M_h 为前 h 个个体的累计频数。相应地，收入水平较高组的平均值为：

$$G_h^+(y) = \begin{cases} \dfrac{y_T - y_h}{M_T - M_h}, & 1 \leqslant h < r \\[2mm] y_{(r)}, & h = r \end{cases} \tag{2.7}$$

式（2.7）中，$G_h^+(y)$ 为收入水平较高组的平均收入，y_T 为全体累计收入，M_T 为全体累计频数，其余解释同式（2.6）。根据高低收入水平分组，利用 Zenga 指数思想，构建收入视角下区域发展点不平衡测度方法如下：

$$IRD_h^{e,\ z}(y) = \frac{G_h^+(y) - G_h^-(y)}{G_h^+(y)} \tag{2.8}$$

式（2.8）中，$IRD_h^{e,\ z}(y)$ 为分组变量 h 已知下，收入视角下区域发展的点不平衡程度。

考虑到高、低收入分组受主观因素影响效应大，特将所有点不平衡指数进行加权处理，以得到收入视角下区域发展不平衡的总指数：

$$IRDD^{e,\ z}(y) = \sum_{h=1}^{r} \frac{M_h}{M_T} IRD_h^{e,\ z}(y) \tag{2.9}$$

式（2.9）中，$IRDD^{e,\ z}(y)$ 为收入视角下区域发展不平衡的总指数，M_h 为前 h 个个体累计频数，M_T 为全体累计频数，$IRD_h^{e,\ z}(y)$ 为收入视角下区域发展的点不平衡指数。

其次，针对教育水平、居住区域、环境污染等特征将居民进行子群分类，显然，同一群体内个体之间可能存在差异，不同群体之间也可能存在差异，因此，将 Zenga 指数进行子群分解。对于 K 个子群组成的总体，见表 2.1，m_{hk} 为第 k 个子群中收入为 y_h 的频数，Zenga 指数可由子群之间不平衡与子群内部不平衡之和而得，即：

$$IRD^{e,z}(y) = IRD_B^{e,z}(y) + IRD_W^{e,z}(y) \tag{2.10}$$

表 2.1　包含 K 个子群的收入数据结构展示

	子群					总计
	1	$\cdots$	k	$\cdots$	K	
y_1	m_{11}	$\cdots$	m_{1k}	$\cdots$	m_{1K}	$m_{1\cdot}$
$\vdots$	$\vdots$	$\vdots$	$\vdots$	$\vdots$	$\vdots$	$\vdots$
y_h	m_{h1}	$\cdots$	m_{hk}	$\cdots$	m_{hK}	$m_{h\cdot}$
$\vdots$	$\vdots$	$\vdots$	$\vdots$	$\vdots$	$\vdots$	$\vdots$
y_r	m_{r1}	$\cdots$	m_{rk}	$\cdots$	m_{rK}	$m_{r\cdot}$
总计	$m_{\cdot 1}$	$\cdots$	$m_{\cdot k}$	$\cdots$	$m_{\cdot K}$	M_T

进一步，收入视角下子群之间不平衡 $IRD_B^{e,z}(y)$ 与子群之间不平衡 $IRD_W^{e,z}(y)$ 可分别表示为：

$$IRD_B^{e,z} = \sum_{k=1}^{K} \sum_{g:\,g \neq k} \left\{ \sum_{h=1}^{r} \left[\frac{G_{hg}^+(y) - G_{hk}^-(y)}{G_{h\cdot}^+(y)} \right] p(k \mid h) \alpha(g \mid h) \frac{m_{h\cdot}}{M} \right\} \tag{2.11}$$

$$IRD_W^{e,z} = \sum_{k=1}^{K} \left\{ \sum_{h=1}^{r} \left[\frac{G_{hk}^+(y) - G_{hk}^-(y)}{G_{h\cdot}^+(y)} \right] p(k \mid h) \alpha(k \mid h) \frac{m_{h\cdot}}{M} \right\} \tag{2.12}$$

式（2.11）和式（2.12）中，$G_{hk}^+(y)$ 和 $G_{hk}^-(y)$ 分别为 k 子群收入较高组和收入较低组的平均收入，$G_{hg}^+(y)$ 为子群 g 中收入较高组的平均收入，$G_{h\cdot}^+(y)$ 为全体中收入较高组的平均收入；$p(k \mid h)$ 为 k 子群收入较低组的相对频数，由 m_{hk} 与 $m_{h\cdot}$ 的比值而得，其中，m_{hk} 为收入较低组在 k 子群的累计频数；$\alpha(k \mid h)$ 为 k 子群收入较高组的相对频数，当 $h = r$ 时，由 m_{rk} 与 $m_{r\cdot}$ 的比值而得，当 $h = 1, 2, \cdots, r - 1$ 时，由 $m_{\cdot k} - m_{hk}$ 和 $M - m_{h\cdot}$ 的比值而得。显然，收入视角下 Zenga 指数的子群之间的不平衡程度由不同子群的收入较高组与较低组平均收入的对比而得，收入视角下 Zenga 指数的子群内部的不平衡程度由各子群内部收入较高组和较低组的比值进行量化表征。详细的推导过程参见 Zenga（2016）的研究，此外，关于收入视角下区域发展不平衡内部因素分解的推导过程见 Zenga 等（2012）的相关研究。

2.2.2　多维度视角的测度模型与方法

区域经济根植于中国经济发展的整体进程，以区域协调发展总体战略为基础，我国区域发展不平衡不充分也通过地理区位临近性、基本公共服务均等性、资源环境可承载力等方面显现，即各个领域仍存在不同程度的发展短板。因此，单一维度的区域发展不平衡测度结果难以全面刻画区域发展不平衡的实际情况，容易造成偏误。

根据清华大学在经济、社会、民生和生态等 4 个方面针对发展不平衡不充分问题的定量分析（许宪春等，2019），同时参考区域经济高质量对产业发展、公共服务均等与经济社会协调等方面的要求，我们经过多次论证，确定了区域发展综合水平的设计思路与框架（见图 2.1）：紧紧围绕社会发展的包容性、资源配置的高效性、空间结构的高集成性以及区域发展的可持续性等方面的要求，从经济发展、公共服务、创新能力和生态环境 4 个维度对区域发展的综合水平进行评价，并在此基础上对区域发展不平衡的测度方法进行改进。

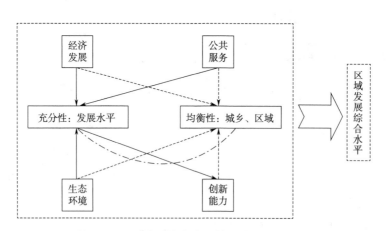

图 2.1　区域发展综合水平的设计思路与框架

区域发展综合水平的具体评价指标选取不完全以全面性和系统性为指导准则，而是结合中国社会经济发展与人民生活实际状况，找到区域发展不平衡不充分的重点领域和具体表现，按照可操作性、有代表性、重要性和客观性等基本原则，并以官方现有数据库为基础，结合统计指数研究基

础选择具体的表征指标。最终确定的区域发展综合水平的评价指标如
表 2.2 所示。

表 2.2　区域发展综合水平的评价指标体系

维度	特征	指标设计	指标表征	性质	单位
经济发展	经济结构	经济产出	人均地区生产总值	正向	元
		产业结构	产业结构高级化	正向	%
	消费结构	消费能力	居民人均可支配收入	正向	元
		消费环境	城乡居民消费差距	正向	—
公共服务	医疗卫生	医疗覆盖	每万人医疗机构床位数	正向	张
		卫生水平	每万人拥有卫生技术人员数	正向	人
	交通运输	客运能力	公路里程	正向	万公里
		货运能力	铁路营业里程	正向	万公里
	基础设施	信息设施	互联网普及率	正向	%
		文化设施	人均拥有公共图书馆藏量	正向	册
	社会保障	养老保障	养老保险覆盖率	正向	%
		失业保障	失业保险占有率	正向	%
生态环境	资源禀赋	水资源	人均水资源量	正向	立方米
		森林资源	森林覆盖率	正向	%
	环境治理	土地资源	单位耕地面积化肥施用量	负向	吨/公顷
		污染治理	工业污染治理完成投资	正向	万元
	能源水平	空气质量	空气质量指数优良率	正向	%
		能源消耗	单位地区生产总值能耗	负向	吨标准煤/万元
		能源投资	能源工业投资	正向	万元
创新能力	教育水平	人力资本	6 岁及以上大专及以上人口数	正向	人
		教育投入	教育经费占比	正向	%
	技术进步	技术环境	技术市场成交份额	正向	亿元
		技术人才	规模以上企业 R&D 人员全时当量	正向	人
	投资水平	资产投入	全社会固定资产投资	正向	亿元
		资产引入	外商投资总额	正向	百万美元

注：正向指标为越大越好型，负向指标为越小越好型。

考虑到评价指标体系中涉及具体指标繁多，计量单位差距较大，选择极差化方法对指标数值进行标准化处理。对于正向与负向指标，极差的标准化方法分别为：

$$x_{ijt}^{+*} = \frac{x_{ijt}^{+} - \min(x_{\cdot jt}^{+})}{\max(x_{\cdot jt}^{+}) - \min(x_{\cdot jt}^{+})} \tag{2.13}$$

$$x_{ijt}^{-*} = \frac{\max(x_{\cdot jt}^{-}) - x_{ijt}^{-}}{\max(x_{\cdot jt}^{-}) - \min(x_{\cdot jt}^{-})} \tag{2.14}$$

式（2.13）和式（2.14）中，$i(i = 1, 2, \cdots, N)$ 代表地区，$j(j = 1, 2, \cdots, C)$ 代表指标，$t(t = 1, 2, \cdots, T)$ 代表时期，x_{ijt}^{+} 代表 i 地区、j 指标（正向）在 t 时期的取值，$\min(x_{\cdot jt}^{+})$ 和 $\max(x_{\cdot jt}^{+})$ 分别是所有地区第 j 个指标（正向）的最小和最大值，$\min(x_{\cdot jt}^{-})$ 和 $\max(x_{\cdot jt}^{-})$ 分别是所有地区第 j 个指标（负向）的最小和最大值，x_{ijt}^{+*} 和 x_{ijt}^{-*} 分别代表正、负向指标标准化取值。

设指标体系中指标个数为 C 个，利用主成分分析法提取的主成分个数为 p 个，则 p 个主成分的方差贡献率为 $\boldsymbol{G}(p \times 1)$（列矩阵），对应的因子载荷阵 $\boldsymbol{A}(m \times p)$，记方差贡献率表中特征根大于 1 的列矩阵为 $\boldsymbol{B}(p \times 1)$，那么，以第一个主成分为例将线性组合的系数记作 $\boldsymbol{P}_1^e = \boldsymbol{A}_1^{\mathrm{T}} \cdot \sqrt{b_1}$。其中，$\boldsymbol{A}_1^{\mathrm{T}}$ 代表载荷系数矩阵 $\boldsymbol{A}$ 的第一列的转置，b_1 代表特征根矩阵 $\boldsymbol{B}$ 中的第一个特征根。权重矩阵 $\boldsymbol{W}(m \times 1)$ 计算公式为：

$$\boldsymbol{W} = \frac{\boldsymbol{P}_1^e \cdot g_1 + \boldsymbol{P}_2^e \cdot g_2 + \cdots + \boldsymbol{P}_p^e \cdot g_p}{g_1 + g_2 + \cdots + g_p} = \frac{\sum \boldsymbol{P}_i^e \cdot g_i}{\sum g_i} \tag{2.15}$$

式（2.15）中，$\boldsymbol{P}_i^e(i = 1, 2, \cdots, p)$ 代表第 i 个主成分系数，$g_i(i = 1, 2, \cdots, p)$ 代表第 i 个主成分方差贡献率；最后再根据计算的权重，对其进行归一化处理即可。最终将由主成分分析法（PCA）测度得到的区域发展综合水平记作 RCD_{it}，其中，$i(i = 1, 2, \cdots, N)$ 代表地区，$t(t = 1, 2, \cdots, T)$ 代表时期。在此基础上，本书提出一种人口加权变异系数法（WCV），基于面板数据从人口和区域发展综合水平两个方面对我国区域发展不平衡程度进行测算，可有效避免由基尼系数法和泰尔指数法测算带来的弊端（Akita and Miyata，2010；覃成林等，2011）。对多维度视角下区域发展不平衡的测度方法定义如下：

$$IRD_{it}^c = \frac{1}{\overline{RCD_{\cdot t}}} \frac{pop_i}{pop_T} (RCD_{it} - \overline{RCD_{\cdot t}})^2 \tag{2.16}$$

式（2.16）中，IRD_{it}^c 代表 i 地区、t 时期的区域发展综合不平衡程度，$\overline{RCD_{\cdot t}}$ 为所用地区综合发展水平的平均值，RCD_{it} 为 i 地区、t 时期区域发展综合水平，pop_i 为 i 地区人口，pop_T 为全地区总人口。

2.3 时空演进特征分析

区域发展不平衡的变化是一个复杂而缓慢的动态调整过程，不仅在时间上表现出一定的规律性与趋势性，而且在空间上也呈现出区域差异性和趋同性。因此，需要从时间和空间两个维度对区域发展不平衡的演进特征进行描述。

2.3.1 基于 Markov 链的时间演进特征分析

自新中国成立以来，中国区域经济的发展贯穿了一条由低水平均衡到非均衡发展，由非均衡发展再到强调区域协调发展转变的主线（陈伟雄和杨婷，2019），进而呈现阶段特性。马尔柯夫（Markov）分析法是一种依赖状态转移矩阵的处理方法，通常用来描述个体等级结构转变过程。就区域发展不平衡程度的时间演进特征而言，需强调不同地区在同一时间段向不同等级状态转移的可能性大小，这不仅依赖该地区当前期所处状态，也强调后一期状态改变的概率依赖性。

具体而言，令 $\{IRD(t), t \in T\}$ 是一个随机过程，$t(t = 1, 2, \cdots, T)$ 是研究时期，$IRD(t)$ 取值于一个有限的状态空间（M），用条件概率表示所有可能的结果：

$$P\{IRD(t) = j \mid IRD_{t-1} = i_{t-1}, \cdots, IRD_0 = i_0\} = P\{IRD(t) = j \mid IRD_{t-1} = i_{t-1}\}$$
$$\tag{2.17}$$

显然，在式（2.17）中，Markov 链中区域发展不平衡（此处为随机变量）状态空间的转移概率与前一期的状态特征（IRD_{t-1}）相关。其中，$j(j = 1, 2, \cdots, M)$ 和 $i_{t-1}, \cdots, i_0$ 为区域发展不平衡所处的状态等级。

2.3.1.1 经济发展质量视角下区域发展不平衡程度的 Markov 分析

刘等（Liu et al., 2020）的研究表明，中国省域区域经济高质量发展不平衡（QEIRD）程度基本服从自由度为1的卡方分布，并根据偏离度最小准则将区域经济高质量发展不平衡划分为4个等级；然而，在体现各省区市区域经济发展不平衡的动态性及其演变过程中，由于样本期间（2004—2018年）落入第Ⅰ类的省份在2014年仅存在一个，如果仍然用现有研究的状态分类，计算结果的偏差较大，不能全面刻画中国省域区域经济高质量发展不平衡的实际变化状态。故以经济高质量发展视角下省域区域发展不平衡的测度为基础[1]，根据省域层面上经济发展质量视角下区域发展不平衡（$IRD^{e,q}$）的实际测算结果，结合上述分类方法，将区域经济发展不平衡划分为3类（见表2.3）。这样划分的原因一是与4种分类相比，在确保区域发展不平衡的状态转换依赖性的前提下，3种分类更加稳定；二是3种分类可以有效解决文献中第二、三类区域发展不平衡取值样本分布不均的问题。

表2.3　经济发展质量下区域发展不平衡程度的等级分类

分类（状态）	第Ⅰ类	第Ⅱ类	第Ⅲ类
$IRD^{e,q}$取值	$[0,\ 0.570\ 7)$	$[0.570\ 7,\ 0.868\ 4)$	$[0.868\ 4,\ 1)$
不平衡程度	相对平衡	过渡阶段	相对不平衡

注：数据来源为《中国统计年鉴》、各省区市统计年鉴，样本时期为2004—2018年，计算公式参见式（2.2）。

以经济发展质量下区域发展不平衡在省级层面的测度结果为例，利用表2.3中的状态划分标准，在Markov链状态下，可得到转移概率矩阵；同时，为了减弱由于其他因素在单次转移中扰动带来的偏差，本节对样本期间（2004—2018年）进行了14次转移，分别计算转移概率矩阵，并对其进行等权重加权计算以得到相对稳定的转移概率矩阵。显然，这样设计的优势在于，可将转移概率控制在不随时间变化的范围，使得转移概率具有时间同质性。所得转移概率矩阵为：

$$P_Q = \begin{bmatrix} 0.836 & 0.164 & 0.000 \\ 0.077 & 0.796 & 0.127 \\ 0.000 & 0.219 & 0.781 \end{bmatrix} \tag{2.18}$$

---

① 考虑数据可得性，省域层面的分析中未包含港澳台三地，下同。

可对式（2.18）做如下解释：当前时期，若某个地区 $i(i = 1, 2,$ …, $N)$ 的 $IRD^{e, q}$ 处于第Ⅰ类，下一个时期该地区仍然处于第Ⅰ类的概率为 0.836，转移至第Ⅱ类的概率为 0.164，转移至第Ⅲ类的概率为 0；若某个地区 i 的 $IRD^{e, q}$ 处于第Ⅱ类，下一个时期该地区仍然处于第Ⅱ类的概率为 0.796，转移至第Ⅰ类的概率为 0.077，转移至第Ⅲ类的概率为 0.127；若某个地区 i 的 $IRD^{e, q}$ 处于第Ⅲ类，下一个时期该地区仍然处于第Ⅲ类的概率为 0.781，转移至第Ⅰ类的概率为 0，转移至第Ⅱ类的概率为 0.219。显然，$p_{ij} \geq 0(i, j = 1, 2, 3)$，$\sum_{j} p_{ij} = 1$ 成立。

设 S_t 为 1×3 的行向量，代表 t 时期区域经济高质量发展不平衡的分布状态，则在 $t + 1$ 时期的分布状态可由 $S_{t+1} = S_t P_Q$ 计算而得。显然，$S_{1, 0} = (1, 0, 0)$、$S_{2, 0} = (0, 1, 0)$、$S_{3, 0} = (0, 0, 1)$ 分别为第Ⅰ类、第Ⅱ类和第Ⅲ类的初始分布状态。根据转移概率矩阵式（2.18）的设定，分别计算三种初始状态转移 14 次的概率。

如图 2.2 所示，当一个地区初始（2004 年）处于第Ⅰ类状态 $S_{1, 0}$ 时，向后一期（2005 年）的概率 $P_{1, 1} = (0.836, 0.164, 0.000)$，也就是说，该地区仍处于第Ⅰ类状态的概率为 0.836，而转移至第Ⅱ类状态的概率为 0.164，转移至第Ⅲ类状态的概率为 0.000；以此类推，2018 年 $P_{1, 14} = (0.269, 0.479, 0.252)$，即经过 14 次转移之后，该地区仍处于第Ⅰ类状态的概率降至 0.269，而转移至第Ⅱ类状态的概率为 0.479（显著高于第Ⅰ种），转移至第Ⅲ类状态的概率为 0.252。处于第Ⅰ类状态的地区，随着时间的推移，更可能向第Ⅱ类状态转移，区域发展不平衡在时间上具有阶段（回落）特征，尤其是在经历第 12 次转移之后，这种概率更大。

当一个地区初始（2004 年）处于第Ⅱ类状态 $S_{2, 0}$ 时，向后一期（2005 年）的概率 $P_{2, 1} = (0.077, 0.796, 0.127)$，也就是说，该地区仍处于第Ⅱ类状态的概率为 0.796，转移至第Ⅰ类状态的概率为 0.077，略低于转移至第Ⅲ类状态的概率（0.127）；以此类推，2018 年 $P_{2, 14} = (0.225, 0.490, 0.285)$，即 14 年之后，该地区仍处于第Ⅱ类状态的概率为 0.490，而处于第Ⅰ类状态的概率为 0.225，处于第Ⅲ类状态的概率为 0.285。处于第Ⅱ类状态的地区，随着时间的推移，更可能仍然处于第Ⅱ类状态，区域发展不平衡的过渡状态具有较高的稳定性。

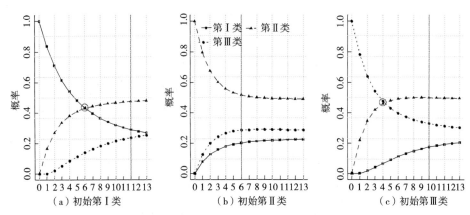

图 2.2　区域发展不平衡程度的状态转移分布（经济发展质量视角下）

当一个地区初始（2004 年）处于第Ⅲ类状态 $S_{3,0}$ 时，向后一期（2005 年）的概率 $P_{3,1}$ = (0.000, 0.219, 0.781)，也就是说，该地区仍处于第Ⅲ类状态的概率为 0.781 而转移至第Ⅱ类状态的概率为 0.219，以此类推，2018 年 $P_{3,14}$ = (0.204, 0.494, 0.302)，即 14 年之后，该地区仍处于第Ⅲ类状态的概率降至 0.302，而转移至第Ⅱ类状态的概率为 0.494（显著高于第Ⅲ类），转移至第Ⅰ类状态的概率为 0.204。处于第Ⅲ类状态的地区，随着时间的推移，更可能转移至第Ⅱ类状态，区域发展不平衡相对较高的区域个数有可能减少。这意味着，中国相对落后的省份经济发展水平不断提升，使得经济不平衡情况在近年来有所缓和。

综上所述，就中国省域区域发展不平衡的时间演进特征而言，随着时间的推移，初始状态处于相对平衡（第Ⅰ类）和相对不平衡（第Ⅲ类）的地区具有不稳定性，更加倾向于转移至过渡阶段（第Ⅱ类），在时间上存在阶段回落的现象；然而，初始状态处于过渡阶段的地区，随着时间的推移这种状态具有稳定性，向相对平衡与相对不平衡状态转移的概率均显著低于维持原状的概率。进一步分析发现，对于经济发展相对落后的省份（如贵州、西藏），随着经济水平的不断提升，区域发展不平衡程度会有所减少；而对于经济越是发达的地区（如北京、上海），经济发展水平的进一步提升并不能有效减缓区域发展不平衡的程度，反而会在一定程度上加剧区域发展不平衡。究其原因，经济越是发达的地区经济发展水平的提升，会加剧相对落后地区与发达地区之间的差距，进而导致区域发展失衡。因此，就提升整体区域协调发展水平而言，更加有效的措施是提升相对落后地区的经济发展水平，并匹配相应的区域经济发展政策。

2.3.1.2 综合发展视角下区域发展不平衡程度的 Markov 分析

以经济发展质量视角下区域发展不平衡的演变分析思路与方法为依据，利用自由度为 1 的卡方分布对省域视角下综合发展水平层面上区域发展不平衡程度（IRD^c）的时间演变趋势进行探究。需要强调的是，考虑到 3 类别划分标准会使得样本分布与卡方分布的偏离度较高，不能全面反映省域视角下区域发展不平衡的演变特征，在经济发展质量视角下区域发展不平衡等级分类的基础上，将 IRD^c 分类扩充为 4 类。具体见表 2.4。

表 2.4　综合发展视角下区域发展不平衡程度的等级分类

分类（状态）	第 I 类	第 II 类	第 III 类	第 IV 类
IRD^c 取值	$[0, 0.1511]$	$[0.1511, 0.3578)$	$[0.3578, 0.8394)$	$[0.8394, 1)$
不平衡程度	相对平衡	过渡阶段	相对不平衡	非常不平衡

注：数据来源为《中国统计年鉴》、各省区市统计年鉴，样本时期为 2004—2018 年，计算公式参见式（2.16）。

参考前文研究，利用表 2.4 中的等级分类标准，在 Markov 链状态下，可得：

$$P_c = \begin{pmatrix} 0.911 & 0.022 & 0.067 & 0.000 \\ 0.034 & 0.914 & 0.052 & 0.000 \\ 0.007 & 0.029 & 0.891 & 0.073 \\ 0.000 & 0.000 & 0.135 & 0.865 \end{pmatrix} \tag{2.19}$$

可对式（2.19）做如下解释：区域发展位于相对平衡（第 I 类）的地区，下一个时期还处于相对平衡的概率为 0.911，转移至过渡阶段的概率为 0.022，并以 0.067 的概率处于相对不平衡的状态，但是直接演变为非常不平衡的可能性几乎为零。区域发展位于过渡阶段（第 II 类）的地区，下一个时期仍然是过渡阶段的概率高达 0.914，而演变为相对不平衡的概率（0.052）大于相对平衡的概率（0.034）。区域发展位于相对不平衡（第 III 类）的地区，下一个时期还处于该阶段的概率为 0.891；而位于非常不平衡（第 IV 类）的地区，下一个时期还处于该阶段的概率为 0.865。显然，处于相对平衡和过渡阶段的地区在时间上更具稳定性。

如图 2.3 所示，当一个地区初始（2004 年）处于非常不平衡（第Ⅳ类状态）$P_{4,0}$，即 $P_{4,0} = (0, 0, 0, 1)^T$ 时，向后一期（2005 年）的概率 $P_{4,1} = (0.000, 0.000, 0.135, 0.865)$，也就是说，该地区仍处于第Ⅳ类状态的概率为 0.865，转移至第Ⅲ类的概率仅有 0.135；以此类推，2018 年 $P_{4,14} = (0.048, 0.119, 0.507, 0.326)$，即 14 年之后，该地区仍处于第Ⅳ类状态的概率为 0.326，而处于第Ⅲ类状态的概率为 0.507，处于第Ⅰ类状态的概率为 0.048。显然，随着时间的推移，处于非常不平衡的地区更容易转变为相对不平衡的状态，尤其是 2009 年之后。

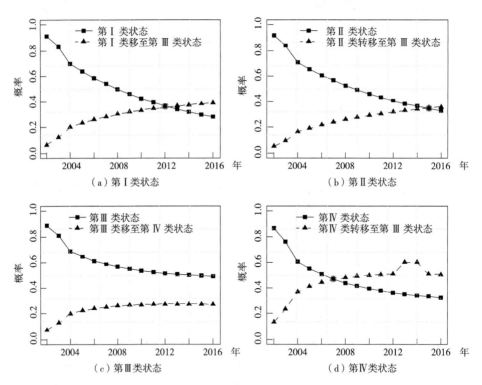

图 2.3　区域发展不平衡程度的状态转移分布（综合发展水平视角下）

同理，其他三类状态也可进行类似的分析。综合来看，初始状态位于相对平衡（第Ⅰ类）的地区，随着时间的推移，尤其是 2014 年之后，更容易向第Ⅲ类状态（相对不平衡）转变，即区域发展不平衡的第Ⅰ类状态不具稳定性；初始状态位于过渡阶段（第Ⅱ类）的地区，在 2017 年之后更加倾向于转变为相对不平衡的状态（第Ⅲ类），即区域发展不平衡的第Ⅱ类状态的稳定性相对较弱。然而，初始状态为相对不平衡（第Ⅲ类）的地区，在时间趋势上表现出显著的稳定性，以相对最高的概率维持于相对不平衡的状态。因此，就省域视角下，区域发展不平衡的时间演变规律总体而言，提高位于第Ⅳ类（非常不平衡状态）地区的综合发展水平（如：西藏、内蒙古）更容易从总体上减缓区域发展不平衡的程度。

2.3.2 基于 Ripley's K 函数的空间演进特征分析

本节基于不同地区在空间上的分布模式，通过改进 Ripley's K 函数对区域发展不平衡程度的空间分布情况及演变特征进行检验与分析。具体地，Ripley's K 函数是空间差异分析的常用方法之一，它是以连续平面上欧式距离为基础的一种空间点模式分析方法（Dixon，2002）。

2.3.2.1 Ripley's K 函数的检验原理

设区域发展不平衡程度为检验变量，分别由经济发展质量下区域发展不平衡程度 $IRD^{e,q}$ 和综合发展水平下区域发展不平衡程度 IRD^c 进行表征。令全国范围内（除港澳台）放置一系列半径为 d 的圆，并将每一个区域发展不平衡程度依次作为圆中心（马彦瑞等，2021），对所有事件求均值；然后，通过密度可得到给定距离 d 下 K 函数值 $K(d)$：

$$K(d) = \frac{Area}{n^2} \sum_{i \neq j} \sum I_d(d_{ij}) \tag{2.20}$$

式（2.20）中，$K(d)$ 代表研究区域的事件密度，$Area$ 为研究区域的面积，n 为事件发生的数量，d_{ij} 代表事件 i 和事件 j 之间的距离；$I_d(d_{ij})$ 为示性函数、作为一个标记量，当 $d_{ij} \leq d$ 时，$I_d(d_{ij}) = 1$，否则 $I_d(d_{ij}) = 0$。

求解思路：根据完全空间随机假设，利用蒙特卡罗（MC）模拟检验方法，通过设定置信区间、构建包络线进行检验（参见 Besag and Diggle，1977；Wiegand and Moloney，2004）。最后，确定检验结果，如果观察值落入置信区间，则认为该观察值处于随机分布模式，即区域发展不平衡在空间上处于离散状态、规律性不强；如果观察值位于置信上限之上，则认为区域发展不平衡在空间上处于集聚模式（徐生霞等，2021），即区域发展不平衡存在较强的关联性空间分布模式；如果观察值位于置信下限之下，则认为区域发展不平衡在空间上是均匀分布的，即区域发展不平衡的空间分布具有相对稳定性。

2.3.2.2　经济发展质量视角下区域发展不平衡程度的空间演进特征

从样本时期经济发展质量下区域发展不平衡程度（$IRD^{e,q}$）均值来看，如图2.4（a）所示，中国省域发展不平衡呈现出明显的空间差异性，存在中部、西部、东部依次递减的地域特征。具体而言，东部地区（如广东、上海、海南）经济高质量发展水平相对较高，而区域发展不平衡程度相对较低；中部地区（如山西、湖北、江西）经济高质量发展相对较低，但区域发展不平衡程度相对较高；西部地区（如四川、陕西、甘肃）位于东、中部之间。从Ripley's K函数检验结果看，如图2.4（b）所示，随着距离的不断增大，拟合值密度曲线逐渐向观察值下方移动，而落入置信区间上限的观察点相对较多，进一步表明，经济发展质量下区域发展不平衡在空间上处于较为集中的分布模式，即认为空间依赖性较强（高仙立等，2017）。

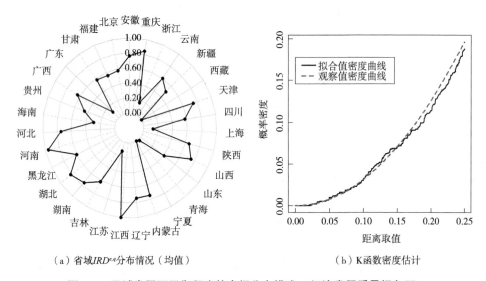

（a）省域$IRD^{e,q}$分布情况（均值）　　　　（b）K函数密度估计

图2.4　区域发展不平衡程度的空间分布模式（经济发展质量视角下）

2.3.2.3　综合发展水平下区域发展不平衡的空间演进特征分析

如图2.5（a）所示，中国省域发展不平衡也呈现出明显的空间差异性，但是与经济发展质量下存在的中部、西部、东部依次递减特征不同，综合发展水平考量下的区域发展不平衡具有东部、中部、西部依次递减的

地域分布特征。具体而言，省域综合发展水平包含经济发展、公共服务、生态环境和创新能力等四个维度的 25 个具体指标，是一个综合发展指数。对于东部地区（如北京、上海、海南）来说，其综合发展水平离散分布、高低差距显著（极差值为 0.079），进而导致区域内部发展不平衡程度相对较高；对于西部地区（如四川、广西、青海）来说，区域内部的综合发展水平较为集中（极差值不足 0.014），故区域发展不平衡程度相对较低；而中部地区位于二者之间。

从 Ripley's K 函数检验结果看，如图 2.5（b）所示，拟合值密度曲线整体上位于观察值的下方，落入置信区间上限的观察值更多，即综合发展水平下区域发展不平衡的空间集聚分布模式明显，空间依赖性强。此外，相比经济发展质量视角，综合发展水平视角下的区域发展不平衡程度更具空间集聚分布依赖性。具体而言，东部、中部、西部依次递减的地域分布特征从概率上更加符合中国区域发展不平衡的实际分布特征。

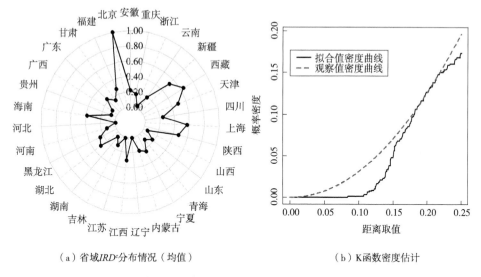

（a）省域*IRD*分布情况（均值）　　（b）K 函数密度估计

图 2.5　区域发展不平衡的空间分布模式（综合发展水平视角下）

2.4　夜间光照数据视角下的测度与演进

在过去的 30 年里，中国经济在世界范围内取得了罕见的高速增长（张晓晶和汪勇，2023），2004—2016 年的平均国内生产总值（GDP）增长率约为 8.9%。然而，在肯定了中国经济增长奇迹的同时，中国 GDP 统计数据的真实性受到了质疑。因此，以 GDP 或其派生指标衡量中国区域发展不平衡性这一做法备受争议。外部的质疑使得中国经济增长的真实性和区域发展不平衡性成为学术讨论的重要议题（洪正等，2021）。GDP 作为衡量一个国家或地区经济状况和发展水平的重要指标，在现有文献研究中也是区域发展不平衡的核心指标（Xu et al.，2021），其数据生成具有规范的核算方法和严格的统计制度。然而，与发达国家相比，发展中国家 GDP 的核算方法和统计体系普遍落后（Chen and Nordhaus，2011；Bishop and Gripaios，2020）。因此，本节专注于 GDP 和夜间光照数据（DN）之间的实际替代关系的研究，在明确了两者之间具体替代关系后，利用 DN 代替 GDP 进一步探讨中国区域发展的不平衡性。

2.4.1 GDP 与 DN 之间的关系探讨

现有文献对夜间光照数据（DN）和国内生产总值（GDP）之间的关系研究仅限于定性和线性方面。在本部分中，基于中国官方提供的 GDP 数据和美国国家海洋和大气管理局（NOAA）发布的夜间光照实际数据，在理论和经验验证的基础上，从非线性的角度挖掘 GDP 和 DN 之间的具体关系。

2.4.1.1 夜间灯光数据

美国空军国防气象卫星计划（DMSP）的卫星自 20 世纪 70 年代以来每天绕地球飞行 14 圈，使用其操作线扫描系统（OLS）传感器记录地球上的光照强度。自 1992 年以来，这些数据已经有了数字档案。原始数据来自美国国家海洋和大气管理局（NOAA）和国家地球物理数据中心（NGDC），并且对公众开放。更重要的是，这些数据剔除了在月球亮半边、夏季日落晚时、极光活动（北极光和南极光）以及森林火灾期间的观测，即剔除了自然光的强烈来源，主要保留了人造光。云层遮挡地球表面的观测也被排除在外。最后，特定卫星在特定年份的所有轨道上的数据被平均，以生成一个卫星年度数据集（Buys et al.，2010）。这些数据集向公众开放（Xi and William，2011；Xu et al.，2015）。

鉴于此，基于亨德森等（Henderson et al.，2012）的思路，根据 2004—2013 年来自 F15、F16 和 F18 卫星的夜间灯光数据，利用 ArcGis 软件进行灰度值计算。特别地，本节根据各地区的人口占比计算了 DN 的加权平均值，而不是单纯地根据网格数量和地理面积。

2.4.1.2 模型设计与变量说明

在大多数现有文献中，GDP 和照明数据之间的关系基本上是线性的。例如，亨德森等（Henderson et al.，2012 年）建立了 GDP 增长率与光亮度增长率之间的关系，即 $y_i = \lambda l_i + \mu_i (i = 1, 2, \cdots, N)$。其中，$y_i$ 表示 GDP 增长率，l_i 表示光亮度增长率，i 表示不同地区，μ_i 是误差项。DN 所反映的数据值是一个地区增长的稳定状态，而线性关系则反映了一个持续增长或持续下降的关系，这与实际经济不一致。

根据实际数据和研究目的，首先将模型设定为：

$$y = f(l) + \mu \tag{2.21}$$

式（2.21）中，y 表示人均 GDP，l 表示人均光亮度数值，$f(\cdot)$ 是一个非线性函数，用来反映 GDP 和灯光亮度之间的关联。根据初步的非线性关系检验，假设非线性函数为：

$$f(l) = \alpha l + \beta l^2 \tag{2.22}$$

事实上，还可以对 DN 与 GDP 之间的其他非线性函数关系，如 S 形函数、幂指数函数、三次函数、对数函数等进行分析。特别地，二次函数在本书中具有最好的拟合效果，表现为残差平方和最小。具体的模型设计如下：

$$y_{it} = \alpha l_{it} + \beta l_{it}^2 + \gamma C_{it} + \eta_i + \kappa_t + \mu_{it}, \quad (i = 1, 2, \cdots, N; \ t = 1, 2, \cdots, T) \tag{2.23}$$

式（2.23）中，η 表示个体效应，κ 表示时间效应，C 是控制变量的向量，γ 是与控制变量集合相对应的系数，μ 是随机误差。

具体地，因变量由人均 GDP 表示，核心解释变量由人均 DN 表示。考虑到其他影响因素，基于现有研究，比如，张和丹尼尔（Zhang and Danish，2019）将人类发展指数考虑为信息与通信技术之间动态联系的因素，李等（Li et al.，2014）在评估影响因素的时空差异时使用了城镇化，高等（Gao et al.，2019）则考虑了生态系统服务对区域发展的影响等，本书也尝试使用一些替代变量，比如，电力消耗（*Elec*），其表示总电力消耗，与 DN 高度相关。城镇化率（*Urb*），由城市人口在总人口中的占比刻画。控制变量，包括劳动力（*Lab*）、就业率（*Emp*）和资本资产（*Cap*），分别由 16 岁以上劳动人口、就业人数占比和固定资产投资占 GDP 比重刻画。

2.4.2　区域发展不平衡的测度设计

给出一种调整后的加权变异系数（*ACV*）方法来衡量区域发展不平衡程度（*IRD*）。假设在一个经济体中有 m 个地区，每个地区 i 包含 h_i 个省份。因此，整个经济体中有 $\sum_{i=1}^{m} h_i$ 个省份。设 $\bar{x}_{ij}$ 为地区 i 中第 j 个省份的人均 DN 值，N_{ij} 为地区 i 中第 j 个省份的人口，N_i 为地区 i 中所有省份的总人口，$N = \sum_{i=1}^{m} \sum_{j=1}^{h_i} N_{ij}$ 为整个经济体中的总人口，$X = \sum_{i=1}^{m} \sum_{j=1}^{h_i} N_{ij} \bar{x}_{ij}$ 为整个经济体的总 DN 值，$\bar{X}_i = X_i / N_i$ 为整个经济体中第 i 个省份的人均 DN 值。那么，整个省份间的人均 DN 不平衡程度可以用调整后的加权变异系数（*ACV*）来衡量：

$$ACV(X) = \frac{1}{\bar{X}^2} \sum_{i=1}^{m} \sum_{j=1}^{h} \frac{N_{ij}}{N} (\bar{x}_{ij} - \bar{X})^2 \tag{2.24}$$

其中，$X = (X_1, X_2, \cdots, X_m)$ 和 $X_i = (\bar{x}_{i1}, \bar{x}_{i2}, \cdots, \bar{x}_{ih_i})$ 都是变量集合。特别地，*ACV* 属于广义熵测度的范畴，可以分解为区域内和区域间的不平衡，如下所示：

$$ACV(X) = \sum_{i=1}^{m} \left(\frac{N_i}{N}\right)\left(\frac{\bar{X}_i}{\bar{X}}\right)^2 CV(X_i)^2 + CV(\bar{X})^2 = CV_W + CV_B \tag{2.25}$$

在式（2.25）的基础上，对区域发展不平衡程度（*IRD*）进行测度：

$$CV(X_i)^2 = \frac{1}{\bar{X}_i^2} \sum_{j=1}^{h_i} \frac{N_{ij}}{N_i} (\bar{x}_{ij} - \bar{X}_i)^2 \tag{2.26}$$

将式（2.26）的结果加总到所有的区域中，得到区域内的不平衡程度计算公式：

$$CV_W = \sum_{i=1}^{m} \left(\frac{N_i}{N}\right)\left(\frac{\bar{X}_i}{\bar{X}}\right)^2 CV(X_i)^2 \tag{2.27}$$

特别地，区域间的不平衡度计算公式如下：

$$CV_B = CV(\bar{X})^2 = \frac{1}{\bar{X}^2} \sum_{i=1}^{m} \frac{N_i}{N} (\bar{X}_i - \bar{X})^2 \tag{2.28}$$

2.4.3　IRD 的演进特征

2.4.3.1　时间趋势

如图 2.6 所示，DN 视角下中国区域发展不平衡的程度在样本期间（2004—2013 年）经历了起初下降，然后波动下降，随后急剧上升，紧接着急剧下降，然后缓慢下降趋于稳定的过程。特别地，在 2009 年之前，区域发展不平衡的程度呈现出起伏状态，ACV 的变化在 0.75 和 1.25 之间波动，相对稳定。从 2009 年到 2010 年，区域发展不平衡程度迅速上升，ACV 的值达到了 2.04；这也是中国区域经济发展政策从发展中心城市和特区转向大规模城市化区域和"集群式城市群"的时期。从 2010 年到 2011 年，出现了短期急剧下降，降至 1.02；之后，趋于稳定，ACV 在 1.01 左右波动。总体上，中国的区域发展不平衡程度逐渐降低，平均 ACV 为 1.11，表明中国的区域发展不平衡正在逐渐减小并趋于稳定。GDP 视角下不平衡程度在 2004 年经历了短暂上升后持续下降，表明中国在 2004 年之后实施的新区域发展战略取得了成效。这一趋势持续显著，与使用夜间灯光数据计算得出的结果不一致；考虑到中国实际地区的发展情况，认为夜间灯光数据的结果更为客观。2010 年之后，不平衡程度趋于稳定，在 1.40 左右波动，与夜间灯光数据的结论一致。

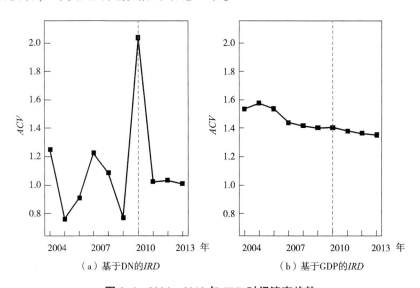

（a）基于DN的*IRD*　　　　（b）基于GDP的*IRD*

图 2.6　2004—2013 年 *IRD* 时间演变趋势

2.4.3.2 空间分解

基于式（2.25）对 *IRD* 进行空间分解（徐生霞等，2023），具体地，中国区域发展的不平衡被分为东部地区、中部地区、西部地区和东北地区内部以及这四个地区之间的不平衡。结果如表 2.5 所示。地区间的不平衡程度与中国地区发展在 2004 年至 2013 年期间的不平衡过程高度一致。2010 年后，不平衡度进入了相对稳定的状态，而区域内部的不平衡效应是不均匀的，存在差异，地区内部不平衡的绝对值仍然小于地区间的不平衡。因此，地区之间的不平衡是造成中国区域发展不平衡的主要原因。

表 2.5　区域发展不平衡原因的空间分解结果

年份	区域发展不平衡	区域内不平衡	区域间不平衡
2004	1.249 0	0.478 8	0.770 4
2005	0.760 0	0.275 9	0.484 1
2006	0.910 0	0.247 7	0.662 0
2007	1.225 0	0.405 5	0.819 8
2008	1.086 0	0.461 9	0.623 9
2009	0.770 0	0.401 0	0.369 2
2010	2.037 0	0.900 4	1.136 4
2011	1.023 0	0.416 9	0.606 4
2012	1.034 0	0.247 0	0.786 9
2013	1.009 0	0.279 0	0.730 2

2.5　主要结论

本章以区域发展不平衡的测度方法研究为基础，对区域发展不平衡的时空演进特征进行分析，以探究中国区域发展不平衡的现状与基本特征。

就区域发展不平衡的测度方法而言，首先，以宏观为研究视角，基于区域发展不平衡的单维度测度目标，分别提出了经济发展水平下区域发展不平衡程度的绝对离差、经济发展质量下区域发展不平衡程度的逆绝对离差测度方法。研究发现，区域发展不平衡在以 GDP 为核心指标时，呈现出东、中、西部依次递减的地域特征；而以 TFP 为核心指标时，呈现出中、西、东部依次递减的空间分布模式。显然，两种测度方法所得结论有所不同，这不仅仅因为核心指标选择的不同，也是单维度测度方法共有的弊端。其次，针对单维度测度指标所呈现的问题，本章从经济发展、公共服务、生态环境和创新能力等四个维度的 25 个具体指标刻画区域综合发展水平，在此基础上，利用改进的变异系数法给出了综合发展水平下区域发展不平衡的多维度测度方法。研究发现，中国区域发展不平衡程度呈现出波动性缓慢减小的趋势，并且存在东、中、西部依次递减的分布特征。虽然，上述整体研究结论与经济发展水平下区域发展不平衡的地域特征有共性，但是，在省域层面的具体差异上有所不同，需做进一步研究。最后，以微观为研究视角，基于居民家庭人均收入，改进一种性质优良的新型不平衡测度方法（Zenga 指数），对高低收入分组下区域发展不平衡程度进行测度，并利用其强转移与加和分解特性，进行子群与因素分解，旨在深入探究区域发展不平衡的微观原因。

就区域发展不平衡程度的时空演进特征分析而言，区别于现有文献研究的描述性分析，本章利用 Markov 分析与 Ripley's K 函数分别对时间与空间上区域发展不平衡的演进特征进行量化分析。研究发现，时间层面上，无论是单维度测度还是多维度测度检验结果均表明，区域发展不平衡程度呈现波动下降的态势，且逐步由不平衡向相对平衡演变；提升相对不平衡地区（多为西部地区，如西藏、甘肃、青海）的经济发展水平或综合发展能力，可以有效减少相对落后地区与发达地区之间的发展差异，更能从总体上减缓区域发展不平衡程度；相反，提升发达地区（多为东部地区，如上海、广东）的经济发展水平，会加剧相对落后地区与发达地区之间的差距，进而导致区域发展失衡。空间层面上，区域发展不平衡具有空间集聚分布效应，相比经济发展质量视角，综合发展水平视角下区域发展不平衡程度更具空间集聚分布依赖性；表现出东、中、西部依次递减的地域分布特征。此外，从概率密度取值来看，综合发展水平下区域发展不平衡的空间依赖性作用更强，更加符合中国区域发展不平衡的实际分布情况。

归纳上述经济发展水平、经济发展质量、收入水平和综合发展水平四个视角上的研究结论，本章为区域发展工作中区域发展不平衡程度的缓解

给出以下三点建议：第一，在区域发展不平衡的测度方法研究中，提高对经济发展、公共服务、生态环境和创新能力等综合发展水平刻画的重视程度，以保障区域发展不平衡问题的研究更具系统性，为实现区域全方位协调发展提供基础。第二，在区域发展不平衡的时空演进特征分析中，结合描述分析与量化研究的优点，多方位考察区域发展不平衡的时间与空间演变特征，以全面评估区域发展不平衡的现状，并找到影响区域发展不平衡的关键因素。第三，在区域发展不平衡缓解对策的研究中，在重视区域发展不平衡地域差异（如省域、四大板块）研究的同时，更需要提高对其空间集聚特征的审视（如四大板块内外联动、全局发展转变①），以保证区域发展政策制定的相对有效性。

---

① 根据《国民经济与社会发展第十三个五年规划纲要（2016—2020 年）》内容整理总结而得。

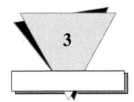

3

区域经济可持续发展的测度与时空分异

区域经济与区域产业的不平衡发展紧密相连，受到多种因素的共同影响。资源分配、技术水平、政策因素、市场需求、基础设施、人才流动和全球化都在塑造区域内部的产业结构和经济发展格局。区域经济发展的不平衡不充分问题是当前中国社会主要矛盾的一个重要表现，已经成为制约中国经济高质量发展的瓶颈因素。本章从竞争力、位序–规模两个视角对空间视域下反映区域发展不平衡本质（区位论）的"潜在效应"进行量化分析，从信息流、交通流两个维度刻画"流空间"，在改进耦合–协调模型的基础上，对空间视域下反映区域发展不平衡网络化与多极化特征的"流空间效应"进行趋势分析；从地理区位与经济发展相匹配的视角，提出了"双重权重乘子"法，改进了空间面板杜宾模型，对空间视域下揭示区域经济发展不平衡内在作用机理的"其他空间效应"进行了影响因素分析；从绿色转型和高质量发展两个方面，对可持续发展视域下的区域经济发展不平衡特征与影响因素进行了探讨，旨在为了解中国区域经济发展现状，制定区域产业均衡发展政策提供一定的现实参考。

3.1 引言

当前，区域发展不平衡问题在世界各国普遍存在。党的十九大报告指出，中国社会主要矛盾已经转化为人民日益增长的美好生活需要和不平衡不充分发展之间的矛盾。纵观中国经济发展的历程，区域发展的不平衡不充分问题从过去到现在一直存在，值得欣慰的是，这种不平衡不充分现象现在不是在扩大而是趋于减缓，有缩小之势。从中国区域经济发展不平衡的演变特征看，1992 年以来，中国各省区市区域发展不平衡程度总体上呈现出倒"U"形的变化趋势，其中，1992 年至 2003 年是中国区域经济发展不平衡程度不断扩大的阶段，而这个阶段是中国改革开放和现代化建设进入蓬勃发展的新阶段，是国民经济高速增长的发展阶段，更是各地区经济发展差距逐渐拉大的阶段；2004 年至今中国区域经济发展基本呈现波动减少的势态。此外，各省区市区域经济发展不平衡程度存在明显的"地域差异性"，而造成这种现象的主要原因有待进一步探讨。

事实上，对于一个国家或地区来说，区域经济在任何时候都保持均衡增长是不现实的，在一定范围内允许非均衡增长进而不断推进区域协调发展的进程才是区域经济发展的最终目标。自 20 世纪 90 年代以来，不少专家学者对中国区域经济发展不平衡问题展开了系统而全面的研究，大致可以从研究视角、测度模型、成因分析三个方面来归纳总结。

　　研究视角方面，现有文献紧紧围绕从省区市到城市群再到全国范围这样一个"从部分到整体"的研究思路展开。就全国区域经济发展不平衡问题的研究而言，大都以 31 个省区市为研究对象，基于三大地带或者四大区域划分对中国区域发展不平衡程度进行区域之间与区域内部的分解分析，得出全国区域经济协调发展水平不断提升、区域之间差距显著、西部地区经济发展不平衡程度较大的结论（赵志耘和吕水洋，2007；覃成林等，2011；徐生霞和刘强，2019）；就城市群区域发展不平衡问题的研究而言，基本以各大城市群内部协同发展为背景、以新增长理论为基础，从经济发展的空间分布与区域产业环境等方面对实现区域协同发展的路径进行探究，尚处于初步研究阶段（张志强和鲁达非，2015；王青和金春，2018）；就个别省区市的研究而言，基本以各地经济发展的优势产业或人口规模为主，对影响该地区区域发展不平衡的成因进行时间与空间上的二维分解分析（Wei and Fan，2010）。上述文献对区域经济发展不平衡的研究囊括了不同的研究范围（从总到分）、不同的研究视角（时间、空间），但是忽略了空间视域这一主导区域发展本质因素的考虑；虽然也有一些文献从区域空间属性着手，考虑空间中性政策与干预性政策对中国区域经济协调发展的影响作用（邓睦军和龚勤林，2018），但是未能从"空间效应"本身的影响因素出发对区域经济发展不平衡问题进行研究。本章在深入解析空间视域内涵的基础上，从"潜在效应"、"流空间效应"和"其他效应"3 个维度对空间视域进行量化表征，并对区域经济发展不平衡的影响机理进行空间层面的分析，为区域发展不平衡问题的研究提供新视野。

　　测度模型往往与成因分析的研究配合出现，很难分割评述，现有文献均以评价指标体系的构建为切入点，以综合评价方法研究为基础（陈文成，2010)，以引力模型、竞争力模型等常用的区域经济学模型或时间序列模型、面板数据模型等计量经济学模型为研究载体（姜玉英和刘强，2007；Du et al.，2014；张凡等，2019)，从自然禀赋、生产要素、经济环境等多个影响因素对所研究对象的区域发展不平衡成因进行时空分解，认为中国区域发展不平衡已趋于网络化、多极化特征（夏添等，2018；徐生霞等，2020)，空间因素分析是区域发展不平衡问题研究中不可忽略的一部分。但是，上述研究忽视了对以下两方面的考虑：第一，成因分析方面，未能从空间效应与其他影响因素相结合的视角对测度模型进行改进，存在模型设计与研究内容有偏差的问题；第二，测度模型方面，单一的区域经济学理论模型与单一的计量经济学模型并不能很好地诠释区域发展不平衡的内涵，缺乏基于区域经济发展本质考虑的多重模型设计研究。鉴于此，本章在利用改进的区域竞争力模型和位序–规模模型诠释中国区域经济发展不平衡内涵的基础上，通过考虑流空间影响力分析的耦合–协调改进模型对网络化的区域发展不平衡现状进行分析，在此基础上，提出"双重权重乘子"方法并对空间杜宾模型进行改进，进而对区域经济发展不平衡的成因做分解分析。

综上所述，现有关于区域经济发展不平衡问题的研究仍存在以下三点不足：第一，研究视域较为集中，未能纳入"空间视域"这一体现区域发展不平衡"区位论"本质的影响效应分析；第二，模型设计较为单一，未能从区域经济学模型与计量经济学模型相结合的视角进行模型设计，缺乏既能揭示区域发展不平衡本质，又能反映区域发展不平衡内在影响机理的研究模型；第三，成因分析视线较为离散，强调区域内部与区域之间差异大小的比较，忽略了造成区域经济发展不平衡潜在因素的考虑，未能从空间因素与其他影响因素共同作用于区域发展不平衡的方面进行内在影响机理的研究。

3.2 数据处理与模型设计

3.2.1 数据来源与预处理

本章关于中国区域经济发展不平衡问题的研究数据覆盖面较广、结构较为复杂，涉及经济指标、环境指标和人力资本指标等基础研究数据，还涉及测度地理距离、流空间强度的空间研究数据（郭先登，2020）。其中，基础数据主要来自 2005 年①至 2018 年《中国统计年鉴》和国家统计局网站、三次产业就业人数来自全国 31 个省区市（不含港澳台地区）统计年鉴，生态能源指标来自《中国环境统计年鉴》，在实际 GDP 折算时涉及的 GDP 平减指数来自世界银行。空间研究数据方面，测度地理距离的相关指标数据来自国家基础地理信息中心网站，测度流空间强度的数据分别来自百度指数网站与 12306 铁路客户服务中心网站。值得强调的是，实例分析中，用到的数据为非平衡面板数据，综合指标的数据描述如表3.1 所示。

表 3.1　变量的基本统计描述

变量	符号	表征指标	单位	数据处理	均值	标准差	最小值	最大值	样本量
区域发展不平衡	IRD	变异程度	—	—	1.09	0.59	0.35	3.71	434
经济发展水平	Gdp	人均地区生产总值	元	取对数	10.21	0.70	7.18	11.68	434
人口规模	Pop	年末常住人口总数	万人	取对数	8.09	0.86	5.62	9.32	434
产业结构	Indu	产业结构合理化	—	—	10.86	6.44	0.73	36.63	434
教育水平	Edu	6 岁及以上、大专及以上人口数	人	取对数	8.14	1.43	3.14	12.16	434
技术水平	Tech	技术市场成交份额	亿元	取对数	3.82	1.66	0.04	8.41	402
基础设施	Base	每万人医疗机构床位数	万人/张	—	39.12	13.02	1.61	75.48	434
能源消耗	Eco	能源工业投资总额	亿元	取对数	6.18	0.94	2.62	8.13	434
对外开放	Open	外商投资企业进出口总额	千美元	取对数	15.47	3.07	0.94	20.20	434
城乡差距	Urg	城乡消费支出比	—	—	2.88	0.69	1.60	6.94	434
信息流	IN	搜索指数	%	—	9.11	7.34	1.21	40.08	248

---

①　选择 2004 年为研究起点，是因为 2004 年之前区域发展不平衡程度起伏波动较大、中国各省区市经济发展水平差距明显，此外，现有文献对中国区域发展不平衡问题的研究表明，2004 年是一个关键的分界点。

续表

变量	符号	表征指标	单位	数据处理	均值	标准差	最小值	最大值	样本量
交通流	TR	平均每天列车班次（出度）	趟	—	103.97	81.79	5	345.60	31

注：本期间为2004—2017年，教育水平指标数据来自2005年、2015年1%人口抽样调查样本数据，其他年份为1‰人口变动调查样本数据；对外开放指标数据缺失2004年、2005年数据，通过指数平滑法得到；技术水平指标在样本期间内西藏地区均缺失，故涉及该指标相关模型估计结果均不包含西藏地区。另外，考虑数据的可获性，本章所有的研究中不包含港澳台地区数据（下同）。

表3.1中涉及12个变量，其中，经济发展水平、人口规模、教育水平、技术水平、基础设施、能源消耗、对外开放与城乡差距均可由其表征指标直接获取，然而，区域发展不平衡程度、产业结构、信息流和交通流需要进行测算①。

区域经济发展不平衡（IRD）②的测度方面，本章用相对变异程度表征，以反映各地区人均GDP在全国人均GDP中的比重的绝对离差刻画区域经济发展的相对不平衡程度，即：

$$IRD_{it} = \left| \frac{\overline{g}_{it}}{\overline{G}_t} - 1 \right| \tag{3.1}$$

式（3.1）中，IRD_{it}表示第$i(i = 1, 2, \cdots, n)$个地区在$t(t = 1, 2, \cdots, T)$时期相对于全国平均水平的变异程度，用以表征区域发展不平衡程度；$\overline{g}_{it}$为第i个地区在t时期的人均地区生产总值；$\overline{G}_t$是t时期全国人均国内生产总值。本章IRD的实际测算结果见图3.1。

产业结构（$Indu$）的测度方面，综合现有文献关于经济体产业结构的动态调整与转型升级所包含的产业结构合理化与产业结构高级化两个维度的描述（干春晖等，2011），本章使用考虑产业分布均衡特征的合理化指标对其进行刻画。而产业结构合理化借鉴李虹和邹庆、刘和旺等的研究方法，用Theil指数进行计算：

---

① 经济发展水平、人口规模、教育水平、技术水平、基础设施、能源消耗、对外开放与城乡差距等为控制变量，其表征指标的选择遵循三个原则：第一，与其他变量之间的相关性尽可能地小；第二，样本期该表征指标的离散系数越小越好；第三，数据可获取、表征指标尽可能简单直接。

② 需要强调的是，本章中区域发展不平衡与区域经济发展不平衡均指代的是区域经济发展不平衡。

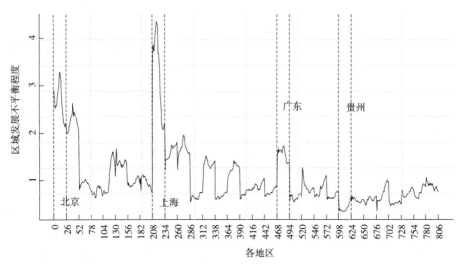

图 3.1　区域经济发展不平衡程度的演变特征

注：1. 横坐标的每个区间代表一个地区在1992—2017年的26个分界点，总计31个间隔806个分界点，分别代表中国31个省区市（除港澳台地区）在样本期间的样本点；纵坐标为区域发展不平衡（IRD）程度的具体取值。另外，此处用修正的变异系数来刻画区域经济发展不平衡程度，具体计算见式（3.1）。

2. 由于数据可获性原因，本章中未对港澳台地区进行分析。图3.1中从左至右31个区间代表的31个省区市的顺序为：北京、天津、河北、山西、内蒙古、辽宁、吉林、黑龙江、上海、江苏、浙江、安徽、福建、江西、山东、河南、湖北、湖南、广东、广西、海南、重庆、四川、贵州、云南、西藏、陕西、甘肃、青海、宁夏、新疆。

$$indu_{it} = \sum_{j=1}^{3} \frac{y_{ijt}}{Y_{it}} \log\left(\frac{y_{ijt}}{l_{ijt}} \times \frac{L_{it}}{Y_{it}}\right) \tag{3.2}$$

式（3.2）中，$i = 1, 2, \cdots, n$ 表示第 i 个地区（省区市），$j = 1, 2, 3$ 代表第 j 个产业，$t = 1, 2, \cdots, T$ 代表第 t 年，$Indu_{it}$ 表示 i 地区在 t 年的产业结构合理化程度，y_{ijt} 为第 i 个地区第 t 年在第 j 个产业的产值，Y_{it} 为第 i 个地区第 t 年的总产值，l_{ijt} 为第 i 个地区第 t 年在第 j 个产业的从业人员数，L_{it} 是第 i 个地区第 t 年的总从业人员数。

信息流（*IN*）的测度方面，以 baidu.com 门户网站的城际精确搜索量为基础的搜索指数来表征，由于移动搜索指数起始公布的时间是2011年1月1日，所以以2010年信息流单独用 PC 搜索指数表征，而2011年之后用 PC 搜索指数和移动搜索指数加权取得①。考虑信息流的时间差异性，本章特别以样本期间内各省区市每年 3 月 28 日—4 月 3 日、6 月 27 日—7 月 3 日、10 月 31 日—11 月 6 日、12 月 19 日—12 月 25 日为"周搜索指数"数据，根据其总和求平均得到"日平均搜索指数"，进而用其表征信息流。

交通流（TR）的测度方面，在邱坚坚等（2019）关于一个常规周内的城市间客运往来班次表征交通流的基础上，本章提出能够更加全面、直接表征各省之间交通往来信息的交通流计算指标——省会城市列车直达出度，即

$$TR_{it} = \frac{1}{3}(tr_{it1} + tr_{it2} + tr_{it3}), \ tr_{it} = \sum_{j=1}^{n} dnum_{ijt} \tag{3.3}$$

式（3.3）中，TR_{it} 代表第 i 个地区第 t 年的日均列车班次；tr_{it1}、tr_{it2} 和 tr_{it3} 分别代表第 i 个地区第 t 年在任意 3 个常规日内发往其他 $n-1$ 个地区列车班次总数，本章分别将这 3 个日期随机抽取为 3 月 1 日、5 月 16 日、7 月 23 日，$dnum_{ijt}$ 为第 i 个地区的省会城市在第 t 时期发往第 j 个地区省会城市列车班次总数。需要强调的是，由于 2010 年至 2018 年数据获取渠道烦琐，且实际变化不大，本章仅选择 2019 年的相关数据作为研究对象。

3.2.2　模型设计

本章关于空间视域下中国区域经济发展不平衡问题的研究，主要围绕"潜在效应-流效应-其他效应"的空间视域 3 个维度展开，其模型设计也遵循这条主线从以下三个方面进行。

3.2.2.1　潜在效应模型设计

本章从强调个体差异的竞争力模型与强调规模大小与位次差异的位序-规模模型两个视角对中国区域发展不平衡存在的潜在空间效应进行测度。

首先，改进竞争力模型的设计，重点突出区域发展不平衡的个体空间差异性，其模型如下：

$$Comp_{it} = \frac{\sqrt{(IRD_{it}^* - \max(IRD_{it}^*))^2}}{\sqrt{(IRD_{it}^* - \max(IRD_{it}^*))^2} + \sqrt{(IRD_{it}^* - \min(IRD_{it}^*))^2}} \tag{3.4}$$

---

① 算法说明：以网民在百度的搜索量为数据基础，以关键词为统计对象，科学分析并计算出各个关键词在百度网页搜索中搜索频次的加权和。根据搜索来源的不同，搜索指数分为 PC 搜索指数和移动搜索指数。具体的解释请参照：http://index.baidu.com。

式（3.4）中，$Comp_{it}$ 代表第 $i(i=1, 2, \cdots, n)$ 个地区第 $t(t=1, 2, \cdots, T)$ 时期区域发展不平衡的竞争力大小，IRD_{it}^* 为第 i 个地区第 t 时期在式（3.1）基础上进行标准化处理的区域发展不平衡程度。显然，竞争力越强，区域经济发展不平衡程度趋于越小。

其次，改进位序–规模模型的设计，旨在强调各省区市区域发展不平衡程度与"首位"地区之间的相对"距离"，注重各省区域经济发展不平衡程度"梯度型"分布的识别，具体计算如下：

$$IRD_{it} = IRD_{1t} \times R_{it}^{-q} \qquad (3.5)$$

式（3.5）中，IRD_{it} 代表第 $i(i=1, 2, \cdots, n)$ 个地区 $t(t=1, 2, \cdots, T)$ 时期的区域经济发展不平衡程度；IRD_{1t} 代表 t 时期区域经济发展不平衡水平最大的省区市；R_{it} 代表第 i 个地区 t 时期 IRD 的位序；q 是捷夫指数，用于描述区域经济发展不平衡程度与位序之间的集中或离散程度。

3.2.2.2 流效应模型设计

本章首先基于信息流和交通流两个维度对流空间进行量化表征，并通过这两个维度与区域发展不平衡程度的耦合效应反映各省区市区域发展不平衡与流空间之间联动发展关系的强弱，进一步分析其地域差异性。在改进了现有文献关于"耦合–协调模型"（方传棣等，2019）设计的基础上，设计如下流效应模型：

$$AC_{it} = \sqrt{C_{it} \times SCDI_{it}} \qquad (3.6)$$

式（3.6）中，AC_{it} 为改进后的耦合系数，C_{it} 为耦合系数，$SCDI_{it}$ 为协调发展的综合指数，$i=1, 2, \cdots, n$ 代表地区个数，$t=1, 2, \cdots, T$ 为样本时间。C_{it}、$SCDI_{it}$ 的计算如下：

$$C_{it} = \sqrt{2 - \frac{2 \times (x_{it}^2 + z_{it}^2)}{(x_{it} + z_{it})^2}}, \; SDCI_{it} = \frac{1}{2} \times (x_{it} + z_{it}) \qquad (3.7)$$

其中，x_{it}、z_{it} 分别为极值标准化[①]之后感兴趣的耦合变量。在本章的研究

---

① 极值标准化公式，若指标 x_{it} 越大越好，则标准化公式为 $x_{it}^* = \frac{x_{it} - \min(x_{it})}{\max(x_{it}) - \min(x_{it})}$；若指标 x_{it} 越小越好，则标准化公式为 $x_{it}^* = \frac{\max(x_{it}) - x_{it}}{\max(x_{it}) - \min(x_{it})}$。

中，具体由"信息流 – IRD"，即信息流（IN_{it}）和区域发展不平衡程度（IRD_{it}），"交通流 – IRD"，即列车班次数（TR_{it}）和 IRD_{it} 分别给出。

3.2.2.3 其他效应模型设计

本章关于区域经济发展不平衡问题的研究是在空间视域下展开的，必然不能忽略对"地理区位"这一空间因素的考虑。而如何设置空间权重矩阵达到量化分析地理区位的目的，是空间效应分析的核心。本章从空间权重矩阵 W 的设置出发，综合考虑地理距离 W_D 与经济距离 W_E 两个方面的影响作用，提出"双重权重乘子"的权重设定方法，即：$W = W_D * W_E$。其中，地理距离矩阵 W_D 由地理经纬度信息测算的地区 i 和地区 j 之间实际距离 d_{ij} 的倒数组成，$W_D = \{w_{ij}^D,\ i \neq j = 1,\ 2,\ \cdots,\ n\}$，而 $w_{ij}^D = d_{ij}^{-1}$；经济距离矩阵 W_E 由经济发展水平测度的地区 i 和地区 j 之间经济发展水平差异 e_{ij} 组成，$W_E = \{w_{ij}^E,\ i \neq j = 1,\ 2,\ \cdots,\ n\}$，而 w_{ij}^E 的计算由经济发展水平给出，即：

$$w_{ij}^E = e_{ij} = \frac{\min(GDP_i,\ GDP_j)}{\max(GDP_i,\ GDP_j)} \qquad (3.8)$$

该计算方法既可以满足对称性假定，又可以满足（0，1）的取值范围约束。需要强调的是，地理权重矩阵的取值不受时间的影响，而经济距离权重随着时间的推移存在上下浮动的情况，故在本章的研究中，使用样本期间内各地区的人均生产总值为实际测度对象。此外，符号 ∗ 代表 Hadamard product 乘积，一般用于对两个矩阵对应位置元素相乘的结果，显然，$W = \{w_{ij},\ i \neq j = 1,\ 2,\ \cdots,\ n\}$，$w_{ij} = w_{ij}^D \times w_{ij}^E$。最后，需要对空间权重矩阵 W 进行行归一化处理。基于"双重权重乘子"设定的空间权重矩阵，为了进一步研究影响区域发展不平衡的主要因素，本章给出了能综合反映总效应、间接效应与直接效应的空间面板杜宾模型设计：

$$IRD_{it} = \rho \times W \times IRD_{it} + X_{it}^T \boldsymbol{\beta} + W \times X_{it}^T \boldsymbol{\theta} + \varepsilon_{it} \qquad (3.9)$$

式（3.9）中，IRD_{it} 为第 $i(i = 1,\ 2,\ \cdots,\ n)$ 个地区 $t(t = 1,\ 2,\ \cdots,\ T)$ 时期的区域发展不平衡程度，X_{it} 为内在包含经济发展（Gdp）、人口规模（Pop）、产业结构（$Indu$）、教育水平（Edu）、技术水平（$Tech$）、能源消耗（Eco）、基础设施（$Base$）、对外开放（$Open$）和城乡差距（Urg）等受空间效应影响的核心解释变量的集合，W 为空间权重矩阵，

β 为核心解释变量的待估计系数向量，θ 为核心解释变量的空间滞后系数向量，ε_{it} 为满足高斯假定的随机扰动项。

3.3 空间视域下区域经济发展不平衡的演进特征

从区域经济空间格局看，改革开放以来，中国区域空间变化是各时期区域经济发展战略的核心产物，其作用机制主要体现在集聚经济与产业布局、结构优化与空间转型等方面（孙久文等，2017；夏添等，2018）。不少学者从产业集群理论可完善和发展规模经济理论的视角，基于产业结构调整（Drucker and Feser，2011）、产业协同集聚（刘强等，2020）、产业转型升级（沈琼和王少朋，2019）等多个方面，对区域经济协调发展的核心因素进行研究，认为产业内部依存关系可通过集聚的形式表现其规模优势，区域经济增长与产业结构具有很强的正向关联性，并且产业转型升级与各地区产业发展环境息息相关，呈现出区域差异性。

综上所述，现有研究重点强调产业协同集聚作为外在因素对区域经济发展水平的影响效应，然而，中国区域之间产业存在相互制约、相互促进、相互竞争和协同共赢的复杂博弈关系（张虎和韩爱华，2019）。产业空间集聚协调发展，是指产业依据统筹格局实现地域之间互动与协调发展的过程，同时兼有产业集聚与空间集聚两个方面的特征，不仅关注细分行业的上下游价值链的集聚协调发展，也重视空间毗邻的集聚与协调发展。鉴于产业空间集聚作为外因影响区域发展的研究成果不少，而产业空间集聚效果作为内因如何调整或作用于区域发展不平衡的研究尚未显现，因此，本节重点研究产业空间集聚视角下区域发展不平衡程度的测度，以进一步充实区域发展不平衡的内涵，为后续成因与对策研究提供依据。

前文对产业空间集聚效果的测度方法及演进特征进行了详细介绍，显然，产业空间集聚效果在地域上的空间分布特征与时间上的周期性演变趋势与区域发展不平衡具有一定的耦合效应，因此，将产业空间集聚效果作为区域发展不平衡的内部推动的一个因素，进一步探究其对区域发展不平衡的调节作用。其中，如何量化这种内部推动作用是本节研究的关键，我们试图从量化测度的视角解决这一问题。

3.3.1 区域空间竞争力分析

根据式（3.4）的定义，对中国 31 个省区市区域经济发展不平衡程度在2004—2017年的竞争力得分进行了测算，由于数据量较大，不在此列出所有的计算过程与结果。

图3.2中，本章分别从时间和空间两个维度将结果进行展示，其中，左边上下两图分别展示的是31个省区市在同一时间段（2017年、2004年）区域发展不平衡竞争力的大小，右边上下两图分别展示的是与左图对应的、竞争力相对最大/最小的、前/后两位省区市在样本期间内的取值变化情况。显然，从时间上看，竞争力最大与最小的地区具有稳定性，即取值最大的地区在样本期间均为北京与上海，虽然在个别年份有所波动，但是这种波动幅度很小，可以忽略；同理，取值最小的地区均包含云南，此外，贵州与甘肃在样本期间内的变化也较为平缓。从空间上看，区域发展不平衡竞争力大小的分布在31个省区市呈现出明显的"地域差异性"，即竞争力从东部地区至中部地区再到西部地区逐渐减少，表明区域经济发展不平衡程度沿着这条曲线呈现出逐渐增加的趋势。

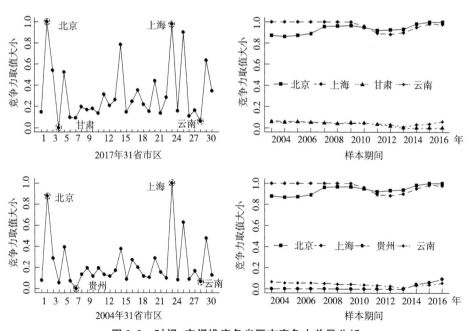

图3.2 时间–空间维度各省区市竞争力差异分析

为进一步证明上述结论，本章对31个省区市在样本期间内的竞争力取值大小进行了统计描述，具体见表3.2。从样本期间内各省区市竞争力的

表3.2 各省区市竞争力取值的统计描述分析

	安徽	北京	福建	甘肃	广东	广西	贵州	海南	河北	河南	黑龙江	湖北	湖南	吉林	江苏	江西
均值	0.106	0.936	0.409	0.031	0.471	0.096	0.014	0.157	0.206	0.154	0.189	0.223	0.166	0.261	0.602	0.116
排名	26	2	8	30	6	27	31	21	15	22	16	13	19	11	4	24
标准差	0.025	0.047	0.091	0.022	0.039	0.018	0.030	0.025	0.029	0.020	0.030	0.067	0.036	0.056	0.139	0.019
最小值	0.075	0.862	0.284	0.000	0.394	0.073	0.000	0.126	0.168	0.116	0.134	0.133	0.115	0.172	0.379	0.090
最大值	0.148	1.000	0.539	0.054	0.522	0.130	0.094	0.198	0.255	0.181	0.238	0.315	0.210	0.323	0.783	0.149

	辽宁	内蒙古	宁夏	青海	山东	山西	陕西	上海	四川	天津	西藏	新疆	云南	浙江	重庆	全国
均值	0.388	0.447	0.184	0.153	0.405	0.160	0.207	0.967	0.115	0.873	0.070	0.173	0.043	0.569	0.234	0.290
排名	10	7	17	23	9	20	14	1	25	3	28	18	29	5	12	—
标准差	0.103	0.142	0.047	0.031	0.060	0.040	0.065	0.044	0.025	0.144	0.020	0.016	0.014	0.060	0.073	0.261
最小值	0.249	0.201	0.110	0.104	0.288	0.087	0.102	0.882	0.076	0.625	0.036	0.143	0.011	0.475	0.126	0.000
最大值	0.505	0.604	0.242	0.191	0.465	0.217	0.286	1.000	0.161	1.000	0.107	0.199	0.064	0.632	0.348	1.000

资料来源：作者整理与测算。

均值看，进一步验证了竞争力沿着上述"东部—中部—西部"主线逐渐递减，区域经济发展不平衡程度围绕这条主线逐渐递减的结论；从标准差这一描述竞争力离散程度大小的指标看，所有地区关于该指标的取值均在 0.1 左右波动，且波动幅度很小，认为上述结论在样本期间内具有稳定性。

综合排名情况，样本期间内区域经济发展的平均竞争力呈现出明显的"地域差异性"。一方面，平均竞争力排名前五位的分别是上海、北京、天津、江苏和浙江；显然，这五个省市地处东部地区，依托长三角和京津冀城市群建设，而随着京津冀协同发展、长江三角洲一体化进程的加快，各区域迅速进入了落实阶段，正加速推进区域交通、产业、创新一体化，增强区域创新力和竞争活力，提高区域经济集中度，进而使得区域内部发展不平衡程度不断减小。另一方面，平均竞争力排名后五位的分别是贵州、甘肃、云南、西藏和广西，这五个省区地处宏观环境复杂多变、区域分化发展的西部地区，经济发展过度依赖投资、市场内生投资动力不足、结构性矛盾较为突出是引起西部地区经济竞争力较弱的主要原因。

显然，中国区域经济发展不平衡的竞争力取值在空间上呈现出"梯度型"变化势态，根据 31 个省区市在样本期间内竞争力的大小情况，按照等分位数原则，将中国的区域经济发展不平衡程度划分为 5 个"梯度"，组成中国特有的区域经济发展不平衡结构，即区域协调发展增进型、区域协调发展平缓型、区域发展不平衡抑制型、区域发展不平衡平缓型、区域发展不平衡微缩型。显然，除河北之外的长三角与京津冀城市群成为区域协调发展增进型的典型代表，而以贵州、甘肃、云南、西藏和广西为代表的西部地区成为区域协调发展不平衡平缓型和区域协调发展不平衡微缩型的核心成员。

3.3.2　区域位序–规模效应分析

将全国 31 个省区市以时间为分界点按照年份进行区域经济发展不平衡程度的排序，并将位序和对应的区域发展不平衡程度根据式（3.5）对参数 q（捷夫指数）进行估计，其估计方法分为直接非线性估计与对数线性化估计两种，本章选择模型估计还原度高、参数估计较为准确的非线性估计方法进行。此外，为了进一步验证竞争力模型所得中国区域经济发展不平衡"地域差异性"的结论，本章还将位序-规模参数估计按照三大地带进行了估计。具体结果如表 3.3 所示。

表 3.3　区域经济发展不平衡的位序-规模模型参数测算结果

时间	全国 31 个省区市		东部地区（11）		中部地区（12）		西部地区（8）	
	参数估计值	标准误	参数估计值	标准误	参数估计值	标准误	参数估计值	标准误
2004	0.493	0.064 ***	0.399	0.119 **	0.125	0.056 ·	0.222	0.051 **
2005	0.476	0.057 ***	0.400	0.106 **	0.118	0.057 ·	0.272	0.059 ***
2006	0.448	0.059 ***	0.387	0.102 **	0.100	0.053	0.313	0.065 ***
2007	0.437	0.046 ***	0.377	0.100 **	0.083	0.053	0.330	0.084 **
2008	0.38	0.048 ***	0.308	0.078 **	0.089	0.054	0.359	0.091 **
2009	0.346	0.046 ***	0.289	0.073 **	0.014	0.051 *	0.382	0.097 **
2010	0.313	0.048 ***	0.261	0.065 **	0.123	0.046 *	0.356	0.100 **
2011	0.284	0.044 ***	0.231	0.066 **	0.128	0.046 *	0.355	0.100 **
2012	0.295	0.037 ***	0.232	0.067 **	0.141	0.048 *	0.359	0.091 **
2013	0.286	0.035 ***	0.225	0.065 **	0.147	0.048 *	0.334	0.084 **
2014	0.281	0.035 ***	0.216	0.064 **	0.141	0.047 *	0.309	0.081 **
2015	0.265	0.039 ***	0.218	0.058 **	0.148	0.041 *	0.281	0.078 **
2016	0.277	0.039 ***	0.209	0.071 *	0.148	0.045 *	0.253	0.071 **
2017	0.285	0.039 ***	0.217	0.071 *	0.127	0.051 *	0.171	0.048 **

注：*** 、 ** 、 * 、 · 分别代表 0.1%、1%、5% 和 10% 水平下显著，非线性回归模型的拟合优度 R^2 的结果取值在 0.3 左右波动，且起伏很小，故不逐一进行展示。

　　总体而言，模型的拟合优度在 0.3 附近波动，参数的估计值几乎均通过了 5% 显著性水平的检验，认为上述模型的拟合基本符合 Zipf 法则规模分布的情况。从全国 31 个省区市的拟合结果来看，参数 q 的估计值均小于 1，且呈现不断减小的趋势，从 2004 年的 0.493 减小至 2015 年的 0.265，说明全国 31 个省区市区域经济发展不平衡程度逐渐缩小、区域发展不平衡的分布逐渐趋向均匀分布；然而，参数 q 在 2016 年、2017 年的值相较 2015 年有所增加，但增幅较小，表明区域经济发展不平衡程度有微微扩大的趋势。

　　从三大地带的拟合结果来看，总体上，区域经济发展不平衡程度呈现出明显的"地域差异性"，无论是在取值大小还是趋势变化方面均有很大的不同，如图 3.3 所示。具体表现在，首先，中部地区 12 个省区市关于参数 q 的估计值在样本期间内显著小于东部与西部地区，以 2009 年为跳跃点，表现为先缓慢减小、后波动增加并趋于平稳的变化趋势，表明中部地区内部区域发展不平衡的差距在 2010 年之后有逐年微扩的趋势，但这种趋势具有集中特性，即中部地区的 12 个省区市之间的区域发展不平衡差距在 2009 年之前持续缩小、2010 年大幅扩大，并于 2012 年之后趋于平缓，这种变化趋势与 2012 年之后中部地区经济走势回升息息相关。其次，东部地区各省区市 q 估计值的变化则呈现出“指数递减”的趋势，表明该地区区域经济发展不平衡程度具有逐年递减的趋势，与我国东部地区经济发展水平的提升密切相关。此外，q 估计值在 2011 年之前递减幅度更大，2011 年之后趋于平缓，在 0.21 上下微调，与东部地区近年的产业发展政策、经济环境息息相关。接着，西部地区 8 个省区市 q 估计值变化呈现出倒“U”形趋势，即该地区内部的区域发展不平衡程度先增大，后平稳，再线性减少；此外，2008—2016 年，西部地区参数 q 取值均超越东部地区，成为导致区域经济发展不平衡的主要作用者，但在 2017 年出现明显的下降（见图 3.3）。

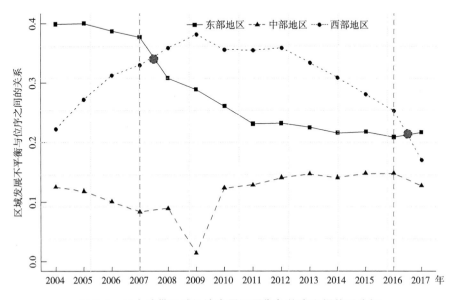

图 3.3　三大地带区域经济发展不平衡与位序之间关系分析

综合来看，2009 年之后，中国区域经济发展不平衡程度均呈现出逐年递减的趋势，而三大地带之间的区域发展不平衡程度由西部地区、东部地区到中部地区逐级递减，区域内部则表现为中部最为平缓（差距最小）、西部与东部相对差距较大。

3.3.3　区域流空间效应分析

　　在利用信息流与交通流量化表征流空间的基础上，根据式（3.6）分别对信息流与区域经济发展不平衡、交通流与区域经济发展不平衡的耦合效应进行了测度。测算结果如表 3.4 所示。表 3.4 为空间网络效应与区域经济发展不平衡程度的耦合效应结果分析，其中包含 2010 年至 2017 年按照年份的交通流与区域发展不平衡程度耦合系数取值、2018 年交通流与区域发展不平衡的耦合系数取值。

　　从"信息流–IRD"的耦合系数看，首先，二者之间的相关系数为 0.518，处于具有"相关性"的水平，认为信息的传播、共享能力（百度指数来表征）与区域经济发展不平衡之间具有相互影响的关系。其次，总体上，信息流与区域经济发展不平衡程度之间的耦合系数呈现出"由中级到高级耦合协调过渡"的发展趋势。具体而言，一方面，以中国 31 个省区市为研究对象时，各省区市的耦合系数在时间上具有稳定性，即认为区域经济发展不平衡程度的减小与信息流的显著发展在时间上具有明显的相关性；另一方面，以时间上的均值为分析对象（固定年份）时，中国 31 个省区市在"信息流–IRD"的耦合系数取值呈现出显著的"空间差异性"，高度耦合前 5 位的地区分别为新疆、吉林、青海、北京、江苏，而耦合系数取值后 5 位的地区分别是江西、贵州、天津、西藏和湖南，显然，这种差异性与地理区位划分、经济发展水平等并没有直接的影响关系，说明信息流与区域经济发展不平衡之间的作用关系具有较为显著的"个体效应"。信息流的作用越来越重要，其功能主要体现在沟通连接、引导调控、辅助决策以及经济增值等方面。

　　从"交通流–IRD"的耦合系数看，忽略时间因素，中国 31 个省区市交通运输（以列车车次数表征）与区域经济发展不平衡之间的耦合效应具有明显的"空间差异性"，排名前 5 位的地区由天津、江苏、山东、贵州和上海组成，排名后 5 位的地区则分别是西藏、河北、吉林、黑龙江和

表 3.4　流空间视角下区域经济发展不平衡的分解

	时间	安徽	北京	福建	甘肃	广东	广西	贵州	海南	河北	河南	黑龙江	湖北	湖南	吉林	江苏	江西
信息流-IRD	2010	0.534	0.664	0.648	0.615	0.518	0.473	0.000	0.656	0.494	0.593	0.597	0.480	0.000	0.651	0.669	0.448
	2011	0.505	0.605	0.596	0.605	0.494	0.459	0.422	0.861	0.467	0.578	0.558	0.455	0.000	0.642	0.632	0.433
	2012	0.534	0.644	0.649	0.904	0.529	0.494	0.571	0.605	0.506	0.608	0.590	0.436	0.000	0.680	0.673	0.482
	2013	0.557	0.652	0.617	0.627	0.549	0.513	0.587	0.620	0.518	0.628	0.603	0.419	0.000	0.701	0.694	0.447
	2014	0.534	0.716	0.602	0.645	0.566	0.545	0.562	0.615	0.499	0.624	0.610	0.435	0.000	0.724	0.677	0.456
	2015	0.561	0.763	0.595	0.667	0.560	0.554	0.475	0.609	0.485	0.630	0.585	0.466	0.000	0.743	0.660	0.461
	2016	0.554	0.759	0.662	0.690	0.571	0.569	0.367	0.639	0.489	0.625	0.593	0.533	0.000	0.764	0.713	0.485
	2017	0.571	0.720	0.677	0.682	0.593	0.613	0.391	0.616	0.520	0.647	0.646	0.541	0.000	0.770	0.729	0.492
交通流-IRD		0.756	0.621	0.682	0.437	0.383	0.466	0.819	0.515	0.000	0.574	0.265	0.749	0.424	0.248	0.866	0.720

	时间	辽宁	内蒙古	宁夏	青海	山东	山西	陕西	上海	四川	天津	西藏	新疆	云南	浙江	重庆
信息流-IRD	2010	0.539	0.518	0.530	0.686	0.543	0.559	0.616	0.577	0.567	0.433	0.362	0.778	0.688	0.588	0.622
	2011	0.541	0.485	0.497	0.670	0.480	0.522	0.582	0.513	0.527	0.471	0.000	0.830	0.636	0.532	0.545
	2012	0.591	0.517	0.522	0.707	0.509	0.560	0.619	0.551	0.548	0.510	0.000	0.795	0.626	0.558	0.576
	2013	0.614	0.543	0.526	0.713	0.503	0.590	0.599	0.584	0.531	0.504	0.000	0.820	0.642	0.563	0.640
	2014	0.619	0.532	0.510	0.727	0.510	0.606	0.617	0.583	0.542	0.491	0.000	0.829	0.661	0.582	0.614
	2015	0.610	0.512	0.506	0.728	0.494	0.599	0.610	0.563	0.565	0.350	0.000	0.820	0.669	0.582	0.618
	2016	0.616	0.586	0.531	0.708	0.490	0.643	0.585	0.639	0.555	0.000	0.344	0.836	0.725	0.583	0.610
	2017	0.654	0.565	0.515	0.728	0.471	0.653	0.614	0.621	0.571	0.000	0.448	0.869	0.675	0.563	0.610
交通流-IRD		0.416	0.690	0.724	0.577	0.834	0.637	0.417	0.777	0.748	0.961	0.000	0.591	0.591	0.642	0.669

资料来源：作者整理与测算。

广东，基本呈现出"由东部向中西部递减"的趋势，但是这种趋势又不完全与地理区位相关（见图3.4）。

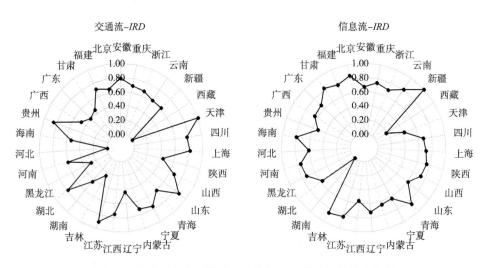

图3.4　流空间视角下区域经济发展不平衡的辐射效应分析

综上所述，空间网络效应的信息流、交通流两个维度与区域经济发展不平衡之间均具有一定的耦合影响效应，且这种耦合效应也表现出很强的空间差异性，但这种差异性很难从"地理区位"与"经济发展"两个方面进行全面、合理的解释，故关于空间视域下区域经济发展不平衡影响因素的进一步分析势在必行。

3.4　空间视域下区域经济发展不平衡的进一步分析

前文关于空间视域下区域经济发展不平衡的分析中，得出中国区域经济发展不平衡具有"地域差异性"的结论，但是未能给出引起这一现象的原因。为了深入分析空间效应下区域经济发展不平衡的成因，本章对其影响因素进行分析。

3.4.1　空间相关性检验

在影响因素分析之前，需要对区域经济发展不平衡的"空间效应"进行验证分析，本章分别运用综合考虑地理相关性的全局 Moran's I 指数和局部 Moran's I 指数两个指标对其进行检验。其中，全局 Moran's I 指数的计算公式如下：

$$I = \frac{n}{S_0} \times \frac{\sum\limits_{i=1}^{n} \sum\limits_{j=1}^{n} w_{ij}^{*} (x_i - \bar{x})(x_j - \bar{x})}{\sum\limits_{i=1}^{n} (x_i - \bar{x})^2} \tag{3.10}$$

式（3.10）中，I 代表全局空间相关系数，$S_0 = \sum\limits_{i=1}^{n} \sum\limits_{j=1}^{n} w_{ij}^{*}$，$n$ 为所研究地区的个数，w_{ij}^{*} 为地区 i 与地区 j 之间未标准化的空间权重矩阵（在本章中由综合经济距离与地理距离的权重给出），x_i 代表 i 地区 x 指标的取值（本章中分别取区域经济发展不平衡程度、经济发展水平、人口规模、产业结构、教育水平、技术水平、基础设施、能源消耗、对外开放以及城乡差距）。另外，局部空间相关系数计算公式为：$LI = \frac{n}{S_0} \times (x_i - \bar{x}) \sum\limits_{j=1}^{n} w_{ij}^{*} (x_j - \bar{x})$。其中，$LI$ 代表局部空间相关系数，其他符号的解释同上。

样本期间内，本章对各指标的 Moran's I 空间相关系数、局部空间相关系数进行了测算[①]，结果显示，区域经济发展不平衡及其潜在影响因素均存在明显的"空间相关性"，验证了本章构建空间效应视角下区域发展不平衡分析的必要性。需要说明的是，在 I 与 LI 的具体取值方面，其取值变化幅度较大的包括城乡差距、经济发展、教育水平和基础设施等 4 个指标，故在后续的研究中将这 4 个指标作为核心解释变量进行分析；而变化幅度小，取值结果接近于 0 的指标有人口规模、产业结构、技术水平、能源消耗和对外开放等，故在后续的空间效应分析中将这 5 个指标作为与空间矩阵无关的控制变量进行研究。此外，作为被解释变量的区域经济发展不平衡程度，其空间依赖性无论是全局空间相关性检验还是局部空间相关性检验均未通过。

3.4.2　空间效应模型结果分析

针对上述空间效应的分析结论，需要将式（3.10）的空间面板杜宾模型做如下形式的修正：

$$IRD_{it} = X_{it}^{\mathrm{T}} \boldsymbol{\beta} + W X_{it}^{\mathrm{T}} \boldsymbol{\theta} + Z_{it}^{\mathrm{T}} \boldsymbol{\alpha} + \varepsilon_{it} \tag{3.11}$$

---

① 由于篇幅原因，正文中不进行一一展示。

式（3.11）中，*IRD* 为区域经济发展不平衡程度，*X* 为内在包含经济发展（*Gdp*）、教育水平（*Edu*）、基础设施（*Base*）和城乡差距（*Urg*）等受空间效应影响的核心解释变量的集合，*Z* 为囊括了人口规模（*Pop*）、产业结构（*Indu*）、技术水平（*Tech*）、能源消耗（*Eco*）和对外开放（*Open*）等不受空间效应影响的控制变量的集合，*W* 为空间权重矩阵，$\boldsymbol{\beta}$ 和 $\boldsymbol{\alpha}$ 分别为核心解释变量集和与控制变量集合的待估计系数向量，$\boldsymbol{\theta}$ 为核心解释变量的空间滞后系数向量，ε 为随机扰动项。特别地，为了比较研究，令 $\varepsilon_{it} = \lambda W \varepsilon_{it} + u_{it}$。

在普通面板模型估计之前，首先，需要对模型的形式加以确定，LM 与 Hausman 检验结果拒绝了随机效应模型，而 F 检验则通过了固定效应与混合效应的检验，在进一步的个体固定效应与时间固定效应分析中发现其"个体"截距与"时间"截距差异性较小，确定混合效应面板模型为最终估计模型（见表 3.5）。其次，对解释变量的多重共线性进行了检验[1]，其方差膨胀因子（VIF）得分均小于 5，得出解释变量不存在多重共线性的结论。

表 3.5　区域经济发展不平衡的影响因素以及效应分解

	混合效应模型				空间杜宾模型效应分解		
	面板模型	(1)	(2)	(3)	直接效应	间接效应	总效应
常数项	1.626 ***	1.599 ***	1.747 **	3.473 ***	—	—	—
	(0.393)	(0.455)	(0.551)	(0.510)			
Gdp	−0.004	−0.021	−0.016	—	—	—	—
	(0.038)	(0.035)	(0.036)				
Edu	0.018	0.012	0.013	−0.007 ·	0.013	−0.005	0.007
	(0.014)	(0.014)	(0.014)	(0.004)	(*z*-0.824)	(*z*-0.801)	(*z*-0.802)
Base	0.000	0.001	0.001				
	(0.002)	(0.002)	(0.002)				

---

[1]　解释变量的多重共线性检验结果表

变量	*Gdp*	*Pop*	*Indu*	*Edu*	*Tech*	*Base*	*Eco*	*Open*	*Urg*
VIF	2.197	2.255	4.351	1.163	1.919	2.108	2.034	3.501	3.126

续表

	混合效应模型			空间杜宾模型效应分解		
	面板模型	（1）	（2）	（3）	直接效应	间接效应	总效应
Urg	0.071	-0.021	0.024	-0.066 ***	0.024	-0.010	0.014
	（0.045）	（0.047）	（0.048）	（0.019）	（z-1.124）	（z-1.146）	（z-1.145）
$W \times Gdp$	—	-0.024	0.039	0.047 *	0.039	-0.017	0.022
		（0.053）	（0.061）	（0.019）	（z-0.839）	（z-0.818）	（z-0.819）
$W \times Edu$	—	-0.009	-0.016	—	—	—	—
		（0.019）	（0.026）				
$W \times Base$	—	-0.002	-0.001	—	—	—	—
		（0.003）	（0.004）				
$W \times Urg$	—	0.326 ***	0.211 ***	—	—	—	—
		（0.047）	（0.064）				
Pop	-0.417 ***	-0.406 ***	-0.416 ***	-2.514 ***	-0.417	0.179	-0.238
	（0.036）	（0.031）	（0.034）	（0.122）	（z-1.213）	（z-1.246）	（z-1.245）
$Indu$	-0.024 ***	-0.028 ***	-0.025 ***	0.008 **	-0.025	0.011	-0.014
	（0.005）	（0.005）	（0.005）	（0.003）	（z-1.208）	（z-1.241）	（z-1.240）
Eco	0.067 *	0.090 ***	0.115 ***	0.117 ***	0.116	-0.050	0.066
	（0.030）	（0.023）	（0.029）	（0.014）	（z-0.815）	（z-0.784）	（z-0.785）
$Open$	0.153 ***	0.133 **	0.138 ***	—	—	—	—
	（0.011）	（0.010）	（0.011）				
R^2	0.592	0.643	—	—	—	—	—
λ	—	—	-0.747	-0.483	—	—	—

注：***、**、* 和·分别代表 0.1%、1%、5% 和 10% 水平下显著，括号内的数值为标准误，（z-）的数值为效应分解的 Z 值。

表 3.5 中，普通面板模型的混合效应估计中并没有考虑"空间效应"，显然，人口规模、产业结构、能源消耗与对外开放是区域经济发展不平衡形成的主要影响因素。其中，人口规模系数对区域经济发展不平衡的负向影响高达 0.417，即随着人口规模的扩大区域发展不平衡程度逐渐减小，这表明，在区域经济发展不平衡问题的研究中，需要进一步重视人口规模

这一因素在区域协调发展进程中的主导作用；产业结构的合理化水平也对区域经济发展不平衡有显著的负向影响作用，其作用系数为 - 0.024，即产业结构不断转型升级是有效减缓区域经济发展不平衡的核心因素。相反，能源消耗与对外开放则会正向加大区域经济发展不平衡的程度，主要表现在，能源消耗投资的加大从另一方面也反映出能源消耗的恶化，且这种恶化水平会以 0.067 的作用系数抑制区域协调发展的进程；对外开放也以 0.153 的作用系数加大区域经济发展不平衡的程度，这表明外商投资企业的贸易顺差的扩大在一定程度上会抑制区域协调发展进程的推进。上述面板模型的结果，仅对区域内部的影响因素进行了分析，未能基于"空间效应"考虑区域之间的差异，而区域间的差距是造成区域经济发展不平衡的主要原因（Yamamoto，2008；覃成林等，2011；徐生霞等，2019）。

空间列 1 是根据式（3.9）估计的结果，模型拟合优度高于面板数据模型，参数估计结果显示，控制变量人口规模、产业结构、能源消耗与对外开放对区域经济发展不平衡的影响效应，虽然在系数大小上有微小的差距，但是作用关系均与面板数据模型结果一致。需要强调是，考虑了"空间效应"的城乡差距对区域经济发展不平衡的正向作用系数高达 0.326，成为阻碍中国区域协调发展的核心影响因素。这表明，考虑各地区之间"地理距离"与"经济差异"的"空间效应"是区域经济发展不平衡影响因素分析中必不可少的一部分，更是地区间城乡差距对区域发展不平衡作用路径中不可忽略的内容。列 2 是在式（3.11）的基础上考虑误差滞后项的估计结果，显然，通过显著性水平检验的影响因素其作用方向与列 1 结果一致；然而，作用强度有所不同，带有空间效应的城乡差距对区域发展不平衡的正向作用相比列 1 减少了 0.115、人口规模作用系数增加了 0.01、产业结构减少了 0.03、能源消耗增加了 0.025、对外开放增加了 0.005，这表明，考虑空间误差滞后项并不会对空间效应下区域经济发展不平衡影响因素分析产生不同结论。为了进一步研究影响区域经济发展不平衡的核心因素，本章在列 3 中，剔除了未通过显著性水平的影响因素，模型估计结果显然与前两个空间模型有所不同。

具体而言，教育水平以 -0.007 的影响系数负向作用于区域经济发展不平衡，成为促进区域协调发展的潜在影响因素；城乡差距则以 -0.066

的影响系数负向作用于区域经济发展不平衡，与考虑空间效应的城乡差距作用系数形成相反的作用结果；考虑空间效应的经济发展水平以 0.047 的正向作用系数对区域发展不平衡的加剧具有显著的影响，成为区域间发展差距分析中的重要影响因素；在人口规模以 -2.514 负向作用于区域经济发展不平衡的同时，产业结构则与前述模型结果相反，正向影响区域经济发展不平衡，但是这种作用效应在人口规模的作用下可忽略不计。为进一步对列 3 的结果进行分析，本章将影响效应进行分解分析（如表 3.5 空间杜宾模型效应分解结果所示），其中，由直接效应主导的影响因素为教育水平、人口规模、能源消耗与空间效应下的经济发展水平，由间接效应主导的影响因素有城乡差距与产业结构。需要强调的是，空间效应下经济发展水平也可以从间接效应方面进行解释，这表明，引起区域经济发展不平衡原因的分析中既离不开直接效应因素的考虑，更离不开间接效应的分析。

综上所述，中国区域经济发展不平衡在 31 个省区市之间存在明显的空间相关性，综合考虑"地理距离"与"经济发展"的空间区位因素是空间效应视角下区域经济发展不平衡成因分析的关键。在诸多影响因素分析中，人口规模以较大的作用系数负向作用于区域经济发展不平衡，是推动区域协调发展进程的核心动力，而教育水平在一定程度上为这个动力增添了能量来源；城乡差距更多地从间接效应上正向作用于区域经济发展不平衡，是区域经济发展不平衡程度扩大的主要原因。此外，产业结构合理化水平低、能源消耗恶化也是造成区域经济发展不平衡不可忽略的因素。显然，区域经济发展不平衡内在影响机理的探究离不开空间效应与其他影响因素的交叉融合。

3.5　可持续发展视域下区域经济发展不平衡的演进特征

一方面，作为绿色发展和绿色增长的一个更高级的研究主题，推动绿色转型是国家或地区追求可持续发展的必然选择。另一方面，实现高质量发展作为中国式现代化的本质要求之一，在区域经济问题研究中扮演着至关重要的作用。鉴于此，本节从绿色转型和高质量发展两个视角，分别对区域经济发展不平衡的演进特征进行分析。

3.5.1　基于绿色转型的视角

可持续发展的定义可以追溯到 1980 年，是通过控制人口增长、提高资源配置效率、保护生态环境和发展可再生能源等方式实现经济增长的发展模式（Pearce et al.，1989；Soytas et al.，2007）。随着区域资源短缺、环境污染日益严重、能源消耗急剧增加等问题的出现，发展绿色经济、推动绿色转型已成为全球经济可持续协调发展的必然趋势（Su and Zhang，2020；刘强等，2021）。近年来，绿色发展、绿色增长和绿色转型也逐渐成为区域经济可持续发展的主题，越来越多的学者开始关注这一话题（Jan et al.，2022；Xu et al.，2022）。鉴于此，本节以绿色转型（green transition，GT）为视角对区域经济发展不平衡问题展开研究。特别地，为了结果的可解释性，在此部分中区域经济发展的测度研究以"协调"为主进行。

3.5.1.1 理论分析

作为世界发展的新趋势，可持续性通过公平性、连续性和共同性等三个原则影响国家或地区的经济生产，直接提升区域绿色转型的活力（Pearce et al.，1989；Jacobs，2012；Kopnina，2016）。快速发展的可持续经济部门主要集中在对环境危害较小、能源消耗较低、资源配置效率较高的高技术产业，这些产业可以通过技术减少能源消耗和环境压力（Ma and Zhu，2022）。因此，减少能源消耗、控制污染物排放、加大环境治理、提升经济质量，都可以通过可持续性来实现（Georgescu et al.，2019；Zhai et al.，2022）。与传统的绿色发展相比，绿色转型更注重技术手段和结构转型在可持续发展中的作用，在一定程度上减弱了区域经济发展的不平衡程度（Liu et al.，2022；赵秋运等，2023）。从经济理论和系统科学角度看，不平衡发展是一个持续更新、不断调整的过程。具体地，弗朗斯瓦·魁奈在其早期研究中表达了"平衡"即协调的思想，马歇尔运用供求理论提出了以边际效用分析为特征的新古典经济学，均衡价值论成为协调发展的主流理论，此时"均衡"即协调（Jacobs，2012；Liu et al.，2020）。列昂惕夫吸收了一般均衡理论中关于经济活动相互依赖的观点，并用代数联立方程系统和参数描述了这种相互依赖及其达到这种状态的过程，此时"相互依赖"的共生关系就是协调（Xu et al.，2022）。

促进绿色发展或绿色增长可提升绿色生产率，而这依赖于绿色转型，也就意味着经济活动中环境状况维持良好（Zhu et al.，2018；Ben et al.，

2019），且绿色生产率的提高意味着经济活动在一定程度上保护了环境（Liu and Li，2019；Xu et al.，2022）。更重要的是，绿色转型水平的提高可促进区域经济发展质量的提升，带动区域间和区域内各类资源的协调配置，为区域经济协调发展提供动力（Xu et al.，2021；刘强等，2022）。鉴于此，从理论上分析"经济–环境–资源"系统在经济发展中的具体要求，不难发现可持续性与协调性处于相互融合的状态，关于二者关系的讨论至关重要。

3.5.1.2 模型构建与指标解释

在面板数据模型中，自变量对因变量的边际影响是不同的（Liu et al.，2020；Ribeiro-Navarrete et al.，2021）。因此，构建双固定面板模型进行关系检验：

$$REC_{it} = \mu_{1i} + \nu_{1t} + \alpha_1 GT_{it} + Z_{it}^{\mathrm{T}} \beta_1 + \varepsilon_{it} \tag{3.12}$$

式（3.12）中，$i(i = 1, 2, \cdots, N)$ 表示个体，$t(t = 1, 2, \cdots, T)$ 表示时间，REC_{it} 表示个体 i 时间 t 的区域经济协调性，GT_{it} 表示个体 i 时间 t 的绿色转型水平，α_1 是绿色转型对区域经济协调性的直接线性影响系数，Z_{it} 是一组控制变量，β_1 是控制变量前的待估系数向量。μ_{1i} 和 ν_{1t} 分别表示个体固定效应和时间固定效应。ε 是随机扰动项，服从零均值、常值方差的正态分布。

特别地，动态面板模型的突出优点之一是通过控制固定效应解决了遗漏变量问题和反向因果关系问题（Maddah et al.，2022；刘强和李泽锦，2022），因此，为了挖掘可持续性与协调性之间的关系，应考虑区域经济协调性的滞后效应：

$$REC_{it} = \mu_i + \nu_t + \lambda REC_{i, t-1} + \alpha_0 GT_{it} + Z_{it}^{\mathrm{T}} \beta_0 + \varepsilon_{it} \tag{3.13}$$

式（3.13）中，$REC_{i, t-1}$ 代表滞后一期的区域经济协调性，能很好地解决反向因果问题；λ 代表区域经济协调性的滞后效应；α_0 是在控制区域经济协调性动态影响后，绿色转型对区域经济协调性的影响效应。

关于绿色转型（GT），根据徐等（Xu et al.，2023）的研究设计，从能源消耗、污染物排放、环境治理、经济质量等四个维度出发，具体选取15 个指标，运用两阶段几何平均法进行测度，以反映其综合发展水平。关于区域协调发展（REC），在前文综合测度区域发展不平衡的基础上，根据刘等（Liu et al.，2020）提出的逆绝对偏差法，使用人均 GDP 指标进行区域经济协调（*REC*）测度，并采用中位数进行改进。控制变量的设置与本章 3.2 和 3.3 节保持一致，此处不再赘述。

3.5.1.3　实证结果分析

如表 3.6 所示，列（1）至（6）的回归结果表明，绿色转型对区域经济增长具有统计显著的促进作用，无论是否加入控制变量，无论在国家层面还是在中国省域层面。绿色转型的溢出效应，使其可以直接带动国家和省份的区域经济增长。列（7）和（8）的结果表明，在省域层面，无论是否考虑控制变量，绿色转型对区域经济协调也有统计显著的正向影响，绿色转型可以直接驱动区域经济协调。特别地，列（3）、列（6）和列（8）的结果表明，在包括所有控制变量，并将技术创新（*TI*）也作为自变量时，技术进步对区域经济增长和协调有正向影响，但其影响系数均小于绿色转型的系数。根据内生增长理论，技术创新可以产生更好的知识创造和溢出效应，在绿色转型和区域经济协调之间可能存在技术创新（*TI*）带来的中介效应（Kane and Peretto，2020；Ding et al.，2022）。

表 3.6　基准回归结果

变量	国家级				省级			
	ln*pGDP*				ln*pGDP*		*REC*	
	（1）	（2）	（3）	（4）	（5）	（6）	（7）	（8）
GT	0.128**	0.167***	0.131**	1.097***	1.162*	1.067***	0.072*	0.060*
	(0.041)	(0.028)	(0.043)	(0.134)	(0.543)	(0.107)	(0.028)	(0.021)
TI		0.063***	0.063***		0.640***	0.073***	0.026***	0.017***
		(0.003)	(0.016)		(0.025)	(0.007)	(0.003)	(0.004)
控制变量	是	是	是	是	是	是	是	是
个体效应	是	是	是	是	是	是	是	是
时间效应	是	是	是	是	是	是	是	是
R^2	0.205	0.487	0.629	0.169	0.509	0.847	0.321	0.535
统计量	13.882	18.674	19.573	11.022	36.93	47.157	16.081	55.880
样本量	264				682			

注：***、** 和 * 分别代表 0.1%、1% 和 5% 水平下显著，括号内为标准误。

动态效应模型回归结果见表3.7。在国家级层面,列（1）和列（2）的回归结果表明,绿色转型对区域经济增长具有统计显著的正向影响。特别地,当 GT 增加1%时,区域经济增长将增加0.228%;如果考虑控制变量的影响,区域经济增长将增加0.027%。在省域层面,列（3）至列（7）的回归结果表明:绿色转型对区域经济增长的正向促进作用,或对区域经济协调的负向作用均不具有统计显著性。特别地,在中国区域经济协调动态效应的测算中,即使考虑三种不同的固定效应模型,影响系数仍均不显著。一个可能的原因是一阶动态效应模型不适合本研究。评估SYS-GMM估计合理性的两个重要检验是Sargan检验和AR检验,结果表明,虽然AR（1）的结果在5%的显著性水平下未通过检验,但在1%的显著性水平下,Sargan检验结果显著,即SYS-GMM估计有效,不存在过度识别。另一个原因是传导机制中可能存在中介效应,需要在未来的研究中进一步挖掘。

表 3.7　动态面板回归结果

变量	国家层面		省域层面				
	lnpGDP (1)	lnpGDP (2)	lnpGDP (3)	lnpGDP (4)	REC (5)	REC (6)	REC (7)
$lnpGDP_{t-1}$	-0.157 ** (0.051)	-0.054 *** (0.016)	0.983 *** (0.005)	1.018 *** (0.014)			
REC_{t-1}					0.988 *** (0.008)	0.983 *** (0.016)	0.979 *** (0.014)
GT	0.228 *** (0.053)	0.027 *** (0.005)	0.015 (0.010)	0.000 (0.016)	-0.004 (0.005)	-0.010 (0.008)	-0.011 (0.006)
TI	0.353 *** (0.046)	0.066 *** (0.014)	-0.002 (0.002)	-0.001 (0.002)	0.000 (0.001)	0.001 (0.001)	0.000 (0.001)
控制变量	N	Y	N	Y	N	Y	Y
个体效应	Y	Y	Y	Y	Y	Y	Y
时间效应	Y	Y	Y	Y	Y	Y	N
Sargan test	26.296 ***	21.026 ***	50.998 ***	44.985 ***	48.602 ***	41.337 ***	38.885 ***

续表

变量	国家层面		省域层面				
	ln*pGDP* （1）	ln*pGDP* （2）	ln*pGDP* （3）	ln*pGDP* （4）	*REC* （5）	*REC* （6）	*REC* （7）
AR（1）test	−3.808*	−2.592*	−2.14*	−1.471	−2.42*	−1.179	1.083
Ward test	369.85***	993.97***	74.22**	33.821*	64.524**	31.821*	12.211
样本量	231	236	629	629	629	629	651

注：***、**和*分别代表0.1%、1%和5%水平下显著，括号内为标准误。

3.5.2　基于高质量发展的视角

近年来，为了将投入约束纳入经济绩效评估框架，经济学家使用了一种新的方法评估区域经济绩效，即全要素生产率（TFP）。它是宏观经济学的一个重要概念，是分析经济增长质量来源的重要工具，尤其是政府制定长期可持续增长政策的重要基础，往往用于测度经济发展质量。鉴于此，本节以高质量发展为视角对区域经济发展不平衡问题展开研究。

3.5.2.1　理论分析

大多数学者认为，如果国家或地区长期处于区域发展不协调的状态，可能会带来经济增长能力、生态发展甚至社会不稳定等问题（Kanbur and Vanbele，2005；Li et al.，2014）。目前，关于区域发展不平衡（IRD）的研究主要集中在经济领域，多以人口加权变异系数法分析空间演进特征（Shu and Xiong，2018）；而GDP作为国家和地区的经济反映，仅考虑了投入约束却未考虑产出视角，它的使用在学界备受争议。

全要素生产率是目前经济发展质量的一个相对客观的指标，测度设计分为参数和非参数两种类型。参数型以随机前沿分析（SFA）为主，引入一种基于投入产出最优性质的生产函数构造随机前沿的方法（韩晶，2010），具体通过比较生产过程的实际值与最优值获得全要素生产率，该方法的适用范围很广。非参数型以数据包络分析（DEA）为主，是一种利用非参数线性优化模型测量实际生产技术水平与前沿生产技术水平之间距离或差距的方法，而这种方法的距离函数往往难以确定。

综合上述两种方法的优缺点，提出一种改进的SFA方法，即PSFA，设定为：$Y_{it} = f(K, L) + e^{\varepsilon_{it}} = A_i K_{it}^{\alpha_i} L_{it}^{\beta_i} + e^{\nu_{it} - \mu_{it}}$ 对其进行取对数处理，得到：

$$\ln Y_{it} = \alpha_{0i} + \alpha_i \ln K_{it} + \beta_i \ln L_{it} + \nu_{it} - \mu_{it} \qquad (3.14)$$

式（3.14）中，$i(i = 1, 2, \cdots, N)$ 为个体；$t(t = 1, 2, \cdots, T)$ 为时间；Y_{it} 是经济产出，由 GDP 来刻画；K_{it} 是资本存量；L_{it} 为有效劳动力。与现有文献的假设不同的是，$\alpha_i + \beta_i \neq 1$，其中，$\alpha_i$ 和 β_i 分别是资本和劳动的弹性系数。此外，假设 $\alpha_i \neq \alpha_j$，$\beta_i \neq \beta_j$，对于第 i 和 j 地区，$i \neq j = 1, 2, \cdots, N$。另外，在式（3.14）中假设 $\mu_i \sim N(m_i, \sigma_{\mu_i}^2)$，服从一个截断的正态分布，即第 i 地区的均值 m_i 和方差 $\sigma_{\mu_i}^2(i = 1, 2, \cdots N)$ 不一定是相同的值。在计算全要素生产率之前，首先需要得到 K 和 L 的指标。参考现有文献，采用"永续盘存法"计算资本的变量 K_{it}（Chen, 2015；Yang, 2015）；使用每个地区的就业人数表示有效劳动力 L_{it}。

3.5.2.2 测度方法

高质量发展视角下区域经济发展不平衡（QEIRD）的测度，主要基于投入和产出"双向"测度理论，参考刘等（Liu et al., 2020）的相关研究，给出了一种新的非参数方法，称为逆绝对离差法（IAD）：

$$QEIRD_{T_{it}} = 1 - \frac{\left| TFP_{it} - \frac{1}{N} \sum_{i=1}^{N} TFP_{it} \right|}{\frac{1}{N} \sum_{i=1}^{N} TFP_{it}} \quad (i = 1, 2, \cdots, N;\ t = 1, 2, \cdots, T)$$

$$(3.15)$$

式（3.15）中，TFP_{it} 为全要素生产率，由式（3.14）计算而来，$\frac{1}{N} \sum_{i=1}^{N} TFP_{it}$ 为 t 时间所有区域全要素生产率的平均值。

3.5.2.3 结果分析

利用 2004—2016 年中国 31 个省区市的数据，对高质量发展视角下区域经济发展不平衡程度进行了实际测算。图 3.5 显示，高质量发展视角下的区域经济发展不平衡程度总体呈现下降趋势，且其阶段性特征明显。具体来看，在 2004—2010 年，QEIRD 得分处于第 Ⅲ 阶段，该阶段我国区域经济发展质量处于不平衡状态；2010 年以后，QEIRD 呈现下降趋势，进入 Ⅱ 阶段，表明中国区域经济高质量发展的不平衡程度得到有效降低，虽然 2015—2016 年的 QEIRD 数值变化不大，但正在接近相对平衡发展的阶段。

然而，当 2015 年的得分为 0. 521 7、2016 年的得分为 0. 521 3 时，下降的速度非常缓慢，与第 I 阶段的上限 0. 454 9 相比，中国区域协调发展还有一条比较长的路要走，需要各方长期不懈的努力。

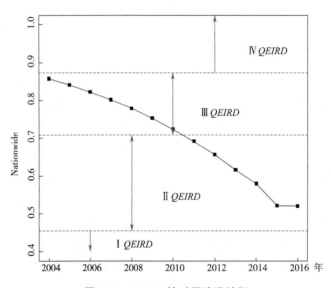

图 3.5 *QEIRD* 的时间演进特征

3. 6 主要结论

　　基于 2004 年至 2017 年面板数据，本章从潜在效应、流空间效应和其他效应等 3 个维度对空间视域下区域经济发展不平衡问题进行空间效应层面的探讨分析；从区域经济学模型与计量经济学模型相结合的视角，基于反映区域发展不平衡"区位论"的竞争力模型与位序–规模模型，反映区域发展不平衡"网络化"与"多级化"现象的流空间耦合–协调模型，反映区域发展不平衡"内在影响机理"的空间面板杜宾模型等量化分析模型对空间视域下的区域经济发展不平衡问题展开了全方位的研究。与此同时，基于绿色转型和高质量发展两个视角，在测度区域经济发展不平衡程度的基础上，深入探讨了其可能的影响效应。主要结论如下：

　　第一，样本期间内，中国各省区市区域经济发展不平衡水平总体上呈现出逐年递减的态势，较 2004 年减少了近 30%，且其减幅在时间上具有一定的稳定性；然而，区域经济发展不平衡程度在各省区市之间呈现出明显的"地域差异性"。

　　第二，区域经济发展不平衡的竞争力在空间上呈现出"东部—中部—西部"逐渐递减的"梯度型"变化势态，而区域经济发展不平衡程度围绕这条主线表现出递增趋势；其中，除河北之外，依托长三角和京津冀城市群建设的上海、江苏、浙江、北京和天津等地区创新力和竞争活力显著提升，是区域协调发展程度相对较高的地区。

　　第三，从位序-规模法结果来看，全国 31 个省区市区域经济发展不平衡程度逐渐缩小、分布逐渐趋向均匀，然而，2016 年、2017 年区域经济发展不平衡程度有微微扩大的趋势。分地区来看，2009 年之后，三大地带之间的区域经济发展不平衡程度由西部地区、东部地区到中部地区逐级递增，中部地区成为推动区域协调发展进程最快的地区，而西部地区区域经济发展不平衡程度仍然相对最高，是推进区域协调发展工作的难点之一。

　　第四，流空间效应与区域经济发展不平衡程度之间具有耦合协调效应，其中，信息流、交通流与区域经济发展不平衡程度之间的耦合系数总体上呈现出"由中级到高级"过渡的发展趋势，在各省区市之间具有明显的"空间差异性"；然而，尚未发现这种差异性与地理区位划分、经济发展水平之间的直接影响关系，引起这种差异的原因有待进一步探讨。

　　第五，从可持续发展视域看，造成区域经济发展不平衡的主要原因仍是区域之间的差距。绿色转型不仅能促进区域经济增长，也能推动区域经济的协调发展，且这种作用呈现异质性特征。就东部地区而言，绿色转型对区域经济发展不平衡的作用机制呈现倒"U"形趋势，而经济发展竞争力和技术创新溢出效应是抑制区域经济发展不平衡的关键因素。从高质量发展视角看，区域经济不平衡整体上呈现下降趋势，逐渐从第Ⅲ阶段向第Ⅱ阶段过渡，但区域内部之间的差异不容忽视。

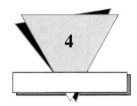

4

产业空间集聚与区域发展
不平衡的作用机制

结合中国经济发展的历史经验，产业空间集聚与区域发展不平衡之间的作用机制错综复杂，很难从某一个方面、某一个领域或某一个单向关系设定来解释清楚。本章以产业空间集聚与区域发展不平衡的关系检验入手，在综合考虑二者作用关系的非线性和空间辐射特性的基础上，利用Logit响应模型、面板门槛模型、空间杜宾模型和社会网络分析框架，对产业空间集聚与区域发展不平衡的基础作用机制进行系统梳理与挖掘，旨在为区域产业发展政策的制定提供实证参考。

4.1 引言

中国地域辽阔，区域发展过程的不平衡性一直存在，只是在不同的发展阶段所表现的程度不同，这就决定了转变经济发展方式在不同的领域各有侧重，进而产业结构转型升级的方向各有不同。从理论上看，一方面，产业集聚是在经济发展水平、资源禀赋效率等差距较大的不同国家或地区之间的延续，是引起区域发展不平衡的主要因素（Giulia et al.，2017；刘安国等，2019）；另一方面，发展不平衡是一个国家或地区在发展过程中出现的不协调、不和谐的关系，是经济社会发展中一个普遍存在的现象（张志强和席强敏，2019），在发展不平衡所处的不同阶段，产业集聚状态在空间上必然存在不同（夏添等，2019），故区域发展不平衡也可能导致产业集聚水平的变化。

产业集聚作为中国产业结构转型升级进程中的一部分，在区域发展不平衡问题的研究中具有举足轻重的地位。

现有文献中关于二者关系的研究，可从理论研究和内容梳理两个方面进行总结。就理论发展而言，初期，主要以古典区位论为代表，具体包括农业区位论、工业区位论和中心地理论，具体通过新古典经济学的静态局部均衡分析方法，研究单个厂商的最优区位决策，至今已有近200年的历史（Edward et al.，1992；Martin and Ottaviano，2001）；接着，以新经济地理学理论为代表，主要包括比较优势理论和产业转移理论，具体通过分析经济活动的空间集聚与全球化等经济现象，从国际贸易理论与对外直接投资理论相结合的视角拓展和丰富了产业转移、空间集聚理论（Joshua and Edward，2012；丁鸿君和沈坤荣，2016）；而后，区域经济理论不断完善与发展。随着中国区域经济问题的出现，国内学者也立足国内实际，对上述研究理论进行了改进与完善。

就二者关系的内容梳理而言，多以空间优化为视角审视产业转移的要素空间配置对区域经济发展的影响；研究可分为产业集聚阻碍区域协调发展论和产业集聚促进区域协调发展论两种。产业集聚阻碍区域协调发展论认为，落后地区通过承接产业转移方式进行发展，将长期处于追随式发展的困境，不能实现跨越式发展，也会阻碍区域协调发展的实现（成艾华和魏后凯，2013；卢娜等，2019）。产业集聚促进区域协调发展论认为，产业空间集聚是推进落后地区生产要素合理流动和高效聚集、实现跨越式发展和区域协调发展的有效途径（孙晓华等，2018；王韧和李志伟，2020）。显然，产业集中度和经济绩效之间的作用机理一直是学界争论的焦点，不同学派对产业集中度如何影响市场绩效有不同的解释，主要可以从认为经济结构通过影响经济行为，进而影响经济绩效的哈佛学派（徐彪等，2011；曹炳汝和孙巧，2019）和认为有效竞争存在于高度集中的产业里面，故反托拉斯行为是不必要的芝加哥学派（Baker et al.，2016；胡成春和陈迅，2019）两个方面解释。

综合来看，产业集聚是区域发展不平衡的重要调节因素，是在经济发展水平、资源禀赋效率等差距较大的不同国家或地区之间的延续，而区域发展不平衡也在一定程度上决定了产业集聚的方向与水平，是产业结构调整的重要引导因素。现有研究忽略了对产业空间集聚与区域发展不平衡之间可能存在"双向"影响关系的考虑，同时也忽略了对产业集聚与区域协调发展间深层次的非线性作用机制的考虑。与此同时，产业空间集聚的基础是空间，核心是产业，区域发展不平衡的阶段与程度的基础是区位（空间），故从空间辐射作用的视角研究二者之间的影响关系也十分必要。鉴于此，本章从产业空间集聚与区域发展不平衡相互影响关系检验、非线性作用路径分析和空间辐射效应分析等三个方面展开二者作用机制的研究。

4.2 关系检验模型与实际测算

从区域经济发展的演进过程看，不少专家学者以产业集群理论和发展规模经济理论为视角，从产业结构调整、产业协同集聚和产业转型升级等方面，探讨不同的产业发展环境如何作用于区域经济发展，多以"单向"作用关系的设定为前提分析其作用效应，忽略了产业空间集聚和区域发展不平衡之间可能存在的"双向"影响关系的研究。本节以考虑时间变化效应的动态关联关系检验为基础，从产业空间集聚与区域发展不平衡之间的因果关系检验着手，对二者之间存在的影响关系进行逐层梳理，旨在为产业空间集聚与区域发展不平衡之间的作用路径与作用机制的研究提供支撑。

4.2.1 关联关系检验模型与实际测算

通过两个"现象"之间是否存在数量上的依存关系，且这种数量关系并不严格来定义关联关系。但是，产业空间集聚与区域发展不平衡这两个"现象"在数量上的依存关系也会受到时间和空间的影响，故单纯静态的关联关系很难全面反映二者之间的具体关系。鉴于此，我们将相关关系系数的计算与耦合–协调模型的设定统一于"动态"关系研究框架下，提出了动态耦合–协调模型，并对产业空间集聚与区域发展不平衡之间的动态关联关系进行检验。

4.2.1.1 模型构建

动态耦合–协调模型以相关关系系数的计算为基础，以静态耦合–协调模型为依托，从时间效应方面反映产业空间集聚和区域发展不平衡之间的关联效应。模型的具体构建过程如下：

首先，以时期 $t(t = 1, 2, \cdots, T)$ 为测算基准，计算产业空间集聚效果（ISA）和区域发展不平衡（IRD）在所有地区的相关系数 $R_t(ISA_t, IRD_t)$：

$$R_t(ISA_t, IRD_t) = \frac{\text{Cov}(ISA_t, IRD_t)}{\sqrt{\text{Var}(ISA_t) \times \text{Var}(IRD_t)}} \tag{4.1}$$

式（4.1）中，$\text{Cov}(ISA_t, IRD_t)$ 是产业空间集聚和区域发展不平衡在时期 t 的协方差，$\text{Var}(ISA_t)$ 和 $\text{Var}(IRD_t)$ 分别代表 t 时期产业空间集聚和区域发展不平衡的方差。

其次，计算产业空间集聚效果和区域发展不平衡的耦合度 $C_t(ISA_t, IRD_t)$：

$$C_t(ISA_t, IRD_t) = \left[\frac{ISA_t^* \times IRD_t^*}{\dfrac{(ISA_t^* + IRD_t^*)}{2}} \right]^{\frac{1}{2}} \qquad (4.2)$$

式 (4.2) 中，ISA_t^* 和 IRD_t^* 分别代表时期 t ($t = 1$，2，…，T) 产业空间集聚和区域发展不平衡归一化处理之后的取值。

接着，计算静态耦合协调度 $G_t(ISA_t, IRD_t)$：

$$G_t(ISA_t, IRD_t) = \sqrt{C_t(ISA_t, IRD_t) \times T_t} \qquad (4.3)$$

式 (4.3) 中，$T_t = (ISA_t^* + IRD_t^*)/2$，是产业空间集聚和区域发展不平衡的协调指数。

最后，给出动态耦合-协调效果测度模型，估算动态系数：

$$G_t(ISA_t, IRD_t) = \alpha_1 G_{t-1}(ISA_{t-1}, IRD_{t-1}) + \beta_1 R_t(ISA_t, IRD_t) + \beta_2 R_{t-1}(ISA_{t-1}, IRD_{t-1}) + \varepsilon_{1t}$$
$$(4.4)$$

$$G_t(ISA_t, IRD_t) = \alpha_2 G_{t-1}(ISA_{t-1}, IRD_{t-1}) \times R_{t-1}(ISA_{t-1}, IRD_{t-1}) + \varepsilon_{2t} \qquad (4.5)$$

式 (4.4) 和式 (4.5) 中，ISA_{t-1} 和 IRD_{t-1} 分别代表前一期产业空间集聚效果和区域发展不平衡程度；α_1，α_2，β_1，β_2 是待估参数，分别代表当期耦合协调度对前一期的线性依赖程度、当期耦合协调度受前一期耦合协调度和相关关系下交叉融合的影响大小、当期耦合协调度对当前期相关关系系数的线性依赖程度、当前期耦合协调度对前一期相关关系系数的依赖性大小。

4.2.1.2 实际测算结果分析

首先，从关系系数的测算结果看，产业空间集聚与区域发展不平衡呈现出微弱的线性相关关系。如图 4.1 所示，2004—2013 年，产业空间集聚与区域发展不平衡之间的关系系数有缓慢增强的趋势，而 2014—2018 年呈现出先减小后增加的 "U" 形变动趋势。进一步研究发现，一方面，二者的相关系数在时间上不具有稳定性，表明产业空间集聚和区域发展不平衡之间的相关性会随时间的变化而变化，具有时间依赖性；另一方面，虽然二者的相关系数在数值上很难给出产业空间集聚与区域发展不平衡之间的线性相关结论，但是其相关检验结果表明二者之间的弱正向影响关系存在，表明产业空间集聚与区域发展不平衡很大程度上具有非线性相关关系，需做进一步研究。

其次，从耦合协调度测算结果看，就时间层面而言，总体上取值在 0.41 和0.60 之间波动，处于弱失调向初级协调过渡的阶段；具体呈现出先

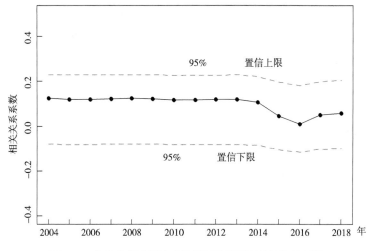

图 4.1　产业空间集聚与区域发展不平衡相关关系系数

缓慢增大后缩小的变化趋势（以 2013 年为分界）。就空间分布而言，如表
4.1 所示，总体上静态耦合协调度取值较高和较低的省份中东部、东北、中
部和西部各有分布，经济发达地区与欠发达地区并存，二者之间的耦合协调
度与经济发展水平之间的关系尚不明确。但是，可进一步通过各省区市在空
间的分布规律来细化分析，具体而言，东北地区位于初级协调阶段，区域发
展不平衡与产业空间集聚在该地区处于逐渐协调、互相关联的阶段；西部地
区（除陕西之外）和东部地区，以失调型和过渡型为主，区域发展不平衡与
产业空间集聚的耦合协调发展度较低，处于互相影响效应不明显的阶段；而
中部地区多以中级和良好协调型为主，是二者存在关联影响的基础支撑。

表 4.1　各省区市耦合协调度分布情况（基于均值）

类型	失调型	过渡型	初级协调	中级协调	良好协调
取值范围	0~0.40	0.41~0.60	0.61~0.70	0.71~0.80	0.81~0.90
省份分布情况	广东、海南、青海、宁夏、西藏	北京、福建、广西、贵州、江苏、上海、天津、云南、新疆、重庆	黑龙江、吉林、辽宁、内蒙古、浙江、湖南	甘肃、湖北、山东、山西、四川	安徽、河北、河南、江西、陕西

注：根据 31 个省区市 2004—2018 年静态耦合协调度进行平均而得，考虑到数据可得性，未涉及
港澳台三地。

最后，从动态耦合-协调度的系数估计来看，如表 4.2 所示，当相关系数作为线性影响因素纳入动态耦合效应的估计时（见第 2 行），动态耦合系数（α_1）为 0.658，且通过了 5% 的显著性水平检验，表明产业空间集聚与区域发展不平衡的耦合协调度对前期耦合协调度具有滞后 1 阶依赖性；此外，相比当期的影响，耦合协调度对相关系数前一期的线性依赖性更强，系数为 0.533（>0.237）。当相关系数作为交互项设定动态耦合系数估计模型时（见第 3 行），动态耦合系数（α_2）取值 5.310，且在 0.1% 显著性水平下通过检验，表明产业空间集聚与区域发展不平衡的耦合协调度更容易受到前期耦合协调度和相关系数交互项的影响，即这种动态耦合协调性呈现出较强的非线性滞后关系。

表 4.2　产业空间集聚与区域发展不平衡动态耦合效应分析

参数估计	G_{t-1}	R_t	R_{t-1}	$G_{t-1} * R_{t-1}$	拟合优度
基于式（4.4）	0.658 * (0.289)	0.237 *** (0.014)	0.533 *** (0.016)		0.569
基于式（4.5）				5.310 *** (0.214)	0.523

注：***、** 和 * 分别代表 0.1%、1% 和 5% 水平下显著，括号内为标准误。

综上所述，可得如下结论：第一，产业空间集聚与区域发展不平衡之间具有正向影响关系，但是，这种影响关系的线性依赖性很小，且在时间上不具有稳定性；第二，总体上，产业空间集聚与区域发展不平衡处于由弱失调到初级协调的过渡阶段，二者之间可能存在相互影响的关系，但是，二者之间的耦合协调度与经济发展水平之间的关系尚不明确；第三，产业空间集聚与区域发展不平衡的动态耦合影响关系显著，且非线性的设定关系更具说服力，故基于相关关系对二者耦合协调关系的研究具有一定的说服力。另外，虽然产业空间集聚与区域发展不平衡之间具有一定的关联关系，但是二者之间具有的作用效应还需做进一步检验。

4.2.2　因果关系检验模型与实际测算

区域发展是一个不断演化的过程，往往由于经济要素、资源分布和环境特征的不同，不同区域的发展也呈现出较大的差异。就产业集聚与区域发展不平衡之间的作用机制研究而言，其模型的设计离不开二者之间影响关系的检验。因果关系检验，旨在确定产业空间集聚与区域发展不平衡之间哪一个是"因"，哪一个是"果"，还是互为"因果"的具体影响关系。

4.2.2.1　模型构建

因果关系的开创性方法之一是格兰杰（Granger）因果关系方法（Granger，1969），而标准的 Granger 因果关系分析首先需要进行单位根和协整检验，若模型中的变量非平稳或存在协整关系，则 Wald 统计量不满足标准的卡方分布，会受到调整参数的影响。鉴于此，托迪等（Toda et al.，1995）改进了 Granger 因果关系，通过使用层级估计模型解决上述问题；其中，向量自回归系统 $VAR(p+d)$ 可定义为：

$$y_t = \alpha_0 + \alpha_1 y_{t-1} + \alpha_2 y_{t-2} + \cdots + \alpha_{p+d} y_{t-(p+d)} + \varepsilon_t \tag{4.6}$$

式（4.6）中，y_t 是因变量，具有内生性；p 是滞后阶数；d 是因变量的最大积分阶数；α_0，α_1，$\cdots$，α_{p+d} 是待估参数；ε_t 是随机扰动项。而后，纳兹利奥格鲁等（Nazlioglu et al.，2016）提出一种利用傅立叶逼近的方法改进 Toda-Yamamoto 框架，以解决因果关系分析中结构性断裂或突变的问题，并由杜如松-西夫茨等（Durusu-Ciftci et al.，2020）做进一步补充与完善，具体通过放宽式（4.6）中截距项 α_0 是常数的假定，将其定义为关于时间的函数，并利用傅立叶逼近来近似捕获其中断次数和分布形式，定义如下：

$$\alpha(t) \cong c_0 + \sum_{k=1}^{K} \lambda_{1k} \sin\left(\frac{2\pi tk}{T}\right) + \sum_{k=1}^{K} \lambda_{2k} \cos\left(\frac{2\pi tk}{T}\right) \tag{4.7}$$

式（4.7）中，$\alpha(t)$ 依赖时间的变化和 y_t 的结构转换，$k(k=1, 2, \cdots, K)$ 代表频率数，λ_{1k} 和 λ_{2k} 分别代表频率计算的幅度和位移。进一步，将式（4.7）代入式（4.6）中，可获得具有傅立叶逼近的 Toda-Yamamoto 研究框架（Toda-Yamamoto framework with a fourier approximation，FTY）：

$$y_t = c_0 + \sum_{k=1}^{K} \lambda_{1k} \sin\left(\frac{2\pi tk}{T}\right) + \sum_{k=1}^{K} \lambda_{2k} \cos\left(\frac{2\pi tk}{T}\right) +$$
$$\alpha_1 y_{t-1} + \alpha_2 y_{t-2} + \cdots + \alpha_{p+d} y_{t-(p+d)} + \varepsilon_t \tag{4.8}$$

就产业空间集聚与区域发展不平衡之间因果关系的检验而言，离不开生产要素、资源禀赋、环境制度等方面的控制。遵循第 3 章中"产业-资源"和"产业-资源-市场"的匹配设计，将社会资源（RES）和市场规模（MS）作为控制变量纳入 FTY 的研究中：

$$IRD_{i,\,t} = c_{1,\,0} + \sum_{k=1}^{K} \lambda_{1,\,1,\,k} \sin\left(\frac{2\pi tk}{T}\right) + \sum_{k=1}^{K} \lambda_{1,\,2,\,k} \cos\left(\frac{2\pi tk}{T}\right) + \sum_{j=1}^{p+d} \alpha_{1j}^{*} IRD_{i,\,t-j} +$$

$$\sum_{j=1}^{p+d} \beta_{1j}^{*} ISA_{i,\,t-j} + \sum_{j=1}^{p+d} \gamma_{1j}^{*} RES_{i,\,t-j} + \sum_{j=1}^{p+d} \varphi_{1j}^{*} MS_{i,\,t-j} + \varepsilon_{1i,\,t} \qquad (4.9)$$

$$ISA_{i,\,t} = c_{2,\,0} + \sum_{k=1}^{K} \lambda_{2,\,1,\,k} \sin\left(\frac{2\pi tk}{T}\right) + \sum_{k=1}^{K} \lambda_{2,\,2,\,k} \cos\left(\frac{2\pi tk}{T}\right) + \sum_{j=1}^{p+d} \alpha_{2j}^{*} IRD_{i,\,t-j} +$$

$$\sum_{j=1}^{p+d} \beta_{2j}^{*} ISA_{i,\,t-j} + \sum_{j=1}^{p+d} \gamma_{2j}^{*} RES_{i,\,t-j} + \sum_{j=1}^{p+d} \varphi_{2j}^{*} MS_{i,\,t-j} + \varepsilon_{2i,\,t} \qquad (4.10)$$

式（4.9）和式（4.10）中，$i(i = 1,\,2,\,\cdots,\,N)$ 代表地区，$t(t = 1,\,2,\,\cdots,\,T)$ 代表时间，$IRD_{i,\,t}$ 代表区域发展不平衡程度，$ISA_{i,\,t}$ 代表产业空间集聚效果，$RES_{i,\,t}$ 代表社会资源综合水平，$MS_{i,\,t}$ 代表市场规模。需要强调的是，在 Toda-Yamamoto 框架中，非 Granger 因果关系的原假设 H_0，受到参数 p 是否为 0 和 Wald 统计量具有自由度为 p 的渐近卡方分布的约束。但是，由于受到频率数 k 的影响，Wald 统计量往往不满足渐近卡方分布的设定，为了解决上述问题，埃夫隆（Efron，1979）提出了采用 Bootstrap 抽样的方法进行 Wald 统计量的分布拟合；此外，在最新的 Granger 因果关系文献中，还依靠 Bootstrap 拟合分布来提高小样本研究中的检验功效，研究表明该方法在对数据单位根和协整的检验中具有一定的稳健性（Durusu-Ciftci et al.，2020）。

与此同时，在式（4.8）、式（4.9）和式（4.10）中，确定累计傅立叶频率 K 和滞后期数 p 是首要问题。现有文献中，常常用 Akaike 信息准则（Akaike information criterion，AIC）解决上述问题；同时，AIC 还可以用于确定傅立叶频率和滞后长度，这与 Granger 因果关系的最新研究结论基本一致，故本章也采用 AIC 来确定傅立叶频率 K 和滞后长度 p。

4.2.2.2 实际测算结果分析

在进行产业空间集聚与区域发展不平衡之间因果关系检验之前，需要根据 AIC 准则对式（4.8）中的傅立叶频率 K、滞后长度 p 以及最大积分单整阶数 d 进行确定。根据相关变量的平稳性检验结果，可判断其滞后期为 2（p 值为 0.038），根据 AIC 准则可以判定最大积分单整阶数为 1（卡方统计量取值 112，对应 AIC 取值最小）；此外，利用 Bootstrap 方法将傅立叶级数从 1 至 100 分别进行取值，结合 AIC 准则与 MSE 准则对其的最优值进行确定，最终检验结果表明傅立叶级数取值为 2。

如图 4.2 所示，从产业空间集聚与区域发展不平衡在时间上的演变趋势来看（见图 4.2（a）），产业空间集聚在样本期间呈现波动提升的态势，而区域发展不平衡程度表现为先波动减少、后有所扩大的倒 "U" 形变化趋势，整体上产业空间集聚与区域发展不平衡之间的影响关系在时间上尚不明确。

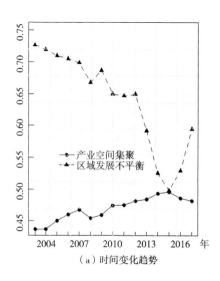

（a）时间变化趋势

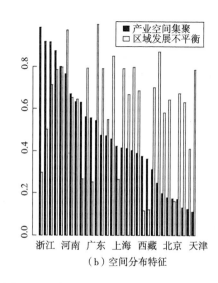

（b）空间分布特征

图 4.2　产业空间集聚与区域发展不平衡时空效应分解

注：1.（a）为样本时期（2004—2018 年）全国 ISA 和 IRD 的均值演变趋势，反映了 ISA 和 IRD 在时间上的相关关系；（b）为 31 个省区市（不包含港澳台地区）在样本时期的均值，反映了 ISA 和 IRD 在空间上的分布关系。

2. 省份空间从左至右依次为：浙江、山东、陕西、河北、安徽、河南、甘肃、四川、江苏、山西、广东、江西、辽宁、贵州、湖北、上海、内蒙古、黑龙江、湖南、吉林、西藏、宁夏、广西、重庆、新疆、北京、青海、云南、福建、海南、天津。

从二者取值在空间上的分布情况看（见图 4.2（b）），一方面，产业空间集聚效果与区域发展不平衡程度各自的地理空间分布特征明显，即东中部高、西部低，以及东西部高、中部低，具体表现为，浙江、山东、陕西、河北和安徽 5 省的产业空间集聚水平相对最高，而江西、河南、重庆、湖南和湖北区域发展不平衡程度相对最高；另一方面，产业空间集聚与区域发展不平衡之间的空间关联效应不明显，产业空间集聚水平相对后5位的省份为天津、海南、福建、云南和青海，而区域发展不平衡相对最低的省份为西藏、宁夏、青海、广东和上海，在上述省份中东部、中部和西部均存在，尚不能明确空间上的布局规律。

将传统的Toda-Yamamoto因果检验（TY）方法作为基础模型和引入傅立叶逼近的结构转换对FTY的估计结果分别进行展示，以比较两种检验方法下区域发展不平衡与产业空间集聚之间的作用关系，得到相对稳健的因果分析结论，为后续的研究提供支持。

首先，在不考虑傅立叶结构转变的情况下（TY结构），如表4.3所示，就产业空间集聚对区域发展不平衡的作用效应来看（见（1）列），产业空间集聚的滞后1期以0.313的系数负向作用于区域发展不平衡，对区域发展不平衡的扩大具有抑制效应；与此同时，产业空间集聚的滞后2期对区域发展不平衡的扩大具有正向影响，但总体作用强度低于滞后1期。综上，产业空间集聚对区域发展不平衡在省级层面具有影响效应。就区域发展不平衡对产业空间集聚效果的影响效应来看（见（2）列），区域发展不平衡滞后3期会以0.594的作用系数正向影响产业集聚效果，表现为区域发展不平衡程度的扩大会以滞后效应增加产业空间集聚水平的提升，而产业空间集聚效果自身存在滞后1期的负向（−0.280）和滞后2期的正向（0.205）时间依赖性，表明虽然区域发展可能会对产业空间集聚效果的提升具有一定的影响效应，但是这种作用效应体现出很强的周期性依赖特性。

表4.3　产业空间集聚与区域发展不平衡因果关系参数拟合

	TY 结构		FTY 结构	
	IRD（1）	ISA（2）	IRD（3）	ISA（4）
常数项	0.096 (0.081)	−0.116* (0.047)	0.005 (0.028)	0.116*** (0.019)
$\sin(2\pi t/T)$			0.005 (0.003)	0.000 (0.001)
$\sin(2\pi \times 2t/T)$			0.005** (0.002)	0.004*** (0.001)

续表

	TY 结构		FTY 结构	
	IRD（1）	*ISA*（2）	*IRD*（3）	*ISA*（4）
$\cos(2\pi t/T)$	—	—	−0.003 （0.003）	−0.003· （0.001）
$\cos(2\pi \times 2t/T)$	—	—	0.002 （0.002）	−0.002 ** （0.001）
IRD 滞后 1 期	0.524 ** （0.202）	0.126 （0.081）	0.864 *** （0.034）	−0.008 （0.008）
IRD 滞后 2 期	−0.646· （0.361）	0.092 （0.063）	−0.195 ** （0.075）	0.022 （0.016）
IRD 滞后 3 期	−1.204 （1.603）	0.594 *** （0.123）	0.323 *** （0.048）	−0.012 （0.012）
ISA 滞后 1 期	−0.313 ** （0.119）	−0.280 ** （0.091）	−0.044 ** （0.013）	1.180 *** （0.022）
ISA 滞后 2 期	0.277 * （0.146）	0.205 ** （0.073）	0.050 * （0.027）	−0.303 *** （0.041）
ISA 滞后 2 期	1.431 （1.942）	−0.691 （0.658）	−0.006 （0.029）	0.123 *** （0.027）
MS 滞后 1 期	2.755 （7.788）	−0.098 （0.595）	0.160 *** （0.048）	−0.178 *** （0.042）
MS 滞后 2 期	−6.753 （12.453）	1.184 （0.761）	0.030 （0.044）	0.041 （0.046）
MS 滞后 3 期	−0.586 （0.616）	−0.045 （0.057）	−0.196 *** （0.040）	0.116 ** （0.044）
RES 滞后 1 期	−0.501 （0.610）	0.042 （0.051）	0.120 ** （0.039）	0.021 （0.024）
RES 滞后 2 期	0.658· （0.347）	0.018 （0.067）	−0.146 *** （0.043）	−0.091 （0.032）
RES 滞后 3 期	−0.179 （0.115）	0.007 （0.010）	0.025 （0.031）	0.075 （0.021）

续表

	TY 结构		FTY 结构	
	IRD（1）	ISA（2）	IRD（3）	ISA（4）
拟合优度 R^2	0.724	0.687	0.934	0.886

注：***、**、* 和·分别代表 0.1%、1%、5% 和 10% 水平下显著，括号内为标准误；TY 代表不考虑傅立叶级数结构转换的因果模型；FTY 代表考虑傅立叶级数结构转换之后的因果模型。

其次，在考虑傅立叶结构转变的情况下（TFY 结构），总体上傅立叶逼近效果明显，不仅体现在结构项系数的显著性检验方面，也体现在模型的拟合优度大幅提升方面。就产业空间集聚对区域发展不平衡的作用效应而言，在结构项系数估计显著的前提下，产业空间集聚滞后 1 期以 −0.044 的系数负向影响区域发展不平衡，即产业集聚效果的提升在一定程度上会抑制区域发展不平衡水平的提升，且表现出一定的滞后性，虽然滞后 2 期会微微减弱这种抑制效应，但总体作用方向不易改变。就区域发展不平衡对产业空间集聚的影响效应而言，总体上，区域发展不平衡程度的扩大会对产业空间集聚效果的提升产生抑制作用，但是这种抑制效应尚未通过显著性水平检验，也反映出产业空间集聚与区域发展不平衡之间的反向因果关系不十分明确，需要做进一步研究。

最后，构造 Wald 统计量，对产业空间集聚与区域发展不平衡在全国层面和省域层面的因果关系分别进行检验。就全国层面而言，如表 4.4 所示，在 TY 结构下可以得出产业空间集聚与区域发展不平衡之间互为因果的结论；但是，加入傅立叶级数逼近之后的 FTY 检验结果显示，区域发展不平衡并不反向影响产业空间集聚水平，其 Wald 统计量为 2.081，落入了接受域，认为 IRD 不能导致 ISA，故二者存在的是单向影响关系。就省域层面的检验结果看，FTY 检验结果显示，IRD 和 ISA 之间存在双向影响关系的省份占比为 12.9%，ISA 单向影响 IRD 的省份占比为 64.5%，IRD 单向影响 ISA 的省份占比为 9.7%，而剩下的 4 个省份检测结果表明二者之间无明显因果关系。综上，省域与全国层面所得结论具有一定的相符性，可以认为样本期间产业空间集聚以更大的作用强度和可能性单向作用于区域发展不平衡。另外，由于结论基本一致，故不对 31 个省区市检验结果做详细展示。

表 4.4 产业空间集聚与区域发展不平衡因果关系检验（全国层面）

	H₀：ISA 不影响 IRD				H₀：IRD 不影响 ISA			
	TY		FTY		TY		FTY	
	Wald	p 值	Wald	p 值	Wald	p 值	Wald	p 值
全国	3.571*	0.037	5.198**	0.007	3.001*	0.045	2.081	0.192

注：***、** 和 * 分别代表 0.1%、1% 和 5% 水平下显著，TY 代表不考虑傅立叶级数结构转换的因果模型；FTY 代表考虑傅立叶级数结构转换之后的因果模型。

4.3 两视角作用机制探讨

产业结构调整、产业空间集聚和产业转型升级是区域外部规模经济效应的重要表现。其中，产业空间集聚既是产业转型升级的基础，又是产业结构调整的重点，是产业规模经济效应发挥作用的关键；产业空间集聚的动态变迁既反映了一个区域经济发展的演变过程，又为新阶段经济质量的提升提供了新的发展思路，对区域协调发展的实现有着不容忽视的影响作用。但遗憾的是，学界对产业空间集聚与区域发展不平衡之间作用机制的探讨并不多，考虑二者之间非线性影响关系的研究更是少之又少。鉴于此，在产业空间集聚与区域发展不平衡作用关系初探的基础上，以产业空间集聚效果为驱动因素，探讨其对区域发展不平衡的非线性作用效应。

4.3.1 分类视角：区域发展不平衡

刘等（Liu et al.，2020）的研究表明，区域发展不平衡的演进过程在时间上是波动起伏的，其连续性和稳定性不足；与此同时，区域发展不平衡的演进过程在空间上参差不齐，呈现出一定的"梯度与等级"效应。针对各地区域发展不平衡的程度等级分类特点，构建有序 Logit 响应模型，对非线性影响效应做进一步分析：

$$\text{logit}\left(P\left(IRD_i > j \mid \boldsymbol{X}\right)\right) = -\alpha_i + \sum_{l=1}^{h} \beta_l x_l \tag{4.11}$$

式（4.11）中，$i=1，2，\cdots，n$ 为样本量，$j=1，2，\cdots，k$ 代表被解释变量区域发展不平衡程度 IRD 的分类个数，$\boldsymbol{X}$ 为解释变量的矩阵向量，$\beta_l(l=1，2，\cdots，h)$ 为待估计参数，进一步可以将这种关系简记为：

$$IRD_i^* = X_i^T \beta + \varepsilon_i \qquad (4.12)$$

式（4.12）中，ε_i 满足均值为 0、方差为 σ^2 的独立同分布假定，IRD_i^* 是一个隐变量，与真实值 IRD_i 之间存在以下关系：

$$IRD_i = \begin{cases} 1, & IRD_i^* \leq \gamma_1 \\ 2, & \gamma_1 < IRD_i^* \leq \gamma_2 \\ & \vdots \\ k, & IRD_{k-1} < y_i^* \end{cases} \qquad (4.13)$$

其中，γ_1，γ_2，$\cdots$，γ_{k-1} 称作阈值，为区域发展不平衡程度等级划分的区间分界点，区域发展不平衡等级为 j 的概率为：

$$P\{IRD_i = j\} = P\{\gamma_{j-1} < IRD_i^* \leq \gamma_j\} = F(\gamma_j - X_i^T \beta) - F(\gamma_{j-1} - X_i^T \beta) \qquad (4.14)$$

在对上述模型进行估计的基础上，首先，利用 K-means 聚类方法将区域发展不平衡程度按照省域进行聚类，同时，以三大地带为对比标准，将两种划分方法下重复出现的省区市按照 IRD 的取值大小进行前三类的命名，然后将均未涉及的省区市自行划分为另一类，结果见表4.5。

表4.5　区域发展不平衡的等级分类结果

	第Ⅰ类 （IRD 最低）	第Ⅱ类 （IRD 较低）	第Ⅲ类 （IRD 较高）	第Ⅳ类 （IRD 最高）
K-means 与三大地带 组合分类	北京、福建、广东、江苏、辽宁、山东、上海、天津、浙江	安徽、广西、河南、湖北、湖南、江西、宁夏、山西	黑龙江、吉林、河北、海南、四川、甘肃、贵州、陕西、重庆	新疆、西藏、青海、云南、内蒙古
省份数量	9个	8个	9个	5个

注：聚类结果是根据不同年份按照地区分别进行聚类之后，利用频数统计而得的；特别地，在出现两个等频数聚类结果时，以时间为 IRD 均值的计算结果再进行聚类。

其次，利用核密度估计将产业空间集聚对区域发展不平衡的非线性作用效应进行初步检验，样本期间为 2004—2018 年。如图 4.3 所示，（a）图展示了产业空间集聚对区域发展不平衡的非线性影响关系，其曲线变动呈现多阶段波动起伏的演变趋势；相反，将区域发展不平衡作为解释变

量，对产业空间集聚效果的影响效应无论是线性还是非线性均不显著（见
（b）图）。非线性检验结果表明，产业空间集聚对区域发展不平衡的非线
性关系存在，且作用方向与 FTY 因果关系检验结果一致，可初步判定构建
非线性影响机制模型具有一定的合理性。

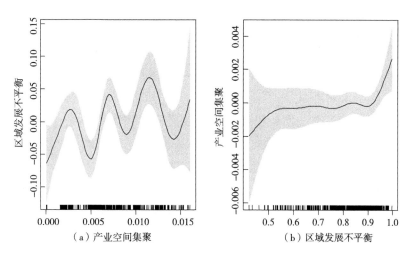

（a）产业空间集聚　　　　　　　　（b）区域发展不平衡

图 4.3　产业空间集聚与区域发展不平衡的非线性影响

注：（a）是产业空间集聚作为驱动因素对区域发展不平衡的非线性影响效果图；（b）是区域发
展不平衡作为解释变量对产业空间集聚的非线性影响检验图。另外，图中阴影部分为 95% 置信区间。

　　最后，根据式（4.11）对被解释变量（区域发展不平衡）作为等级分
类的离散变量，产业空间集聚效果作为核心解释变量对其影响效应进行估
计。其中，在式（4.11）中，其他控制变量的选择旨在进一步从不同领
域、不同规模、不同强度的视角深入探析造成区域发展不平衡的主要原
因，具体设置如下。

　　技术水平（*Tech*）反映的是技术进步与科技发展水平的综合能力，本
节选用技术市场成交份额这一样本期间逐年增长相对稳定、综合反映科技
市场现状的指标对一个国家或地区的科技水平进行表征。教育水平（*Edu*）
一般是指一个国家或地区居民受教育程度，现有文献关于该指标的刻画主
要从基于微观数据库的平均受教育年限（杨克文和李光勤，2018）和基于
宏观数据库的高等教育人数（刘强和李泽锦，2019）两个方面展开研究，
本节选择每万人中在校高中生人数这一在宏观数据库可查找、动态数据可

获得、样本期间变化幅度较小的指标作为教育水平的表征。城镇化水平（*Urb*）是反映一个国家或地区生产力发展、科技进步、产业结构的多方协调发展的重要标志，一般用城镇化率来表征；我国城镇化率从 2010 年的 49.95% 上升至 2017 年的 58.52%，逐年的变化幅度较为平稳，所以选择城镇人口与总人口比重的城镇化率进行刻画。基础设施（*Inst*）是保证一个国家或者地区社会经济活动正常运行的公共服务系统，是社会活动存在与发展的物质基础，其表征指标包含交通、水电等多个方面，选择每万人拥有公共厕所数进行表征。此外，资源分布（*RES*）和市场规模（*MS*）遵循前文设定（具体见 4.2.2.1 模型构建）。

表 4.6 展示了产业空间集聚对区域发展不平衡的影响效应。为了与不考虑区域发展不平衡的"梯度"与"不连续"性的影响效应进行比较分析，列（1）和列（2）展示了普通面板个体固定效应模型的估计结果。其中，仅考虑产业空间集聚对区域发展不平衡的作用系数为 −0.013，并且通过了 5% 显著性水平的检验，但是其模型拟合优度仅为 0.212；虽然在加入资源分布、市场规模、城镇化水平、教育水平、技术水平和基础设施等一系列控制变量之后，模型拟合优度有小幅的提升，但是总体的线性影响效果并不十分显著。

列（3）和列（4）展示了有序 Logit 响应模型根据式（4.11）进行参数估计的结果。其中，列（3）是仅考虑产业空间集聚对区域发展不平衡的作用效应，其影响系数为 −0.032，显然，相比列（1）的影响系数在数值上提升了至少一倍，且模型拟合优度大幅提升，可以认为有序 Logit 响应模型的估计效果优于普通面板线性模型；列（4）是加入了控制变量之后，产业空间集聚效果对区域发展不平衡的作用系数为（−0.102），是列（3）的近 3 倍、列（1）的近 10 倍，显然，产业空间集聚对区域发展不平衡的影响效应得到了进一步的体现。进一步分析发现，产业空间集聚效果的提升会在一定程度上抑制区域发展不平衡程度的扩大，验证了 FTY 因果关系分析框架中产业空间集聚对区域发展不平衡存在负向抑制、滞后性的研究结论。

表 4.6 产业空间集聚对区域发展不平衡的影响效应

变量	符号	普通线性模型		有序 Logit 响应模型	
		(1)	(2)	(3)	(4)
常数项	c	1. 178 ***	0. 253 *	0. 022 ***	0. 012 **
		(0. 073)	(0. 098)	(0. 003)	(0. 003)
产业空间集聚	ISA	-0. 013 *	-0. 011 **	-0. 032 *	-0. 102 **
		(0. 006)	(0. 004)	(0. 011)	(0. 033)
资源分布	RES	—	-0. 044 *	—	-0. 093
			(0. 021)		(0. 168)
市场规模	MS	—	0. 013 *	—	0. 277 *
			(0. 012)		(0. 131)
城镇化水平	Urb	—	0. 015	—	-1. 691 *
			(0. 040)		(0. 525)
教育水平	Edu	—	-0. 264 ***	—	-0. 031 ***
			(0. 023)		(0. 004)
技术水平	Tech	—	0. 136 ***	—	0. 001
			(0. 013)		(0. 000)
基础设施	Inst	—	0. 063	—	0. 052 *
			(0. 586)		(0. 021)
模型拟合优度	R^2	0. 212	0. 386	0. 736	0. 824

注: *** 、 ** 、 * 分别代表 0.1%，1% 和 5% 水平下显著，括号内为标准误；数据来源于《中国统计年鉴》和各省区市统计年鉴。

此外，就控制变量的作用效果而言，一方面，资源分布、城镇化水平和教育水平对区域发展不平衡的扩大具有显著的抑制效应，其中，城镇化水平的提升对区域发展不平衡的抑制效应最强，高达 1.691；这可能是由于中国区域发展不平衡程度在省域层面的测度在一定程度上受到人口的作用，而城乡二元结构又是我国区域发展进程中特别明显的一个现象，对区域发展不平衡的影响效应较为明显。另一方面，市场规模、技术水平和基础设施对区域发展不平衡的作用系数呈现正向影响，其中，市场规模的不断扩大会在很大程度上扩大区域发展的不平衡程度，究其原因，利用市场潜能来表征市场规模，其指标设计中包含代表经济发展水平的 GDP，也包括城市之间的距离，当城市经济发展水平提升速度较高、城市距离相对较小的时候，城市之间的竞争力会显著提升，进而导致区域发展不平衡程度的进一步扩大，不过，这种扩大效应会随着各城市经济发展水平的不断接近而逐渐减少。

综上所述，产业空间集聚效果的提升对区域发展不平衡的扩大具有显著的抑制作用，这种抑制效应呈现出一定的非线性特征，并且可以从二者关系研究的动态变化检验效应中得到支持。尽管本章识别了产业空间集聚对区域发展不平衡的非线性影响，但研究依然局限于区域发展不平衡的等级分类特征方面，为全面地理解产业空间集聚如何影响区域发展不平衡需将产业空间集聚作为非线性驱动变量进一步探讨具体的作用机制。

4.3.2　分段视角：产业空间集聚

现有研究对产业空间集聚与区域发展不平衡之间关系的研究相对较少，而就区域发展不平衡的影响因素分析而言，多以调查的截面数据为主、以少有的面板数据为辅，采用多元线性回归模型或面板回归模型来分析我国区域发展不平衡的线性关系，忽略了产业空间集聚和其他影响因素与区域发展不平衡之间复杂的联系，具有局限性。

在以区域发展不平衡作为等级分类变量，研究产业空间集聚对区域发展不平衡的影响效应时，初步认为产业空间集聚对区域发展不平衡的影响效应存在非线性、复杂性的特点。故将现有文献中影响区域发展不平衡因素之间传统的、单一的线性测度方法拓展到区域发展不平衡因素的非线性测度研究中，具体由门槛面板模型来体现：

$$IRD_{it} = \mu_i + \beta_1 ISA_{it} I(q_{it} \leq \gamma_1) + \beta_2 ISA_{it} I(\gamma_1 < q_{it} \leq \gamma_2) + \cdots +$$
$$\beta_n ISA_{it} I(\gamma_{n-1} < q_{it} \leq \gamma_n) + \beta_{n+1} ISA_{it} I(q_{it} > \gamma_n) + X\varphi + \varepsilon_{it} \quad (4.15)$$

式（4.15）中，$i(i = 1, 2, \cdots, N)$ 代表第 i 个省区市；$t(t = 1, 2, \cdots, T)$ 代表第 t 年度；IRD_{it} 是区域发展不平衡程度；ISA_{it} 是受门槛影响的变量，由产业空间集聚效果表征；q_{it} 是门槛变量，也由产业空间集聚效果表征；$\gamma_1, \gamma_2, \cdots, \gamma_n$ 代表门槛变量的 n 个门槛取值；$I(\cdot)$ 是示性函数，随着门槛变量 q_{it} 和门槛值 γ_i 的取值而变化，通常取值为 0 或 1；μ_i 是个体固定效应；X 是控制变量的向量；$\beta_1, \beta_2, \cdots, \beta_{n+1}$ 为门槛变量的待估参数；φ 为

控制变量的待估参数向量；ε_{it} 为随机扰动项。其中，控制变量包含上述研究中的资源分布（RES）、市场规模（MS）、城镇化水平（Urb）、教育水平（Edu）、技术水平（Tech）和基础设施（Inst）。

在式（4.11）的基础上，将其改写为 $IRD^* = Z^*(\gamma)\beta + \varepsilon^*$ 的矩阵形式，在统计学的经典假设中 ε^* 服从正态分布，那么，根据 OLS 法可得的估计值为：

$$\hat{\beta}(\gamma) = [Z^*(\gamma)^{\mathrm{T}} Z^*(\gamma)]^{-1} Z^*(\gamma)^{\mathrm{T}} IRD^* \tag{4.16}$$

将 $\hat{\beta}$ 代入式（4.15）中，可计算其残差平方和 $S(\gamma)$。此外，由于不同的门槛取值 γ 会对应不同的 $S(\gamma)$ 取值，利用最小 $S(\gamma)$ 准则最终确定门槛值：

$$\hat{\gamma} = \mathrm{arg}_\gamma \min S(\gamma) = \mathrm{arg}_\gamma \min [\hat{e}(\gamma)^{\mathrm{T}}\hat{e}(\gamma)] \tag{4.17}$$

在进行模型参数估计之前，首先，需要确定产业空间集聚的门槛效应是否存在。利用 Wald 检验法给出具体的检验过程，其原假设为 H_0：$\beta_1 = \beta_2 = \cdots = \beta_{n+1}$。在原假设成立的情况下构造 t 统计量在显著性水平为 0.05 的情况下进行对应的参数检验。其次，需要对模型中门槛值存在的真实性与具体个数进行检验。借鉴黑德和梅耶尔（Head and Mayer，2006）、徐生霞等（2019）的研究，利用极大似然法构造统计量 LR。其原假设为 H_0：$\hat{\gamma} = \gamma$。当 $LR \leqslant -2\ln(1 - \sqrt{1-\alpha})$，（$\alpha = 0.05$）时，接受 H_0 认为门槛值不真实存在，即门槛变量对区域发展不平衡的影响效应与不考虑门槛效应的影响差异不大，此方法对于多门槛模型一样适用。

如图 4.4 所示，图中虚线部分为似然统计量的临界值，当 LR 的取值为 0 的时候，可以检测到门槛值的取值情况，图（a）给出了产业空间集聚作为门槛变量时，对区域发展不平衡的门槛影响效应确实存在，且第一个门槛值应为 0.793（约为 0.8）；图（b）展示了第二个门槛值的确定轨迹，取值为 0.929。就图中所展示的结果而言，在控制其他变量影响效应的前提下，产业空间集聚对区域发展不平衡的门槛影响效应确实存在，但是无法确认门槛的具体个数，需要对产业空间集聚的单个门槛和两个门槛取值的效应分别进行检验。

按照式（4.17）构建门限模型时，输出结果中依次包含零个门槛模型、一个门槛模型、两个门槛模型及三个门槛模型的相关检验值，本章根

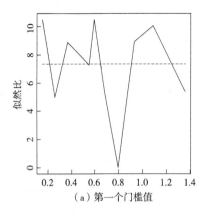
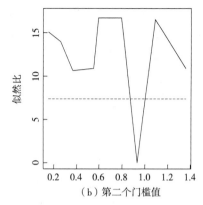

图 4.4 产业空间集聚的门槛取值确定

注：横坐标是门槛变量产业空间集聚效果的取值（从小到大依次排列），纵坐标为极大似然法来构造统计量 LR，用于判断门槛值是否真实存在。

据 t 统计量和似然比统计量（LR），利用 Bootstrap 程序对其个数的有效信息进行确定；注意，受样本量和具体变量的限制，此处 Bootstrap 的遍历设定为 100。如表 4.7 所示，对于产业空间集聚效果（ISA）而言，单个门槛的取值为 0.793，其 LR 统计量取值为 11.414，并通过了 5% 显著性水平的检验；而两个门槛取值分别为 0.793 和 0.929，其 LR 统计量取值是 6.118，均通过 1%、5% 和 10% 等显著性检验，可以初步判断产业空间集聚对区域发展不平衡的门槛影响效应属于单门槛效应。另外，考虑到计算量和数据输出的检验效应分析较为复杂，不对三个门槛变量的回归模型进行解释和分析。

表 4.7 门槛个数及取值效应检验结果

门槛变量	门槛数量	检验效果		门槛值	门槛估计值	门槛值置信区间
		统计量 LR	p 值			
产业空间集聚	单个门槛	11.414	0.043*	γ	0.793	[0.261, 1.357]
	两个门槛	6.118	0.234	γ_1	0.793	[0.261, 1.357]
				γ_2	0.929	[1.213, 1.484]

注：显著性水平为 0.01、0.05 和 0.1 时，单门槛临界值分别为 10.592、7.352 和 5.939；双门槛的计算类似，但需要固定其中一个门槛值再计算另一个；此外，*代表 5% 水平下显著。

最后，利用 R4.0.1 软件，根据式（4.17）的相关设定，加入影响区域发展不平衡的其他 6 个控制变量，将产业空间集聚作为门槛变量对区域发展不平衡的非线性影响效应进行估计。如表 4.8 所示，当产业空间集聚效果小于等于 0.793 时，产业空间集聚效果的提升会显著增加区域发展不平衡的扩大程度，表明在达到一定临界值之前，产业空间集聚与区域发展不平衡之间存在正向影响效应；而当产业空间集聚效果大于 0.793 之后，产业空间集聚水平的提升会以 0.208 的作用系数负向抑制区域发展不平衡程度的扩大，表明在产业空间集聚效果达到临界值之后，其集聚水平的持续推进会进一步抑制区域发展不平衡，进而为区域的协调发展提供动力；但是产业空间集聚效果小于临界值对区域发展不平衡的作用强度更大。此外，资源分布效果的提升和市场规模的进一步扩大可以有效地抑制区域发展不平衡的扩大，相反，城镇化水平、教育水平和技术水平对区域发展不平衡的扩大会有一定的同向作用，而基础设施的影响效应未通过检验。

表 4.8 产业空间集聚门槛效应回归模型估计结果

变量	符号表示	估计值	标准误	t 值
产业空间集聚	$ISA \leqslant 0.793$	0.563 *	0.215	1.572
	$ISA > 0.793$	-0.208 *	0.102	-1.646
资源分布	RES	-0.035 *	0.013	-1.625
市场规模	MS	-1.058 ***	0.087	-9.243
城镇化水平	Urb	0.852 ***	0.151	5.652
教育水平	Edu	0.115 ***	0.032	3.528
技术水平	$Tech$	0.133 ***	0.016	9.700
基础设施	$Inst$	0.003	0.007	0.495

注：***、** 和 * 分别代表 0.1%、1%和 5%水平下显著。

综上所述，产业空间集聚与区域发展不平衡之间存在非线性影响机制。从区域发展不平衡离散的角度看，产业空间集聚效果的提升对区域发展不平衡的扩大具有显著的抑制作用。进一步研究发现，产业空间集聚水平在第 I 类和第 II 类地区的提升，对东部及东北地区发展不平衡程度的扩大作用明显；而在第 III 类和第 IV 类地区的提升，会显著抑制中部与西部地区发展的不平衡。这表明产业空间集聚对区域发展不平衡的影响效应具有一定的"非线性"和"地域抑制性"特征。从产业空间集聚的门槛效应看，产业空间集聚效果对区域发展不平衡程度的影响存在明显的单门槛效应，且在产业集聚效果达到临界值（0.793）之前，这种影响效应表现为"正向扩大性"；达到临界值之后，其影响效应相反，呈现出"反向抑制性"。进一步研究发现，产业空间集聚效果对区域发展不平衡的影响机制呈现出先增大后减小的倒"U"形结构，而这种影响效应似乎也存在一定的"地域异质性"特征，对此将在下一小节中着重分析。

4.4 空间内外联动效应分析

从现有研究与中国区域发展的历史经验看，中国区域发展不平衡已经呈现出多极化与网络化的特征，空间辐射效应分析是区域发展不平衡问题研究中不可忽略的一部分；另一方面，产业集聚以地理区位邻接和经济发展联系为主要载体，其中，"空间"因素是产业集聚问题研究的重要组成部分。鉴于此，本节以区域内部和跨区域两个视角对产业空间集聚与区域发展不平衡之间的作用机制进行探究。其中，区域内部的作用机制分析以三大地带为研究对象，通过空间杜宾模型（SDM）进行分层分类研究；跨区域的作用机制分析以城市群为研究对象，利用社会网络分析（SNA）方法进行交叉融合研究。

4.4.1 区域内部联动效应分析

4.4.1.1 模型构建

空间效应是区域发展领域对空间因素进行考察和量化的关键，而空间杜宾模型（SDM）可通过空间权重的矩阵表达将产业空间集聚与区域发展不平衡的空间影响联系起来。下面在第3章"双重权重乘子"空间权重矩阵设定方法的基础上，给出能综合反映总效应、间接效应与直接效应的空间面板杜宾模型设计，以进一步研究产业空间集聚对区域发展不平衡的作用效应。模型设定如下：

$$
\begin{aligned}
IRD_{it}^{e} &= \rho_1 W^e IRD_{it}^e + X_{it}^{e\mathrm{T}}\boldsymbol{\beta}^e + W^e X_{it}^{e\mathrm{T}}\boldsymbol{\theta}^e + \varepsilon_{it}^e, \\
IRD_{it}^{m} &= \rho_2 W^m IRD_{it}^m + X_{it}^{m\mathrm{T}}\boldsymbol{\beta}^m + W^m X_{it}^{m\mathrm{T}}\boldsymbol{\theta}^m + \varepsilon_{it}^m, \\
IRD_{it}^{w} &= \rho_3 W^w IRD_{it}^w + X_{it}^{w\mathrm{T}}\boldsymbol{\beta}^w + W^w X_{it}^{w\mathrm{T}}\boldsymbol{\theta}^w + \varepsilon_{it}^w
\end{aligned}
\tag{4.18}
$$

式（4.18）中，上标 e、m 和 w 分别代表东、中、西三个地带；$i(i = 1,$ $2,\cdots,n^e)$、$i(i = 1, 2, \cdots, n^m)$ 和 $i(i = 1, 2, \cdots, n^w)$ 分别代表东、中、西地带中省区数量；$t(t = 1, 2, \cdots, T)$ 代表时期；IRD_{it} 代表区域发展不平衡程度；X_{it} 代表解释变量的集合，内在包含产业空间集聚效果（ISA）、资源分布（RES）、市场规模（MS）、城镇化水平（Urb）、教育水平（Edu）、技术水平（$Tech$）和基础设施（$Inst$）；W 为空间权重矩阵，其定义与计算来自式（3.1）至式（3.3）；β 为核心解释变量的待估计系数向量；θ 为核心解释变量的空间滞后系数向量，ε_{it} 为随机扰动项。

4.4.1.2 三大地带内部空间作用效应检验

在进行 SDM 估计之前，需要对区域发展不平衡的"空间辐射效应"进行检验，分别基于综合考虑地理相关性的全局 Moran's I 指数和局部 Moran's I 指数对其进行检验。其中，全局 Moran's I 指数的计算公式如下：

$$I = \frac{n}{S_0} \times \frac{\sum\limits_{i=1}^{n} \sum\limits_{j=1}^{n} w_{ij}^* (x_i - \bar{x})(x_j - \bar{x})}{\sum\limits_{i=1}^{n} (x_i - \bar{x})^2} \tag{4.19}$$

式（4.19）中，I 代表全局空间相关系数；$S_0 = \sum\limits_{i=1}^{n} \sum\limits_{j=1}^{n} w_{ij}^*$，$n$ 为所研究地区的个数；w_{ij}^* 为地区 i 与地区 j 之间未标准化的空间权重矩阵；x_i/x_j 代表 i/j 地区 x 指标的取值。

局部空间相关系数计算公式如下：

$$LI = \frac{n}{S_0} \times (x_i - \bar{x}) \sum\limits_{j=1}^{n} w_{ij}^* (x_j - \bar{x}) \tag{4.20}$$

式（4.20）中，LI 代表局部空间相关系数，其他符号的解释同式（4.19）。

样本期间内，对上述各指标的 Moran's I 空间相关系数、局部空间相关系均进行了测算，结果显示，区域发展不平衡及其潜在影响因素（尤其是产业空间集聚效果）均存在明显的"空间相关性"，验证了本书构建空间效应视角下区域发展不平衡分析的必要性。需要说明的是，在变量的具体取值方面，其取值变化幅度较大的包括产业空间集聚、资源分布和市场规模等3个指标，故在后续的研究中将上述3个指标作为核心解释变量进行分析；而变化幅度小、空间效应检验结果不显著的变量有城镇化水平、教育水平、技术水平和基础设施等，故在后续的空间效应分析中将这4个指标作为与空间矩阵无关的控制变量进行研究。

表4.9展示了以三大地带为研究对象，以2004—2018年为样本时期，产业空间集聚效果对区域发展不平衡的影响效应。为了与现有研究结果做比较分析，首先针对三大地带分别进行普通线性面板拟合，结果见表4.9的列（1）、列（2）和列（3），在不考虑空间辐射效应的前提下，产业空间集聚效果在东、中、西三大地带的作用表现不同，具体而言，在东部地带产业空间集聚对区域发展不平衡的作用系数为0.059，但是尚未通过检验，即认为东部地带产业空间集聚效果的提升有可能会加剧区域发展的不平衡程度，但是这种加剧效应很小，也不明显；在中部地带产业空间集聚以0.299的作用系数负向抑制区域发展不平衡的扩大，并且其抑制效应十分显著；而西部地带产业空间集聚效果的提升会在一定程度上加大区域发展不平衡的程度。究其原因，三大地带地理位置、经济发展水平、资源禀赋、环境保护等多个方面存在显著差异，产业空间集聚虽然可以影响区域发展的进程，但是需要结合其他要素做综合效应分析。

表4.9 产业空间集聚对区域发展不平衡的空间影响效应

变量	符号	普通面板数据模型			空间杜宾模型		
		东部（1）	中部（2）	西部（3）	东部（4）	中部（5）	西部（6）
常数项	c	3.684 ***	−0.900	3.311 ***	5.638 ***	−1.265 *	4.397 ***
		(0.662)	(0.633)	(0.531)	(0.735)	(0.511)	(0.504)
空间效应	ρ	—	—	—	0.597 ***	0.744 ***	0.571 ***
					(0.151)	(0.091)	(0.104)
产业空间集聚	ISA	0.059	−0.299 ***	0.169 **	0.072	−0.162 *	−0.227 ***
		(0.039)	(0.038)	(0.052)	(0.622)	(0.008)	(0.044)
	W × ISA	—	—	—	0.818 *	0.898 **	−0.252 *
					(0.362)	(0.255)	(0.114)

续表

变量	符号	普通面板数据模型			空间杜宾模型		
		东部（1）	中部（2）	西部（3）	东部（4）	中部（5）	西部（6）
资源分布	RES	-0.590 ***	-1.206 **	-1.005 ***	-1.080 ***	0.496	-1.012 ***
		(0.161)	(0.359)	(0.140)	(0.171)	(0.255)	(0.128)
	$W \times RES$	—	—	—	-0.036	-0.563 *	-0.452
					(0.670)	(0.216)	(0.579)
市场规模	MS	-0.486 ***	-0.026	-0.481 ***	-0.259 **	2.116 ***	-0.460 ***
		(0.090)	(0.126)	(0.094)	(0.095)	(0.334)	(0.079)
	$W \times ISA$	—	—	—	-0.709 ***	-1.682 ***	-0.138 **
					(0.115)	(0.265)	(0.044)
城镇化水平	Urb	0.496 *	-0.894 *	1.657 ***	0.663 **	-1.440 ***	1.422 ***
		(0.245)	(0.392)	(0.201)	(0.231)	(0.265)	(0.179)
教育水平	Edu	-0.128	0.519 ***	-0.162 *	-0.133 *	0.035	-0.208 **
		(0.065)	(0.086)	(0.076)	(0.057)	(0.068)	(0.072)
技术水平	$Tech$	0.069 **	0.328 ***	-0.144	0.130 ***	-0.044	-0.199 **
		(0.021)	(0.057)	(0.087)	(0.022)	(0.052)	(0.071)
基础设施	$Inst$	-0.014	0.011	-0.014	-0.018	-0.049 **	0.010
		(0.012)	(0.018)	(0.010)	(0.013)	(0.014)	(0.009)
模型拟合优度	R^2	0.346	0.625	0.534	0.536	0.875	0.704

注：***、** 和 * 分别代表 0.1%、1% 和 5% 水平下显著，括号内为标准误。数据来源于《中国统计年鉴》和各省区市统计年鉴。样本时期：2004—2018 年。

就空间辐射效应分析而言，在东部地带，见表 4.9 列（4），产业空间集聚效果对区域发展不平衡的直接影响系数为 0.072，且未通过显著性检验，而其对地带内部相邻城市的空间辐射效应达 0.818，且通过了 5% 显著性水平检验；这表明，东部地带产业空间集聚效果的提升更加可能引起地带内部相邻城市之间区域发展不平衡程度的扩大，有效调节东部地带内产业空间集聚水平是减缓区域发展不平衡的一个重要途径。进一步分析发现，资源分布对区域发展不平衡的直接抑制效应（-1.080）显著高于间接影响（-0.036），而市场规模对区域发展不平衡的直接抑制系数为-0.259，不到其间接影响系数的 0.5；此外，区域发展不平衡自身的空间辐射系数为 0.597，且在 0.1%显著性水平下通过了检验，故可以认为在东部地带区域内不平衡研究中考虑空间辐射效应至关重要。

在中部地带，见表 4.9 列（5），区域发展不平衡对周边城市的空间辐射系数为 0.744，空间影响效应显著。从产业空间集聚效果看，它对区域发展不平衡的直接作用系数为-0.162，而其辐射周边城市进而间接作用区域发展不平衡的系数高达 0.898，空间辐射抑制效应明显强于直接扩大效应，可以认为中部地区产业空间集聚效果的提升，会通过扩大中部地区内部发展不平衡的方式进一步加剧中国区域发展的总体不平衡程度。从资源分布看，其直接作用系数为 0.496、间接作用系数为-0.563，而间接的抑制效应高于扩大效应，故认为资源分布水平的进一步提升，可在一定程度上减缓区域发展不平衡的扩大。从市场规模看，其直接作用系数为 2.116、间接作用系数为-1.682，但其直接拉大强度大于间接缩小效应，表明市场规模在中部地区的进一步扩大并不利于区域发展不平衡的减缓。

在西部地区，见表 4.9 列（6），产业空间集聚效果对区域发展不平衡的直接影响系数为-0.227 且通过了 0.1%显著性水平检验，其对地带内部相邻城市的空间辐射系数为-0.252 且通过了 5%显著性水平检验。这表明，西部地带产业空间集聚效果的进一步提升会显著缩小其区域发展的不平衡程度，有利于全国区域协调发展进程的推动。进一步研究发现，资源分布水平对区域发展不平衡的直接作用系数为-1.012、间接影响能力达-0.452，其综合影响效应均为负。这表明，资源分布水平在西部地区的进一步提升，可有效带动西部地区发展，进一步减缓区域发展的不平衡程度，有助于区域协调发展的实现。另外，市场规模对区域发展不平衡的直接作用系数为-0.460、间接影响系数为-0.138，也均显著为负。这表明，市场规模在西部地区的进一步扩大，可缩小该地区内部发展的不平衡程度，进而缓和东、中、西部之间的不平衡，为实现区域协调发展提供支撑。

综上所述，以三大地带为研究视角，以 SDM 为研究工具，在区域内部产业空间集聚与发展不平衡的作用机制研究中，有以下几点发现：第一，总体上产业空间集聚对区域发展不平衡的作用效应具有明显的空间辐射性，且在东、中、西地带呈现出异质性；第二，产业空间集聚效果在东部地区的显著提升会扩大区域发展的不平衡程度，而在中部地区会对内部城市之间的不平衡程度有所加剧，但是在西部地区产业空间集聚效果的提升可有效抑制区域发展不平衡程度的扩大；第三，针对不同的研究区域，制定不同的产业空间集聚效果规模，实行差异化区域产业集聚发展政策的推行，可更好地服务于区域发展问题的研究，但是需要结合上一小节中门槛模型的相关研究做进一步分析；第四，资源分布水平的提升、市场规模的扩大也是减缓西部地区发展不平衡的有效途径，不过，需要注意东中部地区和西部地区的差异，同样需要因地制宜。

4.4.2　区域之间联动效应分析

跨区域经济合作是推动共生共融发展的基石，也是区域经济追求更高质量协调发展的重要保障。随着区域竞争主体向城市群的转变，经济联系、经济协调已经成为城市群研究的重要内容。就世界级大湾区发展的经验而言，它们的发展大都建立在打破行政区划限制，利用城市群自然属性和经济规律进行协调，加强资源整合与分工合作的基础上。显然，城市群发展是当前研究跨区域经济协调发展的核心内容。

以京津冀和长三角城市群为研究对象，其中，京津冀城市群中，除北京与天津两个直辖市外，还包括河北省的 19 个县域；长三角城市群中，除上海一个直辖市外，江苏省还包含 21 个县域，浙江省包含 18 个县域。以产业空间集聚对跨区域经济协调发展的影响效应为主要研究内容，重在探讨其对京津冀和长三角城市群跨区域协调发展的作用路径。另外，数据来源情况为：基础数据来自《中国城市统计年鉴》，三次产业增加值来自各地区统计年鉴；实际 GDP 折算用 GDP 平减指数，来自世界银行；样本时期为 2010 年至 2018 年。

4.4.2.1　区域之间经济协调发展的测度

考虑跨区域经济协调发展的本质特征，结合社会网络分析（SNA）的"跨区域连接"特性，在孙等（Sun et al.，2015）和刘等（Liu et al.，2020）研究的基础上，提出一种以跨区域"经济联系占比"为权重的跨区域经济协调发展测度方法：

$$Crcd_i = w_i \times \frac{\overline{GDP}}{|GDP_i - \overline{GDP}|} \quad (i = 1, 2, \cdots, N) \quad\quad (4.21)$$

式（4.21）中，$Crcd_i$ 代表第 i 个城市的跨区域经济协调发展度；GDP_i 为第 i 个城市的地区生产总值；$\overline{GDP}$ 为 N 个城市地区生产总值的平均值；w_i 是以经济联系为测算基础的、用于调节跨区域经济协调发展度的权重，由 SNA 计算体系给出：

$$w_i = \frac{\sum\limits_{j=1}^{N} Crec_{ij}}{\sum\limits_{i=1}^{N}\sum\limits_{j=1}^{N} Crec_{ij}} = \frac{\sum\limits_{j=1}^{N} k \dfrac{GDP_i \times GDP_j}{D_{ij}^{b}}}{\sum\limits_{i=1}^{N}\sum\limits_{j=1}^{N} k \dfrac{GDP_i \times GDP_j}{D_{ij}^{b}}} \quad (i, j = 1, 2, \cdots, N) \quad (4.22)$$

式（4.22）中，$Crec_{ij}$ 是第 i 个城市与第 j 个城市之间的经济联系，特别地，当 $i = j$ 时，$Crec_{ij} = 0$；k 为经济联系的调整系数，一般由 $GDP_i/(GDP_i + GDP_j)$ 给出；D_{ij}^{b} 代表第 i 个城市与第 j 个城市之间的距离，此处用行政区域土地面积之和刻画，即 $D_{ij}^{b} = (Area_i + Area_j)^{b}$；$b$ 为调整参数，参考塔弗（Taaffe，1962）的证明与结论，令 b 取值为 2。

以 2017 年为例，对京津冀与长三角 61 个县（区、市）级城市的经济联系权重进行展示，如图 4.5 所示，对于经济联系辐射能力较强的昆山、江阴、上海、张家港和常熟等城市来说，其在跨区域经济协调发展中具有"外部扩散性"效应，扮演着带动其他城市发展的角色。显然，经济联系权重占比较大的县域均坐落于江苏省，都是近年来"全国综合实力百强县市"的核心成员，在资源禀赋、自然环境、经济发展与社会服务等方面都有较为突出的表现，是推动形成跨区域经济联动协调发展机制的关键。另外，就作为京津冀与长三角城市群跨区域经济协调发展分析重点的上海、北京和天津三个直辖市而言，北京与天津对其他城市的经济联系处于中间水平，并未发现较为突出的带动效应；而上海是中国经济、金融、贸易、航运、科技创新中心，凭借其优越的地理位置，在推动形成跨区经济协调发展机制的进程中具有举足轻重的地位。综合来看，经济联系的对外辐射能力与城市自身的经济发展密不可分，同时也与城市所在的城市群的协同发展策略紧密相连。

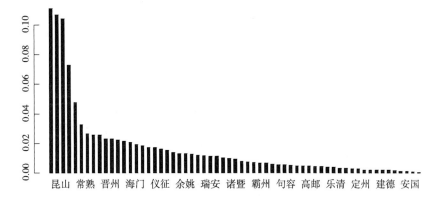

图4.5 京津冀与长三角城市群各城市经济联系占比权重

注：图中横坐标代表城市，从左到右的顺序为：昆山、上海、江阴、张家港、常熟、嵊州、慈溪、丹阳、晋州、天津、桐乡、扬中、北京、海门、泰兴、海宁、兴化、仪征、太仓、南宫、平湖、余姚、永康、任丘、如皋、瑞安、宜兴、启东、溧阳、诸暨、迁安、邳州、义乌、霸州、辛集、新乐、武安、句容、温岭、靖江、涿州、高邮、东阳、遵化、沙河、乐清、东台、新沂、兰溪、定州、三河、河间、高碑店、建德、黄骅、泊头、江山、安国、深州、龙泉、临海。

　　其次，根据京津冀和长三角61个地区在样本期间的经济联系均值，进一步用社会网络关系图展示地区之间相互的"空间交错辐射"效应。如图4.6所示，京津冀和长三角61个县（区、市）联系网交织，城市群之间的"行政区划界限"并不明显，如北京与常熟、东台、句容、东阳和霸州等5地的经济联系相对最为紧密，其中，前三个地区来自江苏省、东阳来自浙江省、霸州来自河北省。进而从社交网络关系图中进一步展示了城市群联动发展的可能，为跨区域联动发展以缩小区域发展差异的研究提供了支持。

4.2.2.2 模型设计

　　产业集聚带来的知识和技术外溢对区域创新效率存在负面效应，在知识产权保护较弱的制度环境下，产业集聚地的技术外溢和人员流动将使得模仿创新更为容易。产业集聚对区域发展效率的影响是不确定的，既可能存在促进技术和知识辐射而带来的正外部性，也可能存在加剧模仿创新而带来的需求与供给相对减少的负外部性。但是，就上述相关内容的研究结论而言，我们可以得出产业空间集聚对区域发展不平衡具有"非线性""空间辐射异质性"等影响的结论。考虑到跨区域协调发展的测度与区域

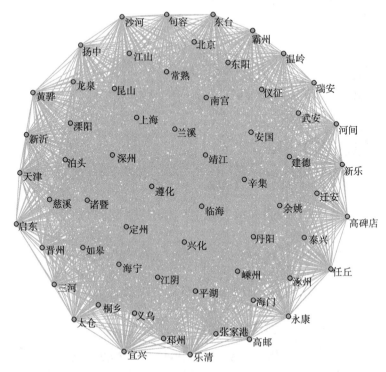

图 4.6　京津冀与长三角 61 个县（区、市）经济联系的社交网络链

发展不平衡之间存在一定程度的"相似性"，根据前文研究，构建如下面板非线性模型对影响因素做进一步分析：

$$Crcd_{it} = \mu_i + \beta_1 ISA_{it} + \beta_2 ISA_{it}^2 + \delta_1 RES_{it} + \delta_2 MS_{it} + \delta_3 Edu_{it} + \varepsilon_{it} \qquad (4.23)$$

式（4.23）中，$i(i = 1, 2, \cdots, N)$ 代表地区；$t(t = 1, 2, \cdots, T)$ 代表时期；$Crcd_{it}$ 代表跨区域经济协调发展度；ISA_{it} 代表产业空间集聚效果，此处用产业高级化水平通过空间权重加权计算而得；ISA_{it}^2 是产业空间集聚效果的平方项，用以刻画其对跨区域经济协调发展的非线性影响效应；RES_{it} 代表资源分布情况，此处用财政收入对数来刻画；MS_{it} 代表市场规模，此处用规模以上工业企业单位数的对数进行表征；Edu_{it} 代表教育水平，此处用普通高等学校在校人数的对数进行衡量；ε_{it} 是随机扰动项。需要强调的是，基于县域数据的不可获得性，在实例研究中，尚未将前文研究中的控制变量城镇化水平、技术水平和基础设施进行具体量化表征。

4.2.2.3 联动效应分析

在对式（4.23）进行估计之前，首先对不考虑产业空间集聚二次项的线性影响效应进行估计，以作对比。如表 4.10 所示，产业空间集聚效果对跨区域经济协调发展的线性作用系数为 0.376，在 5% 显著性水平下通过了检验，可以认为京津冀和长三角的 61 个县（区、市）之间经济协调发展度的提升会在一定程度上受到产业空间集聚效果增加的影响，这表明，产业空间集聚效果是跨区域经济协调发展的一个核心影响因素，但是该线性模型的总体拟合优度仅有 0.328，低于 0.5，表明这种影响效应不显著。鉴于此，引入产业空间集聚效果的平方项，以此刻画其对跨区域经济协调发展的非线性作用机制。

表 4.10　跨区域经济协调发展的非线性影响效应

变量	符号	线性关系		非线性关系	
		系数	标准误	系数	标准误
产业空间集聚	ISA	0.376 *	0.153	1.606 **	0.378
	ISA^2	—	—	−4.295 **	1.897
资源分布	RES	−0.048	0.069	−0.036 *	0.069
市场规模	MS	0.034	0.052	0.019	0.053
教育水平	Edu	−0.018 **	0.006	−0.011	0.006
模型拟合优度	R^2	0.328		0.635	

注：***、** 和 * 分别代表 0.1%、1% 和 5% 水平下显著。

如表 4.10 所示，从一次项系数看，产业空间集聚效果对跨区域经济协调发展的作用系数为 1.606，通过了 1% 显著性检验，认为产业空间集聚效果的提升可有效促进京津冀和长三角城市群之间经济协调发展网络的形成，进而缩小区域经济发展不平衡的程度；从二次项系数看，产业空间集聚效果对跨区域经济协调发展的作用系数为 −4.295，通过了 5% 显著性检验，其取值是一次项系数的近 3 倍，表明产业空间集聚效果的提升并不是线性影响跨区域经济的协调发展度，而呈现出先增后减的倒 "U" 形变化趋势。这表明，以提升产业空间集聚效果的途径来达到持续推进跨区域经济协调发展度的提升并非有效的，它具有临界效应。进一步研究发现，资源分布水平和教育水平的提升会在一定程度上抑制跨区域经济协调发展的实现，但是这种抑制效应比较有限（作用系数很小），即使很难成为跨区域经济协调发展的直接障碍，也不能忽视其影响效应。

综上所述，以三大地带为研究对象，在产业空间集聚效果对区域内部发展不平衡的空间影响效应研究中发现：第一，产业空间集聚对区域发展不平衡的作用效应具有明显的空间辐射性，且在东、中、西地带呈现出异质性，即产业空间集聚效果在东部和中部地区的显著提升会扩大区域发展的不平衡程度，但是对东部地区的扩大效应强于中部，而在西部地区其效果的提升可有效抑制区域发展不平衡程度的扩大；第二，针对不同的研究区域，制定不同的产业空间集聚效果规模政策，进行因地制宜的产业空间集聚效果规划，可更好地服务于区域发展问题的研究，同时，资源分布水平的提升、市场规模的扩大也是减缓西部地区发展不平衡的有效途径。以京津冀和长三角城市群的 61 个县（区、市）为研究对象，在对产业空间集聚效果与跨区域经济协调发展之间关系的研究中发现：第一，61 个县（区、市）之间存在很强的经济联系，且这种联系受到地理区位的影响效应较小，为打破行政区划的区域联动发展经济体的建立提供了支撑，也为区域问题的研究提供了新思路；第二，产业空间集聚效果对跨区域经济协调发展度的空间影响效应呈现出明显的倒"U"形态势，表明产业空间集聚在跨区域经济协调发展中的作用效应具有"临界性"特征，其影响效应并不是持续有效的。

总体而言，产业空间集聚对区域发展不平衡的空间辐射效应在区域之间、区域内部均显著存在，且表现出很大的不同。虽然区域之间差异的扩大是造成区域发展不平衡程度加大的主要原因，但随着区域规划的空间尺度不断缩小以及区域规划的密集出台，我国四大区域之间以及各大区域内部省区之间不平等程度都得到有效缓解和控制，目前基本形成了多层次、多领域的区域协调机制和高效灵活的运转机制；相反，由于板块联动、经济发展阶段、产业结构转型升级等多方面新要求和新问题的不断涌现，区域内部发展差异有扩大之势，故不能忽略其在区域协调发展进程中影响效应的考量。与此同时，需要将资源分布、市场规模、城镇化水平、教育水平、技术水平和基础设施等方面的影响效应，同产业空间集聚效果一起纳入区域发展不平衡的综合影响分析中，在后续研究中进一步完善和补充。

4.5　主要结论

就我国区域发展不平衡程度在省域层面的测度结果而言，一方面，各省区市的区域发展不平衡程度呈现出明显的空间集聚特征；发展走势较好的地区基本上在区域发展战略推动中处于"承东启西"的中间位置，如湖南、安徽、湖北、河南等；而抑制区域发展不平衡程度缩小的动力源泉包括后发优势显现、生产要素流动、产业承接与转移等。另一方面，产业结构演进带来的劳动生产率增长率变动是中国经济增长出现"结构性加速"与"结构性减速"的重要原因，而结构红利则是产业结构演进对劳动生产率增长率影响效应的直接体现。本章以产业空间集聚效果与区域发展不平衡之间的作用机制研究为基础，从关联与因果关系检验入手，从非线性作用机制与空间辐射作用机制等多个方面，对二者之间的影响关系进行了全面系统的研究。

就产业空间集聚与区域发展不平衡作用路径的初探结果而言，产业空间集聚与区域发展之间存在影响关系，且这种关系表现为产业空间集聚对区域发展不平衡的作用机制。具体而言，从二者之间关联关系看，产业空间集聚与区域发展不平衡之间的耦合协调度总体上处于由弱失调到初级协调的过渡阶段，且二者之间动态耦合影响系数显著，并呈现出一定的时间依赖性和非线性影响特征。从二者之间因果关系检验结果看，产业空间集聚效果对区域发展不平衡的单向影响效应更为显著，用傅立叶逼近的 FTY 因果检验结果拒绝了产业空间集聚与区域发展不平衡之间双向影响的假设，虽然全国层面上 Toda-Yamamoto（TY）因果检验得出产业空间集聚与区域发展不平衡互为因果的结论，但是与傅立叶逼近的 FTY 因果检验不一致，且在省域层面上产业空间集聚效果单向影响区域发展不平衡的省份占比为 64.5%，二者直接存在双向影响关系的省份占比仅为 12.9%。

就产业空间集聚对区域发展不平衡的非线性作用机制研究结果而言，总体上产业空间集聚对区域发展不平衡的非线性效应显著，并且呈现出地域离散差异性和产业空间集聚效果临界性等特点。从区域发展不平衡分类的角度看，产业空间集聚效果的提升对区域发展不平衡的扩大具有显著的抑制作用。进一步研究发现，产业空间集聚水平在第Ⅰ类和第Ⅱ类地区的提升，对东部及东北部地区发展不平衡程度的扩大作用明显；而在第Ⅲ类和第Ⅳ类地区的提升，会显著地抑制中部与西部地区发展的不平衡。这表明产业空间集聚对区域发展不平衡的影响效应具有一定的"非线性"和"地域抑制性"特征。从产业空间集聚的门槛效应看，产业空间集聚效果对区域发展不平衡程度的影响存在明显的单门槛效应，且在产业集聚效果达到临界值（0.793）之前，这种影响效应表现为"正向扩大性"；达到临界值之后，其影响效应相反，呈现出"反向抑制性"。进一步研究发现，产业空间集聚效果对区域发展不平衡的影响机制呈现出先增大后减小的倒"U"形结构，而这种影响效应似乎也存在一定的"地域异质性"特征。

就产业空间集聚对区域发展不平衡的空间辐射效应研究结果而言，总体上产业空间集聚对区域发展不平衡的空间辐射效应在区域之间、区域内部均显著存在，且其辐射强度和方向均有差异。从区域内部空间辐射效应看，产业空间集聚对区域发展不平衡的空间辐射性在东、中、西地带呈现出异质性，即在东部和中部地区的显著提升会扩大区域发展的不平衡程度，而在西部地区的显著提升可有效抑制区域发展不平衡程度的扩大。资源分布水平的提升、市场规模的扩大也是减缓西部地区发展不平衡的有效途径。从跨区域经济协调的空间辐射效应看，以京津冀和长三角城市群的 61 个县（区、市）为研究对象，在对产业空间集聚效果与跨区域经济协调发展之间关系的研究中发现：第一，61 个县（区、市）之间存在很强的经济联系，且这种联系受到地理区位的影响效应较小，为打破行政区划的区域联动发展经济体的建立提供了支撑，也为区域问题的研究提供了新思路；第二，产业空间集聚效果对跨区域经济协调发展度的空间影响效应呈现出明显的倒"U"形态势，表明产业空间集聚在跨区域经济协调发展中的作用效应具有"临界性"特征，其影响效应并不是持续有效的。

虽然，区域之间差异的扩大是造成区域发展不平衡程度加大的主要原因，但随着区域规划的空间尺度不断缩小以及区域规划的密集出台，目前基本形成了多层次、多领域的区域协调机制和高效灵活的运转机制，而我国四大板块之间以及各大区域内部省区市之间的不平衡程度都有一定程度的缓解和控制。然而，区域协调发展战略的推进是一个不断变动、复杂而缓慢的动态调整过程，不仅受到过去区域发展不平衡程度的影响，也受到诸如地理区位、基础设施、生产资料、产业调整等多个方面的共同作用。本章以产业空间集聚为核心驱动变量，从规模集聚经济的正、负外部性着手，深入地探究了产业空间集聚对区域发展不平衡的作用机制，为后续区域发展问题的研究提供了一定的支撑。

5

产业结构优化与区域发展
不平衡的作用机制

基于多维思想，本章对产业结构优化内涵进行了理论界定，并从合理化、高度化、高效化、高新化四个维度，提出了一种综合测度产业结构优化效果的非参数几何评价法。在此基础上，从经济理论与计量模型相结合的视角，对产业结构优化与区域发展不平衡的关系进行考察，探求区域与产业经济工作的动态优化策略，进一步根据实证分析所反映的空间格局与优化方向，为产业结构和区域发展相关问题的深入研究提供经验支持。

5.1 引言

2022 年政府工作报告再次强调，区域政策要增强发展的平衡性协调性，推动经济高质量发展。一方面，当前中国发展面临区域协调发展和经济高质量发展两大核心主题，统筹推进区域高质量协调发展，是"十四五"乃至今后相当长一段时期内中国经济发展的主旋律（Xu et al.，2022）；另一方面，伴随着经济增长动力转换，为了追求经济高质量发展，推动中国经济结构更合理、形态更高级，实现产业结构升级势在必行。

改革开放 40 多年来，中国已成为世界第二大经济体、制造业第一大国，建立了较为完善的现代化工业体系。随着中国经济由注重速度的粗放型发展模式向更加注重高质量的集约型发展模式转化，产业转型升级的重要性日益凸显。产业结构优化是促进产业转型升级的核心动力，其优化效果在中国推动经济增长模式变革、打造质量强国的进程中发挥着重要作用。已有研究表明，产业结构升级在提升生态效率、缩小城乡收入差距等方面具有重要作用，在促进区域经济协调发展方面扮演着重要角色（Han et al.，2021；Zhou and Li，2021）。一些学者从跨城市群与产业链视角探讨了产业转型升级在区域经济协调发展方面的作用（张少军和刘志彪，2013；徐生霞和刘强，2022），但从影响机理与作用路径等方面系统研究产业结构升级对区域经济发展不平衡之间影响效应的文献还相对较少。

自《京津冀协同发展规划纲要》（以下简称《纲要》）实施以来，虽然京津冀三地协同发展成效初显，但其仍存在区域内产业结构差距较大、地市间产业联系不紧密等问题。《纲要》明确提出，加快推动产业转型升级，打造立足区域、服务全国、辐射全球的优势产业集聚区。产业集聚是产业结构变革过程中的重要特征之一，是加强城市间及区域内要素流动的链接，可以有效促进生产要素从低效率产业向高效率产业集聚（陆小莉和姜玉英，2021），从而推动产业结构优化；其效果测度为产业转型升级提供研究基础，因此建立一套有效的产业结构优化（李海奇和张晶，2022）效果测度体系十分必要。本章在京津冀协同发展的总体背景下，基于多维理论，对产业结构优化内涵进行了合理界定，并从"四化"（合理化、高度化、高效化、高新化）视角提出更加合理的产业结构优化效果测度方法；进一步探讨产业集聚对产业结构优化效果的影响，以期为京津冀产业转型升级及协同发展提供理论依据。

在国内外学界，关于产业结构优化的研究备受关注。现有产业结构优化测度方法较为统一，主要集中于对产业结构合理化和高级化的分别测度，缺乏对产业结构优化效果测度的综合研究。在产业结构合理化测度方面，现有学术研究的测度方法以泰尔（Theil，1967）提出的泰尔指数、切纳里（Chenery，1970）提出的产业结构偏离度、克鲁格曼（Krugman，1991）提出的产业结构差异系数为主，后续有学者对其进行改进研究；也有学者从产业结构合理化测量指标的构造着手，对我国产业结构合理化进行研究，较常使用的有根据泰尔指数构造产业结构合理化指标（干春晖，2011；冯江茹和范英新，2015）等，以及在克鲁格曼基础上衡量产业结构差异化的指标（王志华等，2005；闫海洲，2010）等。在产业结构高级化测度方面，其涉及方法较多，如闫海洲（2010）、何慧爽（2015）等使用产业结构层次系数，反映三次产业结构比重的变化区间；吴敬琏（2008）、干春晖（2011）等采用第三产业产值与第二产业产值比值衡量产业结构高级化；也有基于劳动生产率的产业结构高级化测度方法，如刘伟（2008）、彭冲（2013）、范英新（2015）等。另外，有一些学者对二者的综合评价进行了尝试，如孙晓华（2017）从行业功效、行业份额、行业特征三个维度构造了产业结构优化测度的方法，杨丽君（2018）构建了包含区域产业结构合理化、高度化、生态化三项核心维度的综合测度指标。综合来看，合理化和高级化为产业结构优化效果的测度提供了基础的理论框架，高级化重点反映产业向高级水平的转换，并不能全面反映整体产业结构的优化水平，现有研究对产业结构优化效果的科学、系统的综合评价体系的研究较少。

产业集聚是体现整个经济市场的竞争程度的方法之一（刘强和李泽锦，2022），也是京津冀协同发展的重要特征之一，更是疏解北京非首都功能的重点研究之一，同时能够有效推动要素资源向高效率产业集聚，促进产业结构优化；目前对产业集聚的研究主要为产业集聚对经济增长的影响（陈晓峰和陈昭锋，2014；胡艳和朱文霞，2015；沈春苗 2016）以及产业集聚与经济效率的相关性分析（于彬彬，2015；Abdesslem and Chiappini，2016），鲜有学者深入探讨产业集聚与产业结构优化的关系及影响机制。由克鲁格曼（Krugman，1991）提出的新经济地理理论及后续学者（季书涵，2016）的研究可知，产业集聚对区域资源配置具有重要影响，进而促进产业结构优化调整。产业集聚在京津冀产业园区空间布局推进中具有举足轻重的作用。因此，深入研究京津冀产业集聚对产业结构优化的作用机理，对于促进京津冀协同发展，提升京津冀经济高质量发展具有重要的理论价值和现实指导意义。

就学理分析而言，目前研究成果较为丰富，学者们多对新时代背景下中国经济发展的重大问题进行探讨，对"十四五"及今后一段时期中国区域的发展战略进行展望（李兰冰等，2020；魏后凯等，2020；李培林，2021），并基于都市圈建设、区域合作深化、地方政府博弈等视角给出了区域协调发展的具体路径（白晔等，2018；张学良，2019；李兰冰，2020）。就定量分析而言，部分文献借助简单描述性统计的方式对中国区域发展差异进行了演变特征分析，涉及中国的省域与城市群等多个尺度。此外，部分学者从专业化分工、科技创新与新发展理念等方面探讨了区域经济协调发展的影响因素（王业强，2017；黎峰，2018；张超等，2020）。总之，现有文献虽然从一些侧面给出了区域发展不平衡的内涵与影响因素，但从产业结构升级视角探讨区域经济发展不平衡影响因素的文献相对较少。

综合来看，本章内容的贡献主要包含三个方面：第一，基于四个核心维度的指标体系，提出了产业结构优化效果的"四化"测度理论，即合理化、高度化、高效化、高新化，并进行了实际测算。第二，引入用全要素生产率测度产业结构高效化，提出非参数几何评价法测度产业结构优化效果，相较于现有方法，该组合测算方法更具科学性与普遍适用性。第三，从实际应用领域入手，基于全国省域和城市群两个层面的面板数据，对产业结构升级与区域发展不平衡的影响效应进行了实证分析。

5.2 区域产业结构优化的测度方法

5.2.1 测度设计与指标解释

5.2.1.1 产业结构合理化

产业结构合理化包含各产业之间比例关系和份额的协调性，以及区域经济体系内产业之间的关联程度即耦合质量，即要素和资源配置的效率。从静态角度分析，指的是三次产业间以及各产业内部比例相互适应；从动态方面分析，指的是产业间协调能力的加强和关联水平的提高；从质态层面分析，指的是三次产业间的联系及变化符合经济发展过程的一般规律（原毅军 2008）。本书在干春晖（2011）的测算方法基础上，重新定义泰尔指数方法来测度产业结构合理化：

$$r_{jt} = \sum_{i}^{n} \left(\frac{y_{ijt}}{y_{jt}} \right) \times \ln \left(\frac{y_{ijt}/l_{ijt}}{y_{jt}/l_{jt}} \right) \quad (i = 1, \cdots, n; j = 1, \cdots, 13) \quad (5.1)$$

式（5.1）中，r_{jt} 表示 t 时期 j 地区的合理化程度，y_{ijt} 为 t 时期 j 地区 i 产业部门的产值，l_{ijt} 为 t 时期 j 地区 i 产业部门的劳动人数，y_{jt} 为 t 时期 j 地区的地区生产总值，l_{jt} 为 t 时期 j 地区的就业人数，n 为产业部门数。若经济处于均衡状态，则当 $y_{ijt}/l_{ijt}/y_{jt}/l_{jt} = 1$ 时 $r_{jt} = 0$，由于 r_{jt} 为反向指标，本章将其正向标准化为：

$$R_{jt} = \frac{\max(r_{jt}) - r_{jt}}{\max(r_{jt}) - \min(r_{jt})} \quad (j = 1, 2, 3, \cdots, 13) \quad (5.2)$$

现有文献通常采用倒数正向化的方法进行处理，会导致原测算数据分布规律发生偏差，采用式（5.2）进行标准化，可以有效避免该弊端。此外，该指标正向化处理后的优势在于：一方面，正向化后 R_{jt} 衡量地区各时期不同产业间的合理化水平，R_{jt} 值越大，代表该时期产业结构越合理；另一方面，R_{jt} 既体现了地区产业间的协调度，也直观反映该地区产出结构与投入结构质量的耦合程度。

5.2.1.2 产业结构高度化

产业结构高度化是指产业结构由低水平不断向高水平演变，逐步促进产业间优势地位迭代的过程。主要表现为三大产业结构由第一产业占主导地位的产业结构不断向第二、三产业占主导顺次演进。采用第三产业对地区生产总值的贡献率与第二产业对地区生产总值的贡献率之比衡量产业结构的高度化：

$$H_{jt} = v_{3jt}/v_{2jt} \quad (j = 1, 2, \cdots, 13) \tag{5.3}$$

式（5.3）中，H_{jt} 指 t 时期 j 地区的产业结构高度化，v_{2jt} 表示 t 时期 j 地区第二产业对该地区生产总值的贡献率，v_{3jt} 表示 t 时期 j 地区第三产业对该地区生产总值的贡献率。产业贡献率指该地区某一产业增加值与地区生产总值增量之比，反映该产业对地区生产总值增长的贡献程度。综合来说，该高度化指标可直观反映产业结构的层次高度。

5.2.1.3 产业结构高效化

产业结构高效化是指产业结构效率和产业结构收益率不断提高，主要表现为生产要素从生产率较低的产业部门向生产率较高的产业部门转移，生产要素在生产率较高的产业部门重新配置，使生产率较高的产业部门产值逐步增加，从而促进产业结构优化。

与劳动生产率等其他衡量产业效率的指标相比，全要素生产率是生产效率的集中体现，更能直观有效测量产业资源优化配置程度。我们采用随机前沿分析（SFA）模型测算京津冀三省市及河北省 11 个地级市的全要素生产率（TFP），以衡量整个地区产业结构的高效化，该指标能够更科学地反映产业结构优化的效率的转变。所设模型不考虑时间趋势项 t 对具体TFP 测算的变量性影响，故选择柯布-道格拉斯（C-D）生产函数为 SFA计算的前提。具体 C-D 生产函数下 SFA 模型的设定为：

$$\ln Y_{jt} = \beta_0 + \alpha \ln K_{jt} + \beta \ln L_{jt} + \varepsilon_{jt}, \ \varepsilon_{jt} = v_{jt} - \mu_{jt} \tag{5.4}$$

式（5.4）中，v_{jt} 为随机扰动项，服从零均值常数方差的正态分布，即 $v_{jt} \sim N(0, \sigma_v^2)$；$\mu_{jt}$ 为技术无效率项，且服从截尾正态分布，即 $\mu_{jt} \sim N(m_{jt}, \sigma_\mu^2)$；$Y_{jt}$ 代表 t 时期 j 地区的产出（即地区生产总值）。$\alpha + \beta = 1$ 表示在规模报酬不变的假设条件下进行参数估计，SFA 方法的具体参数估计在 R 软件中完成，记为 TFP_{jt}，代表 j 地区 t 时期的全要素生产率。

5.2.1.4 产业结构高新化

产业转型升级以高新技术为基础，依靠高新技术及其产品的研究、开发，提高产能利用率、降低能耗率，促进产业结构由低端、粗放型产业向知识密集、技术密集型产业发展。以高科技带动城市产业结构升级、经济发展增量提质，高新化水平是产业结构优化的重要因素。测度公式如下：

$$D_{jt} = T_{jt}/F_{jt} \quad (j = 1, 2\cdots, 3) \tag{5.5}$$

式（5.5）中，D_{jt} 代表 t 时期 j 地区产业结构高新化，T_{jt}/F_{jt} 代表 t 时期 j 地区的科技财政支出占一般财政支出的比重。

5.2.2 产业结构优化水平的综合测度

产业结构优化效果既包含产业间的协调质量，又反映整体产业结构由低水平产业向高水平产业的转变。产业结构合理化、高度化、高效化、高新化从不同的维度反映产业结构的优化效果，较为全面地表达了产业结构优化的内涵，基于该四个维度构建综合测度产业结构优化（闫晨等，2023）效果的指标体系，更能直观测度京津冀三地产业结构优化效果的演进及差异。将产业结构合理化、高度化、高效化、高新化四个核心维度进行几何指数综合计算，得出产业结构优化的测度：

$$YH_{jt} = R_{jt} \times H_{jt} \times TFP_{jt} \times D_{jt} \quad (j = 1, 2, \cdots, 13) \tag{5.6}$$

式（5.6）中，YH_{jt} 代表产业结构优化程度，R_{jt} 代表产业结构合理化水平，H_{jt} 代表产业结构高度化，TFP_{jt} 代表产业结构高效化，D_{jt} 代表 t 时期 j 地区产业结构高新化。

5.3 模型、变量与数据

5.3.1 模型设定

首先，构建混合面板数据模型进行产业结构优化与产业空间集聚间的关系检验，具体设计如下：

$$YH_{jt} = \alpha + \beta X_{jt} + \varepsilon_{jt} \tag{5.7}$$

式（5.7）中，$Y_{jt}(j = 1, 2, \cdots, n; t = 1, 2\cdots, T)$ 为被解释变量，代表产业结构优度；X_{jt} 是解释变量的向量集合，包括两个解释变量，分别为产业集聚度和其他控制变量；ε_{jt} 为随机扰动项，服从 0 均值常数方差的一般正态假定，即 $\varepsilon_{jt} \sim N(0, \sigma^2)$；$\alpha$ 和 β 为待估参数。

特别地，选取赫芬达尔-赫希曼指数（HHI）对产业集聚度进行测算：

$$HHI_{jt} = \sum_{i=1}^{3} (l_{ijt}/l_{jt})^2 \quad (i = 1, 2, 3) \tag{5.8}$$

式（5.8）中，l_{ijt} 指 t 时期 j 地区 i 产业的就业人数，l_{jt} 指 t 时期 j 地区的全部就业人员。HHI_{jt} 越大，表示产业集聚度越高，反之越低。

其次，为探究产业结构优化对区域经济发展不平衡（$IRED_{it}$）的作用效果（徐生霞和陈婷婷，2022），设定如下模型进行二者之间关系的检验：

$$IRED_{it} = \alpha_1 YH_{jt} + \boldsymbol{\xi}_1 \boldsymbol{X}_{it} + \lambda_i + \gamma_t + \varepsilon_{it} \qquad (5.9)$$

式（5.9）中，YH_{jt} 为产业结构优化，α_1 的符号预期为负，代表产业结构优化对区域经济发展不平衡的抑制效应；$\boldsymbol{X}_{it}$ 表示控制变量集；$\boldsymbol{\xi}_1$ 为控制变量估计系数组成的向量；λ_i 为区域经济发展不平衡的个体效应；γ_t 为时间效应；ε_{it} 为随机扰动项。

5.3.2 数据来源

实证分析中所用数据包含中国省域与城市群两个层面。其中，省域数据包含 31 个省区市（不含港澳台三地），样本考察期为 2006—2020 年；城市群数据包括京津冀（北京、天津、河北，以及石家庄等 13 个省市）与长三角（上海、江苏的南京、安徽的合肥等 26 个城市）两大国家级城市群，样本考察期为 2006—2016 年。数据来源方面，省域数据均来自国家统计局数据库与历年各省份统计年鉴，城市群数据来自历年《中国城市统计年鉴》与中经网数据库。为剔除价格波动因素，以 2005 年为基期，对数据进行价格指数平减。数据来源于《中国城市统计年鉴》《中国劳动统计年鉴》《北京市统计年鉴》《天津市统计年鉴》《河北经济年鉴》。各变量的描述性统计如表 5.1 所示。

表 5.1　变量的描述性统计

变量	符号	均值	标准差	最小值	最大值
产业结构优化	YH	1.913 3	5.067 8	0.028 7	25.746 5
产业集聚度	HHI	0.401 3	0.068 1	0.334 3	0.668 5
政府规模	Gov	0.143 2	0.050 4	0.063 3	0.292 6
对外开放程度	$Open$	0.020 6	0.019 1	0.001 5	0.114 4
人力资本水平	Emp	0.019 7	0.015 5	0.003 7	0.058 1
城市规模	Pop	350.846 4	455.006	30.760 0	1 778.060 0

5.3.3 变量说明

被解释变量包含合理化、高度化、高效化和高新化四个维度的产业结构优化效果，测度指标为 YH。具体的测度设计见前文，其中，产业结构高效化的测算结果见表 5.2（以京津冀城市群为例），该综合的测度设计更能集中体现各地区整体产业结构的生产效率增长情况，有效直观地反映京津冀产业结构发展的现状。

表 5.2   2006—2016 年京津冀 13 市 YH 年变化率测算值

年份	北京市	天津市	河北省	石家庄市	承德市	张家口市	秦皇岛市
2006	1.202	1.126	1.150	1.039	0.894	0.903	0.948
2007	1.210	1.129	1.159	1.070	0.920	0.914	0.966
2008	1.218	1.149	1.171	1.062	0.946	0.938	0.981
2009	1.222	1.151	1.171	1.060	0.941	0.942	0.971
2010	1.236	1.166	1.185	1.069	0.954	0.957	0.978
2011	1.252	1.184	1.202	1.090	0.987	0.975	0.997
2012	1.261	1.193	1.207	1.099	0.985	0.964	0.998
2013	1.270	1.200	1.210	1.104	0.984	0.979	0.995
2014	1.273	1.205	1.211	1.105	0.986	0.978	0.991
2015	1.278	1.206	1.209	1.106	0.983	0.973	0.997
2016	1.289	1.126	1.215	1.114	0.987	0.978	1.007
年份	唐山市	廊坊市	保定市	沧州市	衡水市	邢台市	邯郸市
2006	1.037	0.980	0.992	1.003	0.953	0.973	1.015
2007	1.045	0.986	1.000	1.009	0.947	0.974	1.025
2008	1.068	0.997	1.008	1.021	0.959	0.979	1.046
2009	1.065	0.991	1.010	1.019	0.954	0.981	1.037
2010	1.078	1.002	1.027	1.037	0.971	0.971	1.050
2011	1.104	1.020	1.044	1.060	0.980	1.012	1.069
2012	1.104	1.029	1.045	1.056	0.986	1.009	1.072
2013	1.104	1.032	1.050	1.058	0.986	1.010	1.058
2014	1.103	1.046	1.050	1.057	0.991	1.010	1.055
2015	1.097	1.059	1.058	1.063	0.992	1.015	1.053
2016	1.100	1.065	1.061	1.067	1.010	1.027	1.059

资料来源：根据各统计年鉴相关数据进行计算整理。

5.3.3.1　解释变量

产业集聚是产业结构发展过程中的重要特征，常见的集聚测度方法有CRn 行业集中度、基尼系数（Romano and Fabrizio，2017）、区位熵（陈国亮和陈建军，2012；王欢芳等，2018；陈阳和唐晓华，2018）、赫芬达尔-赫希曼指数（季书涵和朱英明，2017）、基于克鲁格曼指数的改进和扩展（周才荣，2016）、以距离衰减函数计算的空间集聚（陈建军和陈菁菁，2011）、Moran'I 指数等。本章利用赫芬达尔-赫希曼指数（HHI），作为测度产业集聚度的指标，以京津冀3 省市产业集聚程度的结果为例在图 5.1中进行展示。测算结果表明，京津冀区域内三地产业集聚水平整体呈上升趋势但三地差异较大，北京市产业集聚水平最高，天津次之，河北省集聚水平最低且趋于平稳趋势。

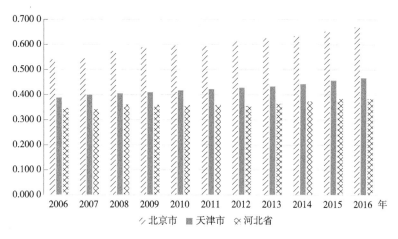

图 5.1　京津冀产业集聚度趋势图

5.3.3.2　控制变量

政府规模（*Gov*）：政府干预对于地区经济及产业发展具有显著的影响（田海燕、李秀敏，2018），为有效控制地方政府干预对产业发展影响程度的差异，政府规模以各市一般财政预算支出占地区生产总值的比重测度。

对外开放程度（*Open*）：度量对外开放程度常用的指标有外贸依存度、出口率、国际化水平等；采用实际使用外资总额占地区生产总值的比重测度对外开放程度，既能反映出各市对外开放程度，又能体现各市使用外资的规模。

人力资本水平（Emp）：在我国经济已由高速增长阶段转向高质量发展阶段的背景下，人力资本水平对国家的整体产业经济质量的提高具有重要的影响；以普通高校在校生占地区年末人口总数的比重作为人力资本水平的衡量指标。城市规模（Pop）：从供给侧结构性改革到产业结构升级，城市发展在现阶段我国经济发展中地位日益凸显，城市规模能够有效表征城市发展进程；使用市辖区年末人口数量可以有效度量城市规模。

5.4 实证结果分析

5.4.1 产业结构优化效果的比较分析

如图 5.2 所示，从综合测算结果可以看出，京津冀区域产业结构优化效果整体呈波动提升态势。

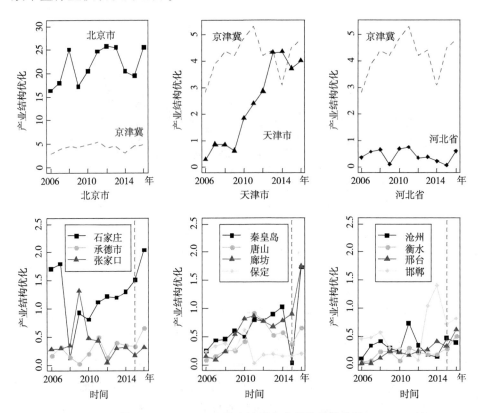

图 5.2　2006—2016 年京津冀产业结构优化效果

具体地，2014 年之前趋势较为显著，2008 年至 2009 年、2014 年至 2015 年有下降的趋势，这与 2008 年世界金融危机、2014 年京津冀产业结构大规模调整等原因有关。总体上，京津冀三地产业结构优化效果变化差距较大，北京市产业结构优化水平最高且增幅最大，这与北京市发展高新技术产业、大力推进"四个中心"城市定位相契合；天津市整体呈上升趋势，2015 年下降趋势较小，主要由于 2014 年至 2015 年京津冀协同进程中对天津市以港口等物流行业为主的产业结构调整较小；河北省及省内 11 个地级市产业结构优化水平整体较低且差异较大。石家庄市作为省会城市产业结构优化效果提升最大，尤其在 2014—2016 年提升速度最快，河北省内个别地级市呈上下波动或平稳趋势，如衡水市等，这与河北省 2015 年前以钢铁等重工业为主的粗放式产业发展有关，亦表明河北省及省内各地市产业结构亟待调整，产业转型升级的重要性。

因此，在协同发展的背景下，京津冀区域亟须依靠区域内联动性及各省市的自身优势，调整产业结构，推动产业结构优化进程，增强区域竞争力。尤其河北省需要在承接北京产业转移的基础上，切实转变发展模式，促进产业质量的提升。

5.4.2 影响机制分析

5.4.2.1 中国省域层面的影响效应

表 5.3 给出了省域层面产业结构优化对经济发展不平衡作用效果的分析结果。就全样本而言，产业结构优化的估计系数显著为负，表明产业结构升级可有效抑制区域经济发展不平衡。对三大地带的估计结果表明，相较于西部地区，产业结构优化对于东中部地区经济发展不平衡的抑制作用明显较强，作用效果呈现出由沿海向内陆逐渐递减的态势。这表明，为推动经济的协调发展，政府部门应积极推进西部地区相关产业的更新换代，加快推动西部地区产业结构升级。近年来，在东西差距并未明显缩小的情况下，"南快北慢""南升北降"的南北分化特征越来越突出，本章进一步对南北方地区进行了对比分析。结果表明，相较于南方地区，产业结构优化对于北方地区经济协调发展的拉动作用更显著。

表 5.3　产业结构优化对经济协调发展的作用效果（省域层面）

模型类别	（1）	（2）	（3）	（4）	（5）	（6）
	全样本	东部	中部	西部	南方	北方
YH	−0.134*	−0.386*	−0.366***	0.066	−0.026	−0.140**
	(2.112)	(2.461)	(4.594)	(0.732)	(−0.196)	(2.628)
控制变量	是	是	是	是	是	是
固定效应	是	是	是	是	是	是
观测值	403	143	104	156	195	208
R^2	0.6567	0.5918	0.7070	0.5152	0.5901	0.6842

注：***、**和*分别代表0.1%、1%和5%水平下显著，括号内为t值。

5.4.2.2　城市群层面的影响效应

表 5.4 给出了从城市群层面产业结构优化对经济发展不平衡的作用效果的估计结果。就全样本而言，与省域层面的估计结果类似，产业结构升级的系数显著为负，表明产业结构优化可显著推动城市群层面的经济协调发展。对于京津冀与长三角的分析也可得出类似结论。值得一提的是，相较于长三角城市群，产业结构优化对于京津冀经济协调发展的推动作用更强。如前文所述，长三角地区经济发展的协调性相对较强，产业结构也相对高级，产业结构优化对于经济协调发展的推动作用不如京津冀城市群显著，其经济协调发展程度的提升更多地依赖人力资本积累与金融事业发展。与长三角相对均衡的城市发展水平不同，京津冀无论从交通基础设施、产业发展水平还是科技创新能力等方面均存在一定差距，产业协同发展战略的深入推进还存在诸多体制机制障碍，故上述发展现状为产业结构优化推动区域经济协调发展提供了经济基础。

表 5.4　产业结构优化对经济发展不平衡的作用效果（城市群层面）

变量	（1）	（2）	（3）
	全样本	京津冀	长三角
YH	−0.390***	−0.559***	−0.151***
	(12.508)	(13.767)	(8.491)

续表

变量	（1） 全样本	（2） 京津冀	（3） 长三角
固定效应	是	是	是
控制变量	是	是	是
样本量	663	221	442
R^2	0.793 6	0.908 2	0.824 7

注：*** 、 ** 和 * 分别代表0.1%、1%和5%水平下显著，括号中为 t 值。

5.4.2.3 京津冀地区产业集聚与产业结构优化的关系

本节以京津冀为例，产业集聚与产业结构优化关系的模型估计结果见表5.5。特别地，根据面板数据模型研究的一般设计，利用 Hausman 检验也同时给出了随机效应和固定效应模型的估计结果。在随机效应模型的 F 检验中，列（5）的模型拟合优度较低，而利用混合效应模型进行参数估计的结果显著性明显高于随机效应模型。

表 5.5 模型回归结果

变量	混合效应模型		固定效应模型		随机效应模型	
	（1）	（2）	（3）	（4）	（5）	（6）
HHI	0.165 5***	0.823 7**	−0.015 4	1.860 7***	0.133 6*	0.433 5*
	（−3.46）	（3.04）	（0.85）	（3.78）	（2.25）	（2.60）
Pop	0.057 6**	1.810 0	−0.031 1*	6.443 8**	0.055 8***	−2.105 9
	（−10.29）	（1.14）	（0.05）	（3.61）	（8.06）	（−1.44）
Gov	−0.117 0***	−1.371 8***	−0.142 4*	−2.700 0***	−0.144 7**	−0.381 7
	（−2.47）	（−3.84）	（0.0380）	（−5.32）	（−2.70）	（−1.64）
Open	−1.130 8***	−2.053 0**	−0.128 8	0.322 8	1.029 0***	−0.632 4
	（−6.85）	（−3.26）	（0.72）	（0.42）	（−4.78）	（−0.66）
Emp	0.977 5***	4.991 8*	1.061 0*	11.569 2***	0.988 4***	3.284 0
	（−4.88）	（2.73）	（2.02）	（5.19）	（3.77）	（1.43）
常数项	−6.708 7***	−18.332 9**	—	—	−5.119 8*	−12.556 1
	（−3.58）	（−3.04）	—	—	（−2.35）	（−1.60）

续表

变量	混合效应模型		固定效应模型		随机效应模型	
	（1）	（2）	（3）	（4）	（5）	（6）
个体效应	是	是	是	是	是	是
时间效应	是	是	是	是	是	是
样本量	143	33	143	33	143	33
R^2	0.782 81	0.868 57	0.103 69	0.641 70	0.609 30	0.179 50

注：***、**和*分别代表0.1%、1%和5%水平下显著，括号中为 t 值。

具体地，列（1）给出了京津冀13个城市的分析结果，产业集聚对京津冀区域产业结构优化的影响系数为0.165 5，具有显著的正向作用；列（2）为将河北省作为一个整体的回归结果，产业集聚对产业结构优化影响系数为0.823 7，同样具有显著的正向水平；系数表明，对整个京津冀区域而言，产业集聚在产业结构优化过程中发挥了积极的作用，并且产业集聚对省市级层面的产业结构优化效果的促进作用大于地市级层面。列（3）和列（5）分别为京津冀13个城市的固定效应模型和随机效应模型回归结果，固定效应模型集聚度的系数不显著，随机效应模型集聚度系数（0.133 6）在5%水平下显著。

此外，控制变量的回归结果显示，基于京津冀13个城市层面实证分析的列（1）中，城市规模、人力资本水平对产业结构优化具有显著的促进作用；政府规模、对外开放程度对产业结构优化的影响显著为负。将河北省看作一个整体，基于京津冀三地层面分析的列（2）结果表明，城市规模的系数不显著，人力资本水平系数（4.991 8）在5%的水平下正向显著；政府规模、对外开放程度对产业结构优化的影响同样显著为负。这意味着在京津冀地区，政府投资规模和对外开放程度的提高会抑制产业结构优化，这与2015年以前京津冀地区的产业发展方式，尤其河北省以重工业为主的粗放式产业发展有关。

5.5 主要结论

本章立足中国省域和城市群两个层面，对产业结构优化与区域经济发展不平衡之间的关系进行了实证检验。就产业结构优化效果的测度而言，基于2006—2016年京津冀三地13市的面板数据，提出了"四化"测度理论，即合理化、高度化、高效化、高新化；在此基础上，给出了一种综合测度京津冀产业结构优化水平的新方法——非参数几何评价法，该方法更能合理表征新时代背景下产业结构优化的真正内涵，有效地反映了京津冀区域内各省市产业结构优化水平的现状及差异性。就产业结构优化对区域经济发展不平衡的影响效应而言，基于2006—2020年面板数据，给出了包含省域和城市群两个层面的经验证据。主要研究结论如下：

第一，样本期间，京津冀及各市产业结构优化水平整体上不断提升，河北省个别地级市上下波动或增长趋势平稳；但京津冀三地产业结构优化水平仍存在较大差异。其中，北京市产业结构优化水平最高，这与北京市的科技创新中心定位及产业发展现状相符；河北省产业结构优化水平最低，这与河北省2015年以前以重工业为主的产业结构紧密相连。

第二，中国省域与城市群层面的产业结构优化效果与经济协调发展程度在样本期间均呈现攀升态势，长三角的经济协调发展程度整体优于京津冀。特别地，产业结构优化对于区域经济发展不平衡具有显著的抑制作用，进而能够有效推动区域经济协调发展。也可通过提高劳动生产率、加快生产要素积累以及促进居民消费升级三种方式进一步抑制区域经济发展的不平衡，为区域可持续发展蓄力。

第三，在京津冀产业集聚对产业结构优化作用的研究中，无论是基于京津冀三地，还是基于京津冀13市的视角分析，均可以得出前者对后者具有显著正向作用的结论。这说明京津冀目前的发展水平紧紧依赖产业结构的调整转型，产业集聚水平的提高对产业结构优化水平具有积极的影响，这也符合京津冀协同发展、疏解北京非首都功能的政策导向。

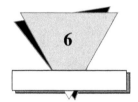

6

全要素生产率与区域发展不平衡的作用机制

本章紧紧围绕"资本折旧率测度→资本存量方法改进→全要素生产率测算→区域经济发展不平衡与经济质量关系研究"这条主线展开研究。具体地，从生产函数与资本折旧率选择的角度对全要素生产率进行了理论分析与实际测算，以全国和三大地带为研究对象，从经济高质量发展推动区域经济一体化发展的视角，基于中国三大地带，对全要素生产率与区域经济发展不平衡之间的非线性关系，区域发展不平衡的现状与成因进行了分析，进一步拓展了区域发展不平衡问题的研究框架，为差异化区域可持续发展战略的制定与实施提供了对策建议。

6.1 引言

在经济增长理论中，劳动、资本、技术被认为是经济增长最重要的源泉。改革开放以来，中国依靠丰富的劳动力资源取得了斐然的成绩，经济发展迅速，人民生活不断改善；然而，面对人口老龄化进程加快、对外经济贸易环境复杂的双重压力，中国经济依赖人口红利、高投资增长、高出口增长的发展模式难以为继。过去几十年来，评价经济绩效的传统指标是只考虑产出、不考虑投入约束的国内生产总值，一味追求高产出而忽略大量投入所走的粗放型发展道路，难以满足新时代经济发展质量提升的要求。

目前，中国正处于经济发展的新常态，提升经济发展质量，注重投入产出均衡发展成为一种必然趋势，而这个转换的过程必定依赖技术的进步。如何测度技术进步在经济质量提升中的份额，是一个亟待解决而又重要的问题。近年来，部分学者基于经济增长质量提升的局限性考虑（郑玉歆，2007）、经济可持续增长的关键性因素分析（郑京海等，2008）和经济增长质量的条件-过程-结果框架构建（钞小静和廉园梅，2019）等方面的研究，提出采用综合考虑投入和产出约束的全要素生产率（TFP）来衡量经济增长的质量。然而，测算 TFP 最重要的工作之一就是如何测算资本存量。当前，无论国家层面还是微观企业，关于资本存量的核算都还没有形成一个完整的体系，国内外学者对资本存量的测度理论与方法也存在较大的争议。如何客观合理地测算资本存量，是本章研究的主要内容之一。

现有文献关于资本存量测算方法的研究主要分为直接调研法和永续盘

存法两大类。直接调研法适用范围相对较窄，是指利用资产负债表、保险价值推算或企业直接获取等进行测算的一种方法（Yang et al.，1995；Bohm et al.，2002）。该方法一般适用于微观企业资本存量的核算，但由于其对数据完备性、正确性等方面的要求较高，在实际应用中比较少见。相反，永续盘存法是一种基于价格指数、当期新增资本存量、资本折旧率、基期资本存量等综合考量的联动计算方法（杨汝岱，2015），由于其直观可测而备受青睐。学界在利用永续盘存法测算资本存量的过程中，对价格指数与当期新增资本存量两个指标的测算方法争论相对较少。就价格指数而言，有全社会固定资产投资价格指数和 GDP 平减指数两类，全社会固定资产投资价格指数在 1991 年之后以国家统计局公布为准，其争论主要为 1991 年以前替代价格指数的选择（张军等，2004；单豪杰，2008），然而，这种争论随着研究起点的后延而减弱甚至消失；GDP 平减指数主要从其计算口径、数据可获性、序列完整性等方面进行讨论（雷辉，2009）。这两类价格指数在资本存量测算中的差异不大，本章选择具有统一口径、序列完整的 GDP 平减指数用于价格指数的折算。就当期新增资本存量的确定而言，有固定资本形成总额和全社会固定资产投资两种选择，现有文献研究结果表明二者在资本存量计算上表现较为接近，固定资本形成总额稍优于全社会固定资产投资（李宾，2011；陈昌兵，2014），因此，本章选择固定资本形成总额作为当期新增资本存量的衡量指标。

资本折旧率与基期资本存量的选择被认为是永续盘存法测度资本存量的重点，然而，现有文献关于二者的测算方法的选择存在很大争议。基期资本存量测算方面，主要分为两类：一类是增长率法，是一种基于增长稳态的、资本存量增长与投资增长相等的核算方法，即 $\Delta K/K = \Delta I/I$（Hall et al.，1999；Reinsdorf et al.，2005）；由于该方法易于理解、计算简单而被广泛使用，但存在前提条件苛刻、计算方法难以适用的问题。另一类是计量法，该方法要求资本增长率较为平稳，其基本思想是基期资本存量为过去所有投资的总和，也就是通过投资 I 与时间 t 的对数线性关系（即 $\ln I(t) = \ln I(0) + \theta t + \mu_t$），设定 μ_t 为自回归项（即 $\mu_t \sim AR(1)/AR(2)$），利用参数估计方法估算参数 $\ln I(0)$ 和 θ 值（Wu，2007），进而确定其数值。该方法最大的缺陷是计算过程烦琐，不易实施。

本章在综合考虑两种方法优缺点的基础上，提出一种联动资本折旧率的基期资本存量测算方法。资本折旧率计算方面，现有文献可以分为四类：第一类是直接采用国外文献中常见的折旧率，大多数文献将折旧率设定为5%（郭庆旺和贾俊雪，2004；陈昌兵，2014），也有一些取9.6%和10%（张军等，2004；颜鹏飞等，2004），该方法忽略了国内外经济发展环境的不同，缺乏对中国实际国情的考虑，不适合直接借用；第二类是通过资本相对效率与折旧率、残差值率与折旧率的几何关系计算折旧率，资本的相对效率与折旧率一般按照 $d_t = (1-\delta)^t$（t 代表时期）来设定，残值率与折旧率的关系用 $S = (1-\delta)^T$（T 为固定资本使用寿命）来设定，计算结果一般在9.6%左右，该方法依赖具体资产折旧物的分类与使用年限的假定，主观性强，缺少对同类物品折旧差异的考量；第三类是利用国民收入关系式推算折旧率，通过投资量、折旧额、资本价格指数计算各年资本折旧率（李治国和唐国兴，2003）；第四类是计量模型方法，通过设定生产函数、构建技术进步计量模型，利用参数估计方法计算不变或可变资本折旧率（Akihiro，2017；宋旭光和赵雨涵，2018），该方法以具体函数形式确定为前提，以参数估计为工具，存在一定的模型设定误差与参数估计的随机误差，不适合推广使用。

推动全要素生产率的有效提升是实现经济高质量发展的核心表现，现有关于经济高质量发展的研究尚处于初始阶段，大都以内涵特征、理论机理、路径探索等方面的讨论为主（金碚，2018；马茹等，2019a）；也有少部分文献从三次产业 TFP 测算的角度衡量某地产业发展质量，进而分析区域经济发展不平衡的原因（刘强和李泽锦，2019）；或者以科技人才、制度因素、空间位置等某些具体的影响因素为切入点单独研究 TFP 测算的有效性，进而基于投入产出模型对区域经济质量提升的路径进行探析（马茹等，2019b；周璇和陶长琪，2019）。显然，对于全要素生产率驱动下经济高质量发展定量测度的分析尚不多见。

全要素生产率和区域经济发展不平衡之间关系的研究是推动区域经济高质量发展的核心（廖祖君和王理，2019）。然而，现有文献关于区域经济发展不平衡问题的研究，主要集中在方法探讨与原因分析两个方面。大都以改进或比较现有的变异系数、基尼系数和泰尔指数等方法为主（Akita and Miyata，2010；覃成林等，2013；徐生霞和刘强，2019），重点探讨包含总效应的区域间、区域内分解的区域发展不平衡形成原因，以及考虑经济发展、生态环境、科技进步等具体指标影响效应的成因分析（Kanbur and Venables，2005；钟业喜等，2018；徐生霞等，2019），缺乏关于全要素生产率与区域经济发展不平衡直接关系的考虑，而这是本章关注的另一主要内容。

综上所述，鲜有文献基于全要素生产率驱动经济高质量发展测度的视角，对区域经济发展不平衡问题进行分析。就可查阅的现有文献而言，在全要素生产率的测算中，往往忽略了对其核心要素——资本存量测算问题的探讨，仍存在指标选择不符合资本存量的内涵、计算过程忽视数据的连续性、测算方法单一等方面的问题。解决资本存量测算问题的关键在于资本折旧率的选择，然而，现有文献对折旧率的测算存在直接采用国外取值不符合中国实际国情，几何级数递减关系时期确定存在主观性，国民收入折算加总折旧缺乏合理性，生产函数的选择不具科学性等方面的局限。

针对现有文献研究的不足，本章围绕"资本折旧率测度→资本存量方法改进→全要素生产率测算→区域经济发展不平衡与经济质量关系研究"这条主线展开研究，可能的贡献与创新主要包含以下四个方面：第一，提出了一种新的测度折旧率的非参数方法——均值回返法，相较于现有的折旧率测算方法，该方法不需要模型假定和参数估计，也不需要确定资本的相对效率、残差率与折旧率的具体关系，在实证研究中具有较强的稳健性；第二，构建了测算资本存量的变系数永续盘存法，并与现有文献中的测度方法进行了比较研究，对所提方法在资本存量实际测算中的可行性与合理性进行了验证分析；第三，基于柯布-道格拉斯（C-D）生产函数与超越对数生产函数对中国 2004—2017 年 31 个省区市的全要素生产率进行了实际测算，并将其动态变迁进行了系统分析；第四，从经济高质量发展推动区域经济一体化发展的视角，对全要素生产率与区域经济发展不平衡之间的非线性关系基于中国三大地带区域发展不平衡的现状与成因进行了分析，为研究区域发展不平衡问题提供了一个新的视角。

6.2 资本存量的测度理论与方法

资本存量反映了一个国家或地区资本投入的实际情况,在 TFP 的测算、潜在增长率的估算等方面具有重要的作用。目前,国内外学者关于中国资本存量的研究在指标选择、测算方法等方面还未形成一个完整的体系,测度方法选择方面体现的差异尤为显著,研究结论所反映的现状描述也不尽相同。李宾(2011)和陈昌兵(2014)等在梳理资本存量影响因素的基础上,得出折旧率对资本存量测算结果影响最大、基期资本存量次之的结论。鉴于此,本章提出了一种基于均值回返法的非参数测度方法,并在此基础上,修订了测算资本存量的变系数永续盘存法。

现有基期资本存量的计算方法有两种:一种是增长率法,该方法适用于资本存量增长与投资增长相等的增长率稳态(即 $\Delta K/K = \Delta I/I$),对增长率波动的情况无能为力;另一种是计量法,该方法要求资本增长率较为平稳,认为基期资本存量是过去所有投资的总和,需要对投资 I 与时间 t 的对数关系做线性假定,该方法最大的缺陷就是计算过程烦琐、实施不易。考虑现有两种方法在前提条件、数据的可获性、计算的连贯性等方面的要求,本章在莱因斯多夫等(Reinsdorf et al.,2005)修正后的增长率方法的基础上,提出了一种依赖折旧率取值动态变化的基期资本存量联动测算方法。具体公式为:

$$K_{0i} = \frac{I_0(1+g)}{g+\delta_i} \tag{6.1}$$

式(6.1)中,δ_i 为第 $i(i=1,2,\cdots,n)$ 个折旧率取值,g 为基期固定资产投资增长率,I_0 为基期投资,K_{0i} 为 δ_i 下基期资本存量;δ_i 的取值依赖具体的区间和间隔大小的设置。需要强调的是,该方法反映了基期资本存量与折旧率的依赖关系,将 K_{0i} 的确定问题进一步转化为资本折旧率的确定问题,而具体的计算结果在折旧率确定之后显示。

6.2.1 折旧率的非参数测度方法

提出"均值回返法"用以测度资本折旧率,相较于现有的折旧率测算方法,该方法不需要模型假定和参数估计,也不需要确定资本相对效率与折旧率、残差率与折旧率的具体关系,在具体实施与应用中,其估计结果具有较强的可行性与稳健性；另外，相较于中位数和众数回返的数据集中度衡量方法，该方法可以有效避免因个数与位置受限制（如间隔大小）而回返偏态结果的问题。

6.2.1.1　均值回返法的基本思想

设时期 $t(t=1,2,\cdots,T)$ 所使用的折旧率取值为 $\delta_{ti}(i=1,2,\cdots,n)$，固定折旧率 δ_{ti} 取值下利用永续盘存法计算的资本存量记为 K_{ti}；通过设定的某种距离函数计算的任意一个 δ_{ti} 对应的 K_{ti} 与其他 $n-1$ 个 $\delta_{tj}(j\neq i=1,2,\cdots,n)$ 计算的 K_{tj} 之间的总距离为 D_i，并计算 D_i 的均值为 $\overline{D}$；最后，利用均值回返思想输出 $\overline{D}$ 所对应的折旧率取值 δ'_k（即为最优折旧率）。

6.2.1.2　均值回返法的具体步骤

第一步：确定折旧率的取值范围。

令折旧率 $\delta_i(i=1,2,\cdots,n)$ 的取值范围为 $\delta_i\subseteq[\delta_{(1)},\delta_{(n)}]$，其中，$\delta_{(1)}$ 代表所有折旧率取值的最小值，$\delta_{(n)}$ 代表所有折旧率取值的最大值，下标 $i(i=1,2,\cdots,n)$ 表示折旧率可取到的个数。

第二步：确定折旧率取值间隔 sep 与个数 n。

需要强调的是，折旧率 δ_i 取值应该以一定的间隔 sep 遍历所有的 $\delta_{(1)}\to\delta_{(n)}$，而间隔大小的选择与现有文献中 δ_i 取值最小的"位数"息息相关。例如，现有 $\delta_m=10.29\%$，其中，m 为 δ_i 取值覆盖位数最多的一项，则所选间隔 $sep=0.01\%$，此时折旧率所取个数为 $n=\dfrac{\delta_{(n)}-\delta_{(1)}}{sep}+1$。

第三步：计算资本存量 K_{ti}。

本章基于永续盘存法对资本存量 K_{ti} 进行计算，即 $K_{ti}=K_{t-1,i}(1-\delta_i)+\dfrac{I_t}{P_t}$；其中，$t(t=1,2,\cdots,T)$ 为时期取值，T 为研究期时间总的跨度，给定时间 t，每个 $\delta_i(i=1,2,\cdots,n)$ 都会计算出对应的资本存量 K_{ti}。

第四步：设定距离函数，计算累积距离和 D_i。

对于任意给定的 $\delta_i(i=1,2,\cdots,n)$ 计算对应的 $K_{ti}(t=1,2,\cdots,T)$，选择距离函数（常用的有离差平方和、绝对离差和），对 K_{ti} 与其他 $n-1$ 个 $K_{tj}(j\neq i=1,2,\cdots,n)$ 在时间 t 上求和，记为 D_i；在离差平方和距离函数的设定下，累积距离和 D_{si} 为：

$$D_{si} = \sum_{t=1}^{T} \sum_{j \neq i=1}^{n-1} (K_{ti} - K_{tj})^2 \tag{6.2}$$

在绝对离差和距离函数的设定下，累积距离和 D_{ai} 为：

$$D_{ai} = \sum_{t=1}^{T} \sum_{j \neq i=1}^{n-1} |K_{ti} - K_{tj}| \tag{6.3}$$

式（6.2）和式（6.3）中，$K_{ti} = K_{t-1,i}(1-\delta_i) + \dfrac{I_t}{P_t}$，$K_{tj} = K_{t-1,j}(1-\delta_j) + \dfrac{I_t}{P_t}(i, j = 1, 2, \cdots, n; t = 1, 2, \cdots, T)$。

第五步：计算平均累积距离和 $\bar{D}$，返回 $\bar{D}$ 对应的折旧率 δ'_k。

为了避免由单个距离设定输出单点回返结果引起的主观计算误差，本章提出区间回返的均值回返思路，即选择式（6.2）和式（6.3）计算得到的两个均值 $\bar{D}_s$ 和 $\bar{D}_a$，回返两个折旧率 δ'_{sk} 和 δ'_{ak}，若最大值为 δ'_{sk}，则折旧率区间为 $[\delta'_{ak}, \delta'_{sk}]$；若最大值为 δ'_{ak}，则折旧率区间为 $[\delta'_{sk}, \delta'_{ak}]$。值得注意的是，在实际应用中，也可根据研究问题的特点将折旧率设定为点值 δ'_k。

本章提出用均值回返法这一非参数方法测算折旧率主要基于以下三个方面的原因：一是均值回返可以有效地表示这组累积距离和 D_i 的集中趋势；二是均值回返可以避免中位数回返因个数与位置受限制（如间隔大小）而回返偏态结果的问题；三是众数回返在本书中无效（δ 不重复取值）。

6.2.2 资本存量的测算方法

本章基于非参数的资本折旧率计算方法，构建了测算资本存量的变系数永续盘存法。选择永续盘存法作为改进资本存量测算方法的基础，主要原因有三点：一是国民调研法一般适用于企业微观研究，在宏观经济中该方法所要求的数据完备性难以实现；二是永续盘存法中所需的指标数据具有可获得性，在实际测算中也具有客观性；三是本章所提出的折旧率的均值回返法是资本存量计算的关键，也是改进永续盘存法，进而给出资本存量新测度的基础。改进后的永续盘存法计算公式如下：

$$K_t = K_{t-1}(1-\delta_{ti}) + \dfrac{I_t}{P_t} \tag{6.4}$$

式（6.4）中，K_t 为当期资本存量，K_{t-1} 为前一期资本存量，δ_{ti} 为非参数均值回返输出的当期折旧率（需要指出的是，具体实例分析也可针对不变折旧率进行研究，即 $\delta_{ti} = \delta_i$），I_t 为当期投资水平，P_t 为当期投资价格指数。

6.3 资本存量的实际测算

折旧率在资本存量的测算中具有举足轻重的地位，本章提出的折旧率非参数测度方法（均值回返法）其稳健性在第二部分已经验证。此部分将集中验证基于两种累积距离和设定条件下，均值回返折旧率构建的变系数永续盘存法在资本存量测度中的具体性质。事实证明，均值回返输出的折旧率区间，即 [8.52%，9.22%] 在资本存量的测算中，相较于现有文献通常引用的折旧率（即 5%，10%）的测算结果更具实用性，更加符合中国实际资本存量所呈现的变化趋势，从而更具可行性、合理性与科学性。

6.3.1 指标说明与数据来源

资本存量的实际测算需要的指标有 I_t、P_t、δ_i 和 g。其中，现有文献关于当期新增资本存量 I_t 指标的选择有两种，即全社会固定资产投资与固定资本形成总额，本章选择被证实了相对测算效果较好的固定资本形成总额作为 I_t 的测度指标；现有文献关于价格指数 P_t 指标的计算有线性拟合和其他价格指数替代两种方法，较为常用的是 GDP 平减指数和固定资产投资价格指数，出于数据的完整性、计算口径的一致性考虑，本章选择 GDP 平减指数作为价格指数的测度指标，具体测算公式为：

$$P_t = \frac{GDP_t}{GDP_{t-1} \times GDP_t \text{ 指数}} \tag{6.5}$$

式（6.5）中，GDP_t 为当期国内生产总值，GDP_{t-1} 为前一期国内生产总值，GDP_t 指数 为当期国内生产总值指数。关于折旧率的测算，本章提出一种新的非参数测度方法：均值回返法。需要指出的是，δ_i 代表第 i 个折旧率，根据现有文献的梳理确定其最小取值为 5%，最大取值为 13.89%，即 $\delta_i \subseteq$ [0.05，0.138 9]；现有文献关于基期投资增长率 g 的确定有 GDP 增长率和固定资产平均增长率两大类，本章借鉴孙静和徐映梅（2018）、倪泽强等（2016）关于 g 的设定，取值为 $g = 10\%$。

本章在测算资本存量时使用的指标数据均来自《中国统计年鉴》，考虑到相关数据取值的完整性、与区域发展不平衡实例分析的可比性，本章仅选取了 2004—2017 年全国的相关指标数据，分别在均值回返折旧率取值（即 8.52%，9.22%）与常用折旧率取值（即 5%，10%）下测算了实际资本存量。另外，由于计算基期指标的需要，本章搜集所需数据的实际起点是 2003 年。

6.3.2 均值回返结果分析

由于 $\delta_i \subseteq [0.05, 0.138\ 9]$，计算间隔取值 $sep = 0.01\%$，根据 $n = \dfrac{\delta_{(n)} - \delta_{(1)}}{sep} + 1$ 计算而得的 δ_i 可取 890 个具体数据（即 $n = 890$），利用式（6.2）、式（6.3）计算而得的 D_{si}、D_{ai} 与 $\delta_i(i = 1, 2, \cdots, n)$ 取值之间的关系如图 6.1 所示。

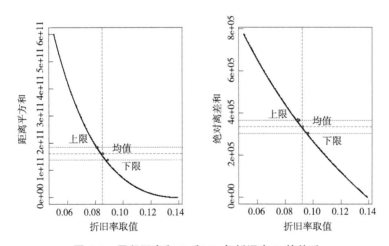

图 6.1 累积距离和 D_{si} 和 D_{ai} 与折旧率 δ_i 的关系

图 6.1 中，折旧率的取值总体上与累积距离（包括距离平方和与绝对离差和）呈现反向变动的趋势，即折旧率取值越大，累积距离越小，而这种反向减少的速度受到距离函数的影响。具体表现为，折旧率取值在 8% 之前，平方和设定下的累积距离以抛物线的减少速度快于绝对离差；而在 8% 之后，绝对离差设定下的累积距离以线性的减少速度高于距离平方和。左图中，距离平方和 D_{si} 在其均值 $\bar{D}_s$（即 $\bar{D}_s = 1.65 \times 10^{11}$）的取值下，回返的资本折旧率为 δ'_{sk}（即 8.52%），同时，在显著性水平 $\alpha = 0.05$ 下计算

该均值折旧率的95%置信区间为 [8.12%，8.88%]；右图中，绝对离差和 D_{ai} 的均值 $\bar{D}_a$（$\bar{D}_a = 3.89 \times 10^5$）的取值下，回返的均值折旧率 δ'_{ak} 取值为 9.22%，同样，5%的显著性水平下该均值置信区间为 [8.92%，9.62%]。总体表现而言，基于两种距离函数的累积和，在均值回返的折旧率取值方面所表现的差异较小，尤其是在 $\bar{D}_s$ 的上限（8.88%）与 $\bar{D}_a$ 的下限（8.92%）之间，这种差异甚小；而绝对离差和的均值回返结果稍大于距离平方和，在具体的应用中，读者可根据研究的实际需要设定距离。

6.3.3 实际测算结果分析

本章为了研究不同距离设定下均值回返折旧率与现有文献所用折旧率在测算资本存量方面表现出的异同，特别选择5%和10%两个折旧率与上述两种距离函数的累积和回返的均值折旧率8.52%和9.22%对资本存量进行分别测算，并进一步从距离、折旧率和资本存量等三个角度深入剖析其具体差异。

图6.2中，左图反映了三种折旧率取值下，各资本存量之间距离平方和的取值变化，若 $\delta = 5\%$，基于该折旧率计算的资本存量与其他889个（$n - 1$）资本存量距离平方和最大、距均值最远；若 $\delta = 10\%$，该折旧率计算的资本存量与其他889个资本存量的距离平方和相对较小。然而，本章所提方法测度的折旧率（$\delta = 8.52\%$）处于累积距离平方和偏右的位置，与最小值接近，在合理反映总体距离情况的基础上，也能有效测度资本存量，充分证明了均值回返结果的科学性。右图反映了 δ 分别取5%、8.52%和10%计算的资本存量 K_t 的基本趋势，其中，$\delta = 8.52\%$ 计算的资本存量时间曲线位于5%和10%之间，并随着时间的推移愈加接近10%计算的资本存量；δ 越大，反映出的距离平方和越小，在不进行任何附加处理的情况下，均值返回的 δ 更具有代表性，进而资本存量的测算值更符合经济实际，进一步验证 $\delta = 8.52\%$ 的实用性。

同样，选择5%和10%两个常用的折旧率，在绝对离差均值回返结果下进行了比较分析。图6.3中，左图反映了绝对离差和 D_{ai} 的均值回返折旧率（$\delta'_{ak} = 9.22\%$）与按5%和10%折旧率计算的资本存量间距离与折旧率取值之间反向的变动关系，这种反向关系几乎呈现为线性趋势，缩减速度较快；9.22%与10%的距离相较于距离平方和均值回返的8.52%更加

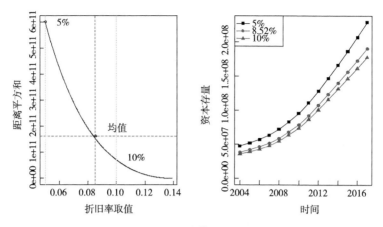

图 6.2　δ'_{sk} = 8.52% 计算的资本存量比较图

接近，也从距离函数选择的角度进一步证明了均值回返结果的有效性。右图表现的是资本存量计算取值变化，基于 δ = 9.22% 计算的 K_t 整体走势与 5% 和 10% 的测度结果基本保持一致，且随着时间的推移，9.22% 与 10% 计算的资本存量取值趋于重合。

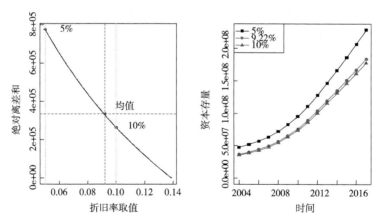

图 6.3　δ'_{ak} = 9.22% 计算的资本存量比较

基于两种距离函数均值回返的折旧率取值分别为 8.52% 和 9.22%，虽然取值不同，但在资本存量的具体测算结果方面差异不大，尤其是 2012 年之前二者取值完全一致，但在 2012 年之后略有不同，这种不同并不影响资本存量在实际应用中的作用，所以认为基于距离函数提出的、新的测度折旧率的非参数方法——均值回返法，具有稳健性与合理性；进而基于均值回返折旧率 δ_k 修正了永续盘存法，给出的测度资本存量 K_t 的新方法具有合理性和客观性。需要指出的是，在实际应用中，可以根据需要选择两种累积距离均值返回折旧率取值的区间作为研究对象，也可选择区间的上下限（边界点）作为研究对象。

6.4 全要素生产率的测度

关于区域发展不平衡的研究，现有文献主要基于指标选择与方法确定两个方面展开，而这两个方面通常相伴而行。具体表现为，以 GDP 或者其衍生指标（GDP 增长率、人均 GDP 等）为研究对象，通过基尼系数、莫兰指数或变异系数等方法进行实证分析。近年来，由于 GDP 仅考虑产出、不考虑投入约束而备受质疑，一些经济学家提出用全要素生产率（TFP）衡量经济绩效；经济绩效的评价与区域发展不平衡的研究又有密不可分的内在联系。然而，TFP 与区域发展不平衡之间是否存在影响关系，这种影响关系具体如何表现？或者说，能否站在 TFP 的视角对区域发展不平衡进行研究？这是本部分重点探讨的内容。

将全要素生产率（TFP）作为衡量经济绩效的方法，其优势表现在，可以从投入与产出两个角度综合考虑经济发展的现状，注重体现经济增长的"质"。其也可以作为分析经济增长源泉的重要工具。目前，现有文献对全要素生产率（TFP）的测算主要围绕参数与非参数方法展开，其中，参数方法使用最多的就是随机前沿分析（SFA），非参数方法以数据包络（DEA）线性规划思想再融入距离函数的 Malmquist 指数法居多。本章在综合考虑参数与非参数方法优缺点的基础上，选择操作过程简便、测算方法可控、模型参数可调的 SFA 方法进行具体 TFP 测算，以便于后续对计算与结构弹性进行分解。

6.4.1 模型构建

随机前沿分析（SFA）模型主要通过求解生产前沿面，利用 ML 方法估计出参数，并计算出偏离生产前沿面的无效部分。其基本形式为：$y_{it} = f(K_{it},\ L_{it},\ t) \times e^{\varepsilon_{it}}$，两边取对数，可得标准式：

$$\ln y_{it} = \ln f(K_{it},\ L_{it},\ t) + \varepsilon_{it},\ \varepsilon_{it} = v_{it} - \mu_{it} \tag{6.6}$$

式 (6.6) 中, v_{it} 为随机扰动项, 服从零均值常数方差的正态分布, 即 $v_{it} \sim N(0, \sigma_v^2)$; μ_{it} 为技术无效率项, 服从半正态分布, 即 $\mu_{it} \sim N^+(m_{it}, \sigma_\mu^2)$; y_{it} 代表第 i 个地区第 t 时期的产出; K_{it} 为第 i 个地区第 t 时期的资本投入; L_{it} 为第 i 个地区第 t 时期的劳动投入。在进行参数估计之前, 首先需要确定生产函数, 目前, 现有文献使用的生产函数有柯布-道格拉斯 (C-D) 生产函数和超越对数生产函数两种形式, 其中, C-D 生产函数下 SFA 模型的设定为:

$$\ln y_{it} = \beta_0 + \alpha \ln K_{it} + \beta \ln L_{it} + \varepsilon_{it} \qquad (6.7)$$

式 (6.7) 中, $\alpha + \beta = 1$, 表示在规模报酬不变的假设条件下进行参数估计。超越对数生产函数下 SFA 模型的设定为:

$$\ln y_{it} = \alpha_0 + \alpha_1 \ln K_{it} + \alpha_2 \ln L_{it} + \alpha_3 t + \alpha_4 (\ln K_{it})^2 + \alpha_5 (\ln L_{it})^2 + \alpha_6 \ln K_{it} \ln L_{it} +$$
$$\alpha_7 t \ln K_{it} + \alpha_8 t \ln L_{it} + \alpha_9 t^2 + \varepsilon_{it} \qquad (6.8)$$

式 (6.7)、式 (6.8) 中, $\varepsilon_{it} = v_{it} - \mu_{it}$ 且均满足式 (6.6) 中的相关分布假定, 本节中 SFA 的具体参数估计均在 R 软件中 Frontier 程序包对应的函数中完成。

6.4.2 实际测算结果分析

6.4.2.1 指标解释与数据来源

在 TFP 具体的测算中所需指标有: 产出 y, 资本投入 K, 劳动投入 L。其中, 被解释变量 y 一般用工业产值、地区总产值、国内生产总值等指标衡量, 本节研究的是全国总产出, 故选择国内生产总值作为被解释变量, 具体按照《中国统计年鉴》公布的 GDP 指数以 2003 年为基期计算 2004 年至 2017 年的实际 GDP; 解释变量 K 用资本存量进行替代, 关于资本存量的核算在前面进行了详细的叙述 (此处不再赘述); 解释变量 L 的衡量标准有很多, 目前较为常见的有两种, 一种是直接使用从业人员数, 另一种是利用就业人员的平均受教育年限结合其他指标测算有效劳动力, 本节基于数据可得性与相对有效性的考虑, 提出用就业人员工资总额作为劳动的计算指标。

本节测算全要素生产率所涉及的上述指标数据以及指标具体计算的相关数据均来自《中国统计年鉴》, 选取的具体时间为 2004—2017 年, 由于计算基期指标的需要, 本节搜集整理所需数据的实际起点为 2003 年。

6.4.2.2　TFP 的测算结果分析

为了计算结果的准确性，本节利用 SFA 方法测算 TFP。令折旧率分别取值为 $\delta = 8.52\%$，$\delta = 9.22\%$，在两种不同生产函数设定的随机前沿分析模型中，具体利用式（6.7）与式（6.8）进行参数估计与检验。

如表 6.1 所示，两种生产函数设定下的参数估计及具体 TFP 测算结果差异较小，模型拟合效果方面，C-D 生产函数下 SFA 参数的显著性稍低于超越对数生产函数，从而超越对数估计结果更符合拒绝原假设的要求。其中，σ^2 和 γ 分别由如下计算而得：

$$\sigma^2 = \sigma_v^2 + \sigma_\mu^2, \quad \gamma = \frac{\sigma_\mu^2}{\sigma_v^2 + \sigma_\mu^2} \tag{6.9}$$

表 6.1　全要素生产率测算结果展示

解释变量	C-D 生产函数				超越对数生产函数			
	$\delta = 8.52\%$		$\delta = 9.22\%$		$\delta = 8.52\%$		$\delta = 9.22\%$	
	参数估计	p 值	参数估计	p 值	参数估计	p 值	参数估计	p 值
常数	3.864	0.00***	3.702	0.00***	-0.577	0.552	0.831	0.394
$\ln K$	0.352	0.013*	0.376	0.003**	-0.207	0.735	-0.216	0.745
$\ln L$	0.414	0.001**	0.392	0.002**	2.412	0.004**	2.171	0.012*
t	—	—	—	—	0.912	0.00***	0.633	0.00***
$(\ln K)^2$	—	—	—	—	-1.309	0.00***	-1.169	0.003**
$(\ln L)^2$	—	—	—	—	-3.661	0.00***	-3.431	0.001**
t^2	—	—	—	—	-0.004	0.00***	-0.003	0.013*
$\ln K \ln L$	—	—	—	—	1.981	0.00***	1.886	0.026*
$t\ln K$	—	—	—	—	-0.099	0.00***	-0.052	0.00***
$t\ln L$	—	—	—	—	-0.035	0.093	-0.032	0.067
σ^2	0.038	0.043*	0.045	0.00***	0.028	0.422	0.028	0.625
γ	0.982	0.006**	0.978	0.00***	0.988	0.00***	0.989	0.00***
平均效率	0.953		0.958		0.953		0.954	

注：***、** 和 * 分别代在 0.1%、1% 和 5% 水平下显著。

C-D 生产函数设定式（6.9）的估计结果显示，不同的折旧率取值估计的参数略有不同，具体表现在常数项从 3.864 减少至 3.702，资本存量的生产率系数从 0.352 增加至 0.376，有效劳动的生产率系数从 0.414 降至 0.392；资本与劳动弹性系数之和从 0.766 微增至 0.768，体现的规模报酬效果几乎一致。具体 TFP 计算结果（见图 6.4（a））表现为变化趋势吻合、数值大小差异微小。超越对数生产函数设定结果（式（6.8））表明，在 $\delta = 8.52\%$ 和 $\delta = 9.22\%$ 时各项参数的估计值除常数项外符号一致、大小差异甚微，由于常数项的取值分别为 -0.577 和 0.831，且均未通过显著性检验，所以我们认为这种差异可以忽略不计；具体 TFP 计算结果（见图 6.4（b））表现为变化趋势几乎完全吻合，数值大小几乎没有差异。

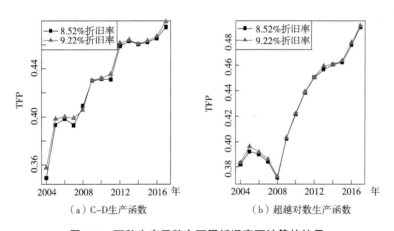

图 6.4　两种生产函数在不同折旧率下计算的结果

　　总体来说，相同的生产函数在 $\delta = 9.22\%$ 时测算的 TFP 值会稍大于 $\delta = 8.52\%$，超越对数生产函数测算的 TFP 值会稍高于 C-D 生产函数。在本章的实际分析中，由于估计结果存在右偏性，我们对技术无效项服从截尾正态分布的情况进行了考虑，并对其 TFP 值进行了计算，最终得出 TFP 值无明显差异的结论。另外，从 TFP 增长率比较方面，两个折旧率取值之下的差异很难区分，进而为本章提出均值回返法输出折旧率提供了实验支撑。受篇幅所限，本章后续的研究均以 $\delta = 9.22\%$ 时超越对数生产函数测算的 TFP、TFP 增长率为对象，具体原因有三点：一是不同的生产函数的测算结果稍有不同，但这种不同并不是 δ 单独作用引起的，需要综合考虑模型中随机扰动项的影响；二是相比较 C-D 生产函数，超越对数生产函数的测算结果由于综合考虑时间因素而更符合经济发展的实际；三是超越对数生产函数测算的 TFP 值在本章提出的合理折旧率取值区间的两个端点处的取值几乎接近，更符合本章研究的要求。

从改进的加权变异系数法着手对区域经济发展不平衡程度进行测度，基于上述 TFP 的测算结果，围绕"定性描述到定量测度"的研究思路，分别以全国和东、中、西三大地带为视角，对经济发展质量与区域经济发展不平衡之间的动态演变关系进行分析，进一步对形成区域发展不平衡的原因进行剖析。

6.5 经济高质量发展与区域经济发展不平衡

6.5.1 区域经济发展不平衡的测度

测算区域经济发展不平衡大小的方法，通常选择可空间分解、能查找成因且计算简便的加权变异系数法（Akita，2010；Li et al.，2014；潘敏和唐晋荣，2014）。在此基础上，本节通过引入子区域人口占比为权重的形式改进了测算全国、三大地带与各省区市区域经济发展不平衡的变异系数法，称之为修订的加权变异系数法（MCV），见表 6.2。

设一个国家或地区划分为 m 个区域，第 $i(i = 1, 2, \cdots, m)$ 个区域中包含 $h_i(i = 1, 2, \cdots, m)$ 个子区域，$\bar{y}_{ijt}$ 代表第 i 个区域第 j 个子区域第 t 期的人均地区生产总值，P_{ijt} 为第 i 个区域第 j 个子区域第 t 期的人口，P_t 是第 t 期全国或全地区的总人口，$\bar{Y}_t$ 为全国或全地区第 t 期的人均GDP，具体公式为：

$$MCV_t = \frac{1}{\bar{Y}_t^2} \sum_{i=1}^m \sum_{j=1}^{h_i} \frac{P_{ijt}}{P_t} (\bar{y}_{ijt} - \bar{Y}_t)^2 \tag{6.10}$$

式（6.10）中，MCV_t 代表全区域发展不平衡程度，根据式（6.10）计算出 2004—2017 年区域发展不平衡的大小，见表 6.2。

表 6.2　2004—2017 年中国区域发展不平衡测算值

年份	2004	2005	2006	2007	2008	2009	2010
MCV	1.534 4	1.576 4	1.536 6	1.439 7	1.417 8	1.404 3	1.405 2
年份	2011	2012	2013	2014	2015	2016	2017
MCV	1.381 8	1.365 5	1.354 3	1.249 0	1.239 0	1.439 0	1.265 1

6.5.2　影响机制分析

长期以来，区域发展不平衡的测度与 GDP 及 GDP 衍生指标息息相关（蔡昉和都阳，2000；Kanbur et al.，2005），也有不少学者对用 GDP 衡量一个国家或地区经济的发展产生了质疑。我们从 TFP 与区域发展不平衡之间相关关系的角度，分析二者之间是否具有依赖或影响关系。

6.5.2.1　定性关系分析

由于中国区域发展不平衡测度值与 TFP 值之间的取值变化交错复杂，很难从二者的原值走势方面分析实际演变关系。基于 TFP 与区域发展不平衡测算所选择经济指标之间的联系，我们认为二者之间应该存在一定的关系，为此，本节对原始数据进行相应的处理。具体表现在，一方面，将区域发展不平衡与 TFP 在 2004—2017 年的数据进行对数化处理之后（见图6.5（a）），虽然总体变化趋势不太明显，但是分段研究效果显著；2008年到 2009 年、2010 年到 2015 年都表现出取值相反的走势，其余各年变化趋势一致但存在实际取值差距较大的问题，很难直接说明二者之间的具体影响关系。另一方面，将两组数据进行环比增长处理后（见图 6.5（b）），可以得出 TFP 变化与区域发展不平衡变化趋势具有耦合性的结论，当然，在 2009 年至 2010 年、2011 年至 2013 年有轻微的反向变动关系，但由于取值均很小（接近 0），所以忽略不计。

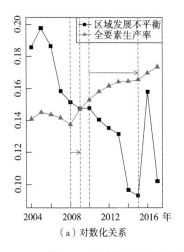

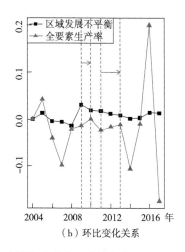

（a）对数化关系　　　　　　（b）环比变化关系

图 6.5　区域经济发展不平衡与全要素生产率（全国视角）

此外，对数化处理之后的区域发展不平衡与全要素生产率之间的相关系数为-0.729 5，环比关系处理后的二者之间相关系数为 0.432 1。综合考虑，初步可以认为中国区域发展不平衡与 TFP 之间存在一定的反向变动关系，即 TFP 取值越大（即经济发展质量越高），区域经济发展不平衡程度越小。为了进一步挖掘这种反向作用关系的动态性与差异性，本节从东部、中部、西部等三个地带区域经济发展不平衡程度（MCV）与经济发展质量（TFP）之间的相关性着手，对中国区域经济发展不平衡（包含区域之间）的成因做详细的定性解读。出于数据处理之后结果解释易于理解的考虑，对三大地带区域经济发展不平衡程度与 TFP 之间演变关系的讨论，我们选择对数化之后的数据作为研究基础。图 6.6 中，东部地区与 TFP 的反向变动关系在 2012 年之前十分显著，2012 年之后有轻微的同向变化关系，但不十分明显；中部地区与 TFP 微弱的同向变动体现在 2006—2010 年，其余时间均为反向变动趋势显著；相比较东、中部两个地区，西部的弱同向变动关系从 2006 年持续至 2012 年，2012 年之后有明显的反向变动走势。

综合分析来看，2012 年之前影响区域经济发展不平衡主要集中在东部地区，而东部地区在这一时间段的反向关系占据了主导地位；2012 年之后区域经济发展不平衡在三个地区表现较为均衡，而中、西部总体的反向变动比东部弱同向变动关系作用强。究其原因，上述现象的出现与 2012 年以来国家将经济投入作为衡量经济产出标准之一密切相关。具体表现为，先后提出减少无效和低端供给，扩大有效和中高端供给，增强供给结构对需求变化的适应性和灵活性，提高全要素生产率的要求，并强调全要素生产率在中国经济增长、宏观调控等方面的重要性。鉴于此，我们认为区域经济发展不平衡与经济发展质量之间反向变动的趋势具有一定理论依据与实践验证基础，而 TFP 的测算对中国区域经济发展不平衡的研究至关重要。

6.5.2.2　定量关系分析

经济高质量发展是渐进性、系统性的发展过程，而非均衡区域发展战略以增长极理论为依托，亦有该特性，二者之间存在错综复杂的联系。相关性分析虽可从定性的角度对全要素生产率与区域经济发展之间关系做较

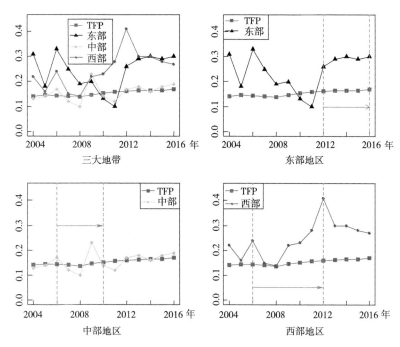

图 6.6　区域经济发展不平衡与 TFP（三大地带视角）

为直观地判断，但两者之间具体的影响效应还需进一步量化分析。本章从基础线性模型入手，在验证二者存在影响效应的基础上，以非线性模型（引入二次项①）为优化途径，对全要素生产率驱动下经济发展质量与区域经济发展不平衡之间的影响效应做进一步分析。需要强调的是，为了更加直接有效地探究经济高质量发展与区域经济发展不平衡之间的作用关系，本节不将其他影响变量（如科技水平、生态环境、基础设施等）纳入分析，此外，对回归关系中 TFP 的内生性问题进行了讨论，得出不存在内生性的结论②。

如表 6.3 所示，就定量测度结果而言，总体上，经济发展质量与区域经济发展不平衡之间存在负向的作用关系，且这种作用关系表现出较强的

---

① "U" 形模型设定基于经济高质量对区域经济发展不平衡的影响机理和数据特性两个方面的考虑。

② 利用核心解释变量与随机扰动项的相关系数解决内生性问题，无论是线性还是非线性，全国及东、中、西地区二者之间的相关系数的绝对值均小于 0.2，故认为不存在内生性问题。

非线性特征。具体来看，在线性关系的负向作用效果中，2004—2017 年，全国范围内的经济发展质量对区域经济发展不平衡的影响系数为 -1.976，并通过了 5% 的显著性水平检验，可以认为这种负向作用关系是存在的；三大地带的分解分析中，虽然中部地带显示出 1.195 的正向效应，但是这种效应并未通过检验，而东部与西部地带均呈现出不同程度的抑制效应，并通过了 5% 的显著性水平检验，进一步对两者之间存在负向作用的关系进行了佐证。然而，研究对象全国或三大地带的线性模型拟合优度相对均偏低，且存在很大的差异，表明单纯的线性关系不能全面反映经济发展质量对区域发展不平衡的作用机理；综合考虑赫尔希曼对不平衡增长理论的描述，本节对经济发展质量与区域经济发展不平衡之间的非线性影响关系进行了验证。全国和三大地带的非线性关系验证结果表明，全要素生产率对区域经济发展不平衡的一次项系数显著为负、二次项系数显著为正，虽然东部地区的系数显著性稍低（通过了 10% 的显著性水平检验），但是这种非线性关系的阈值效应是明显存在的。

表 6.3　经济发展质量与区域经济发展不平衡的影响效应

	线性关系				非线性关系			
	全国	东部	中部	西部	全国	东部	中部	西部
常数项	0.451***	0.132**	0.110**	0.038***	0.152***	10.933·	0.029**	0.225***
	(0.083)	(0.031)	(0.029)	(0.009)	(0.010)	(5.743)	(0.009)	(0.022)
lnTFP	-1.976*	-1.439*	1.195	-0.542*	-0.951***	-1.413·	-0.571*	-1.473***
	(0.835)	(0.695)	(0.708)	(0.221)	(0.052)	(0.511)	(0.201)	(0.170)
平方项	—	—	—	—	6.324***	6.474·	6.174***	6.450***
					(0.157)	(0.445)	(0.428)	(0.141)
R^2	0.532	0.577	0.206	0.598	0.699	0.591	0.769	0.819

注：***、**、*和·分别代表 0.1%、1%、5% 和 10% 水平上显著。

6.6　主要结论

本章以全要素生产率与区域经济发展不平衡关系研究为目标。

首先，考虑 TFP 的测算，基于资本存量再测算的视角，提出了均值回返思想的非参数资本折旧率测度方法，构建了测算资本存量的变系数永续盘存法；得出不同累积距离和设定条件下，非参数均值回返法测度的中国资本存量总体上呈现上升态势的结论，而现有文献对资本存量的测算结果也支持了这一结论，进而验证了本章所提方法的可行性与稳健性。

其次，考虑经济发展质量与区域经济发展不平衡的关系研究，基于不同生产函数设定下 TFP 的测算结果，针对中国经济发展的新要求，分别从定性描述与定量测度两个角度对区域经济发展不平衡与 TFP 的作用机制进行了分析，得出经济发展质量对区域经济发展不平衡具有弱线性负向抑制、强非线性影响效应的结论，但同时这种反向的作用关系也体现出"地域差异"和"动态演变"的特征。

最后，考虑全国区域经济发展的差异性，以东、中、西三大地带2004—2017 年相关数据为支撑，基于 TFP 的视角，从时间与空间两个维度探讨了经济发展质量与区域经济发展不平衡之间的演变关系，得出二者之间非线性抑制关系在三大地带均存在的结论，也得出东部地区经济发展质量高于中、西部，区域发展不平衡低于中、西部的结论。

相较于国内生产总值指标，全要素生产率不仅考虑了产出还综合考虑了投入约束，能够更好地反映经济发展质量。而本章基于资本存量再测算的视角，在系统探讨 TFP 测算程序的基础上，进一步分析了 TFP 与区域经济发展不平衡之间的非线性影响效应，给出一种分析区域发展不平衡问题的新研究视角，为下一步研究区域发展不平衡问题提供了新思考。

7

贫困治理、产业结构与区域发展不平衡

本章从经济增长理论与基尼系数关系匹配模型两个视角出发，基于贫困治理与产业结构两个维度对区域经济发展的不平衡增长理论进行了拓展与深化，聚焦中国新三大地带，从理论与实证相契合的角度研究了贫困治理效果、产业结构调整对区域经济发展不平衡的作用机制。

7.1 引言

党的十九大报告指出，中国已进入中国特色社会主义新时代，社会的主要矛盾已发生转变，社会生产力水平总体上显著地提高，社会生产能力在许多方面已经进入了世界前列，但是，更加突出的问题依然是发展的不平衡不充分。纵观改革开放 40 多年来中国经济的发展变化，区域发展的不平衡不充分问题从过去到现在一直存在（Lee，1995；Fu，2004），不同的是，从区域不平衡发展的表征变量（变异系数）取值来看，我国总体区域发展不平衡的程度从 2010 年的 54.77%下降至 2017 年的 45.82%[①]。也就是说，这种不平衡不充分现象现在不是在扩大而是在趋于缩小。

新时代，我国经济已由高速增长阶段转向高质量发展阶段，深入贯彻新的发展理念，以提升发展质量与效益为前提的协调发展是区域平衡发展的新要求。一方面，打好精准脱贫攻坚战，使经济发展向更加均衡更加充分的势态转变，是 2019 年经济工作的重点，那么，精准扶贫效果在区域经济协调发展中到底扮演什么角色？如何影响区域经济的发展？另一方面，产业结构的转型和优化升级是实现经济高质、高效发展的决定性因素（干春晖等，2011），是缓解不平衡不充分问题的有效途径，那么，产业结构调整对区域经济协调发展的作用机制是什么？此外，贫困治理、产业结构调整同样作为区域发展的政策导向，在区域经济发展中是否存有"旁侧连锁效应"[②]？这是本章节关注的重点内容。

现有文献关于贫困治理与区域经济不平衡发展之间关系的研究基本从

---

① 这一观点也从区域不平衡发展表征变量（变异系数）的取值变化得到了验证，此处变异系数取值来自本章后续实例分析中的计算结果；详情请参考实例分析。

② "旁侧连锁效应"是在经济不平衡增长理论中演化而来的，表示相对发达地区的经济增长对周围落后地区经济的发展具有推动作用，但这种有利的影响也可能受到其他因素的制约而存在滞后效应。

农村人口流动、地区人力资本分布、地区就业结构分布等 3 个方面展开（Fleisher et al.，2010；郭丹等，2010；周京奎等，2019），认为农村人力资本的积累与农业生产率、农村教育投资的提升密不可分，而造成地区差异的主要原因是人力资本的不均衡分布，得出区域经济协调发展与农村经济结构、产业结构、人力资本的就业结构等息息相关的结论。也有部分学者用农村产业结构调整与农村就业结构匹配关系来研究地区经济增长与脱贫效果之间的关系（Uy et al.，2013；Cheremukhin et al.，2017；颜色等，2018），认为在稳定农村第一产业发展的同时提高第二产业技能、优化第三产业结构，实现农村劳动力就业的"分梯次、分阶段"，进一步达到脱贫致富、区域协调发展的目标。显然，现有文献缺乏贫困治理效果对区域经济不平衡发展作用机制的直接效应研究，未能从理论和实证相结合的角度对这种作用机制进行探讨。本章在综合考虑区域经济不平衡增长理论与关系匹配研究模型的基础上，构建了贫困治理效果对区域发展不平衡的面板数据模型，并对其区域差异性与时间动态性的演变轨迹进行深入的探究。

就产业结构与区域发展不平衡的研究现状而言，有基于全区域的产业结构调整与区域经济发展关系的研究，包括税收竞争、产业结构调整与区域绿色发展（李子豪和毛军，2018），地区产业升级与经济增长（何慧爽，2015；周茂等，2018）等；也有基于分类产业转型升级与区域经济增长的关系研究，以制造业技术开发（Acharya，2007）、高技术和低技术产业联系与溢出效应（Johan and Mark，2009）为代表的研究结果表明，以技术为导向的产业结构转型升级对区域经济的有序增长存在扩散效应；还有一些基于经济结构变迁、人口迁移等多个基础设施、经济政策、地理位置为设定条件的区域经济不平衡发展研究（Brun et al.，2002；Cai and Daniel，2005；朱紫雯和徐梦雨，2019），认为产业结构的调整对区域经济发展存在"联动效应"。然而，就可查阅的现有文献来看，尚未发现研究产业结构调整对区域经济发展不平衡直接关系的文献，尤其对产业结构调整与精准扶贫共同作用于区域经济发展不平衡影响机制的研究更是缺乏。

扶贫扶长远，长远看产业①。中国地域辽阔，各地区资源禀赋大有不同、自然环境各有优劣、经济发展所处水平不同，而贫困治理与产业结构调整工作在开展中也呈现出显著的地域差异性。从消费拉动的角度看，针对贫困地区的比较优势，通过发展自主特色产业实现脱贫，进而带动区域经济发展，是实现区域可持续发展的一个重要途径。

与现有文献不同，首先，本章分别考察了贫困治理和产业结构调整对区域经济不平衡发展的线性与倒"U"形作用机制的影响效应；其次，将贫困治理成效与产业结构调整两个变量共同作为影响变量，考察了区域经济协调发展进程中二者交互作用的影响效应；最后，以新三大地带为例，对贫困治理效果、产业结构调整与区域经济不平衡发展之间的"地域差异性"和"时间动态性"的演变轨迹进行了考察。

7.2 理论机制与模型设计

区域发展不平衡不充分的问题一直都存在，将来也会以不同的形式和程度呈现与存在，被认为是发展中国家，尤其是像我国这样幅员辽阔、资源短缺、生产力水平较低的发展中国家社会发展进程中的必然；这一现象随着赫尔希曼的"不平衡增长理论"的推出而被证实与持续深化。

7.2.1 不平衡增长理论及其推论

1958年，赫尔希曼在其《经济发展战略》一书中提出"发展是一连串不均衡的连锁效应"的命题，认为在投资和资源有限的条件下，实施"优先发展"策略是发展中国家取得经济发展的最有效途径；这也与改革开放初期，我国"允许一部分人先富起来，带动大部分地区，然后达到共同富裕"的区域经济发展政策相一致。目前，我国生产力已获得了显著的发展，以乡村落后于城市、中西部地区落后于东部地区为前提的区域发展不平衡现象也得到了有效的改善。自2013年11月习近平总书记在湖南湘西考察首次提出"精准扶贫"思想和2013年11月党的十八大对资源型城市产业转型升级提出了"更高"的要求以来，2014年我国区域发展不平

---

① 该观点来自2018年12月6日"人民日报评论"。

衡缩减效果显著，这也是本章综合考虑这两个方面对区域发展不平衡作用机制研究的初衷。

7.2.1.1 基于经济增长理论的视角

从索洛（Solow）经济增长的基础模型入手，将影响劳动力转移的脱贫效果和技术进步主导的产业结构转型升级在区域经济增长中的作用纳入考虑，将地区 $i(i = 1, 2, \cdots, m)$ 的生产函数在柯布-道格拉斯函数的基础上扩展为：

$$Y_i = A(a_{1i}, a_{2i})K_i^\alpha L_i^\beta(l_{1i}, l_{2i})G_i^\gamma \tag{7.1}$$

式（7.1）中，Y_i 代表地区 i 的经济产出，用地区人均生产总值来表示；$A(a_{1i}, a_{2i})$ 为技术进步投入的函数，分为技术型主导产业投入 a_{1i} 和非技术型产业投入 a_{2i}，此处假设 a_{1i} 和 a_{2i} 的相关性较小（可忽略不计），将技术进步关系表示为 $A = A(a_1 + a_2)$；K_i 为地区 i 的资本投入，不做具体细分；$L(l_{1i}, l_{2i})$ 为劳动力投入，分别为 i 地区内贫困区域劳动力投入 l_{1i} 和非贫困区域劳动力投入 l_{2i}，同上，将劳动力投入表示为 $L = L(l_1 + l_2)$ 的线性函数关系；G_i 为政府对于区域经济发展的额外投资（如基础设施、公共服务等）。假定 α，β，$\gamma > 0$，$\alpha + \beta + \gamma < 1$，表明经济中还有其他的要素投入作用于经济产业（如资源禀赋）。对式（7.1）两边取对数并分别对 a_1 和 l_1 求导可得：

$$\frac{\partial \ln Y_i}{\partial a_{1i}} = \frac{\partial \ln[A(a_{1i} + a_{2i})]}{\partial a_{1i}} > 0 \tag{7.2}$$

$$\frac{\partial \ln Y_i}{\partial l_{1i}} = \beta \frac{\partial \ln[L(l_{1i} + l_{2i})]}{\partial l_{1i}} > 0 \tag{7.3}$$

特别地，若令 $A(a_{1i} + a_{2i}) = a_{1i} + a_{2i}$，$L(l_{1i} + l_{2i}) = l_{1i} + l_{2i}$，则式（7.2）退化为 $1 > 0$ 的不等式，式（7.3）退化为 $\beta > 0$ 的不等式，显然，上述结论成立。其他情况说明，当 a_{1i} 和 a_{2i} 的关系为非线性或者相关性较强时，需通过确定函数形式具体量化二者之间的关系，并通过弱化相关性的手段进一步分析前文的论述①。综合来看，在技术进步型的产业结构转型升级

---

① 特别地，可通过假定 a_{1i} 和 a_2 相乘的形式做进一步检验；通常而言，技术型主导产业投入 a_{1i} 和非技术型产业投入 a_1 的弱相关关系以及线性组合函数关系可以满足，故文中未对其他情况做详细说明。

中，劳动力由落后地区（贫困地区）向发达地区转移是引起区域经济产出质量不断提升的主要原因，而经济发展的不平衡也会随着所有地区经济的向好而逐步减弱。

7.2.1.2　基于关系匹配的视角

近年来，有不少学者在资源、环境与经济的关系探索中，用基于基尼系数法的关系匹配模型和最优化模型（高进云等，2006；王媛等，2008；熊鹰等，2019）对它们之间的影响关系进行研究。在上述经济增长理论的基础上，本章综合考虑区域发展不平衡（变异系数计算而得）与贫困治理效果、产业结构转型升级之间的匹配关系，并对它们之间的作用机制做进一步判断与分析。匹配模型的计算公式如下：

$$Gini_j = 1 - \sum_{i=1}^{m} (X_{j(i)} - X_{j(i-1)})(Z_{j(i)} + Z_{j(i-1)} - 1) \tag{7.4}$$

其中，$j = 1, 2, \cdots, n_1$ 代表第 j 个指标，$i = 1, 2, \cdots, m$ 代表第 i 个区域分配的个数，$X_{j(i)}$ 代表第 j 个指标在 i 区域的累积百分比，$Z_{j(i)}$ 为基于指标 j 的对应指标在区域 i 中的累积百分比。进一步可以得到下式：

$$X_{j(i)} = X_{j(i-1)} + \frac{x_{j(i)}}{\sum_{i=1}^{m} x_{j(i)}} \tag{7.5}$$

$$Z_{j(i)} = Z_{j(i-1)} + \frac{z_{j(i)}}{\sum_{i=1}^{m} z_{j(i)}} \tag{7.6}$$

其中，$x_{j(i)}$ 为第 i 个区域内第 j 个指标的数值，$z_{j(i)}$ 为第 i 个区域内与 x 相匹配的第 j 个指标的数值。显然，式（7.4）为"梯形面积"法思想下，通过计算两个抽象指标（或具体指标）的联合基尼系数进一步讨论相互影响的匹配效果；另外，当区域 $i = 1$ 时，$(X_{j(0)}, Z_{j(0)})$ 可以视为 $(0, 0)$。

显然，在脱贫效果与区域发展不平衡、产业结构与区域发展不平衡的匹配关系研究中，二者对区域经济发展的不平衡影响（除 2010 年以外）均处于"高度匹配"的阶段（如图 7.1 所示）；而脱贫效果的影响效应随着年份的推移不断向更高度匹配的阶段快速靠拢，相比之下，产业结构的影响效应相对较为平缓。

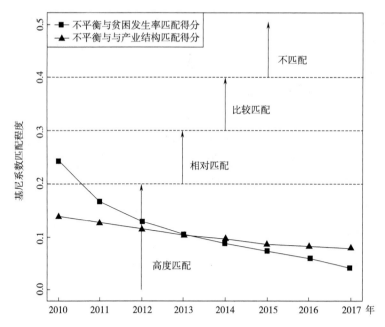

图7.1 脱贫效果、产业结构与区域发展不平衡影响关系的匹配性分析

注：精准扶贫的效果用农村贫困发生率表征，产业结构的转型升级用第三、二产业产值比重（产业高级化）来表征，具体的指标解释与分析在实例分析部分进行介绍。此外，关于匹配关系的具体等级划分如下：$Gini<0.2$ 为"高度匹配"或"绝对匹配"，$0.2\leqslant Gini<0.3$ 为"相对匹配"，$0.3\leqslant Gini<0.4$ 为"比较匹配"，$0.4\leqslant Gini<0.5$ 为"不匹配"，$0.5\leqslant Gini$ 为"极不匹配"，关于这部分的具体来源请读者自行查阅参考文献。

与理论分析的基础相联系，2013年以后，在"精准扶贫"与"产业结构转型升级向更高水平迈进"的双重政策下，这种匹配效应越发显著，作用效果更加明显。这表明，脱贫效果对区域发展不平衡的影响效应存在，且略高于产业结构对区域发展不平衡的作用。综合上述经济增长理论与关系匹配模型的研究结果，本章得到以下两个推论。

推论1：贫困治理对区域的协调发展具有显著的正向促进作用，且这种作用机理表现出明显的"地域相关性"；也就是说，贫困发生率的下降会对区域发展不平衡程度的降低具有正向效应，脱贫致富是区域协调发展的重要推动力量。

推论2：产业结构调整对区域发展不平衡的缓解存在着"扩散效应"，这种效应可以有效抑制贫困水平变化对区域发展不平衡所带来的冲击，也就是说，产业结构调整与贫困治理的有效结合是区域协调发展的重要推动力量。

7.2.2 模型设定

根据上述的理论分析，本章我们关注的重点问题有三个：第一，各地区的贫困治理效果、产业结构转型升级作为区域经济发展的政策先导因素是否影响了区域发展不平衡的演变轨迹？第二，中国区域发展不平衡的变化规律是否会受到脱贫成效与产业结构共同作用的影响？第三，区域发展不平衡的"地域相关性"在新三大地带中的"异同性"是怎样体现的？

由于第一个问题涉及贫困治理效果与产业结构转型升级对区域经济发展不平衡的影响机制的基础影响效应分析，在全国各省区市的具体研究中存在一定的差异性，因此，针对第一个问题，本章设计如下三个递进验证方程：

$$imb_{it} = \alpha_{1i} + \beta_{11}pov_{it} + \mathbf{Z}_{it}^{\mathrm{T}}\gamma_1 + \mu_{1it} \qquad (7.7)$$

$$imb_{it} = \alpha_{2i} + \beta_{21}indu_{it} + \beta_{22}indu_{it}^2 + \mathbf{Z}_{it}^{\mathrm{T}}\gamma_2 + \mu_{2it} \qquad (7.8)$$

$$imb_{it} = \alpha_{3i} + \beta_{31}pov_{it} + \beta_{32}indu_{it} + \beta_{33}indu_{it}^2 + \mathbf{Z}_{it}^{\mathrm{T}}\gamma_3 + \mu_{3it} \qquad (7.9)$$

需要指出的是，式（7.7）、式（7.8）、式（7.9）均为个体固定效应面板数据模型[①]，$i(i = 1, 2, \cdots, n)$ 为区域个数（表示截面）；$t(t = 1, 2, \cdots, T)$ 为时间长度；imb_{it} 为区域发展不平衡程度，由变异系数计算而得；pov_{it} 代表贫困水平，$indu_{it}$ 为产业结构；$\mathbf{Z}_{it}$ 为控制变量的向量集合；$\mu_{jit}(j = 1, 2, 3)$ 为横截面 i 和时间 t 上的随机误差项；$\alpha_{ji}(j = 1, 2, 3)$ 为不同变量影响下的截距项，代表不同地区的个体效应；β_{11}、β_{21}、β_{22}、β_{31}、β_{32} 和 β_{33} 为待估参数，分别表示贫困水平、产业结构对区域发展不平衡的边际影响效应；γ_1、γ_2 和 γ_3 为控制变量的待估参数集合，在不同的方程中得到的参数不一定相同。总体上，上述三式表示的是变截距（随地区不同而不同）面板数据模型。

针对第二个问题，涉及脱贫成效与产业结构共同作用对区域发展不平衡的影响，理应从有、无交互项两个方面进行考虑，但考虑实际分析结果

---

① 本章的个体固定效应面板模型是通过实际数据进行 Hausman 检验之后做的选择，因篇幅有限，不再赘述，如有需要请向作者索要；另外，式（7.8）是为了验证推论 2 中倒"U"形关系的合理性而设的。

的有效性，本章进行如下设定：

$$imb_{it} = \alpha_{4i} + \beta_{41}pov_{it} + \beta_{42}indu_{it} + \beta_{43}p_{ov} \times indu_{it} + \boldsymbol{Z}_{it}^{T}\gamma_4 + \mu_{4it} \tag{7.10}$$

$$imb_{it} = \alpha_{5i} + \beta_{51}pov_{it} + \beta_{52}indu_{it} + \beta_{53}p_{ov} \times indu_{it} + \beta_{54}indu_{it}^2 + \boldsymbol{Z}_{it}^{T}\gamma_5 + \mu_{5it} \tag{7.11}$$

式（7.10）与式（7.11）分别从贫困水平与产业结构共同作用及相互影响作用和产业结构的非线性作用对区域发展不平衡的影响机制进行探讨，具体的参数解释与上述一致①。

针对第三个问题，本章选择新三大地带②，以脱贫成效、产业结构与区域发展不平衡影响机制研究为视角，分别从东北及东部沿海地带、中西部地带、远西部地带等三个区域进行"异同性"分析，统一的验证性方程设定如下：

$$rimb_{kit} = \alpha_{ko} + \alpha_{k1}pov_{kit} + \alpha_{k2}indu_{kit} + \alpha_{k3}indu_{kit}^2 + \alpha_{k4}pov_{kit} \times indu_{kit} + \boldsymbol{Z}_{kit}^{T}\lambda_k + \mu_{kit}$$

$$\tag{7.12}$$

式（7.12）中，$k(k = 1, 2, 3)$分别代表上述三大地带，$i(i = 1, 2, \cdots, n_k)$分别为三大地带中省区市的个数，其他参数解释同上。另外，式（7.12）的模型设定在此处遵循全面性原则，将所有可能的影响关系均考虑在内，在实例应用分析中可根据需要进行删减；再者，由于式（7.12）是针对不同区域分别进行建模的，故在参数估计中为混合固定效应面板数据模型。

7.3　数据来源与指标解释

本章基础变量的数据来源于 2010—2018 年《中国统计年鉴》、全国各省统计年鉴、《中国农村统计年鉴》和《中国农村贫困监测报告》以及在实际 GDP 折算时来自世界银行的 GDP 平减指数，具体研究中区域经济发

---

① 在设定式（7.10）、式（7.11）之前对二者之间共同影响作用的模型也在实例中进行了检验，由于其模型拟合优度过低（0.325）、参数均未通过5%的显著性检验，故此处不再赘述。

② 新三大地带是在充分考虑我国人口和城镇分布的基本状况下进行的划分。具体为：东北及东部沿海地带，包括辽宁、吉林、黑龙江、北京、天津、河北、山东、上海、江苏、浙江、福建、广东和海南等13个省市；中西部地带，包括重庆、四川、湖北、湖南、安徽、江西、陕西、甘肃、宁夏、山西、河南、云南、贵州和广西等14个省区市；远西部地带，包括内蒙古、新疆、青海和西藏等4个省区。

展不平衡还受其他因素的影响，各指标的数据描述见表7.1。

表 7.1　基础变量的基本数据描述分析（2010—2017 年全国水平）

原始变量	符号	表征变量	单位	均值	标准差	最小值	最大值
不平衡程度	Imb	区域经济发展不平衡	%	48.33	3.12	45.82	54.77
贫困治理效果	Pov	农村贫困发生率	%	8.64	4.64	3.1	17.2
产业结构调整	$Indu$	产业结构高级化	—	4.51	0.93	12.32	20.45
经济发展水平	$Pgdp$	人均地区生产总值	万元/人	4.51	0.93	3.08	5.92
城镇化	Urb	城镇化率	%	54.28	2.98	49.95	58.52
教育水平	Edu	每万人中在校高中生人数	人/万人	176.8	4.88	170.82	182.21
科技水平	$Tech$	技术市场成交份额	亿元	8.23	3.26	3.91	13.42
资源分布	$Reso$	人均水资源量	千立方米/人	2.09	0.2	1.73	2.35
基础设施	Pub	每万人拥有公共厕所	座/万人	2.84	0.1	2.72	3.02
工具变量	Iv	农作物总播种面积	千万公顷	16.34	0.37	15.68	16.69

7.3.1　被解释变量

区域经济发展不平衡（Imb）：为了进一步从经济高质量发展角度刻画区域发展的不平衡程度，本章选取具有可空间因素分解、能进行收入与来源分析的地区经济均值的变异系数来刻度，其中，该表征指标用国内人均生产总值（万元）来代替；变异系数通过反映区域发展的离散程度揭示全国、各区域、各省区市的协调发展现状，是分析区域发展不平衡的核心指标。

7.3.2　核心解释变量

贫困治理效果（Pov）[①]：关于该指标的测度，无论是基于微观数据的研究还是宏观政策的分析，目前有绝对贫困和相对贫困两种表征指标；基于阿鲁里等（Arouri et al.，2017）、田雅娟等（2019）在人口城镇化、影响主观贫困因素的研究中所考虑的贫困发生率，结合我国贫困的实际情况，选用农村贫困发生率这一客观、直接的刻度指标对脱贫效果进行表

---

① 为了避免重复，在具体的描述分析中，也将精准扶贫效果称作"贫困水平"或者"脱贫效果"，其表达含义一致。

征，农村贫困发生率越低，脱贫效果越好。

产业转型升级（*Indu*）①：该指标用于反映一个国家或地区产业结构转型升级的效果，现有文献一般从高级化（干春晖等，2011）或合理化（刘强和李泽锦，2019）的角度对其进行刻画；合理化多用 Theil 指数方法测算三次产业的综合发展情况来标识，而高级化则不考虑第一产业，用第二、三产业产值比进行表征；考虑 2010 年以来我国农业发展的平稳性、产业结构升级转型的目的性，本章用反映高级化的三次产业产值与二次产业产值的比重来表示产业从低附加值向高附加值、从高能耗高污染向低能耗低污染、从粗放型向集约型升级的产业结构优化效果。

7.3.3 控制变量

经济发展水平（*Pgdp*）：是从不同时期、不同规模反映经济发展"量"与"质"综合现状的核心指标，也是社会经济现象分析中各种指标计算的基础，遵循经济发展刻画的一般规律，本章选择人均地区生产总值指标（基于经济规模的测量）对经济发展水平进行表征。

城镇化（*Urb*）：城镇化水平是包含狭义与广义的综合概念，通常为反映一个国家或地区生产力发展、科技进步、产业结构多方协调发展的重要标志，一般用城镇化率来表征；我国城镇化率从 2010 年的 49.95%上升至 2017 年的 58.52%，逐年的变化幅度较为平稳，所以选择城镇人口与总人口比重的城镇化率作为控制变量之一。

教育水平（*Edu*）：一般指一个国家或地区居民受教育程度，现有文献关于该指标的刻画主要从基于微观数据库的平均受教育年限（杨克文和李光勤，2018）和基于宏观数据库的高等教育人数（徐生霞等，2019）两个方面展开研究，本章选择每万人中在校高中生人数这一在宏观数据库可查找、动态数据可获得、样本期间变化幅度较小的指标作为教育水平这一控制变量的表征。

科技水平（*Tech*）：该指标反映的是技术进步与科技发展水平的综合能力，本章选用技术市场成交份额这一样本期间逐年增长相对稳定、综合

---

① 为了避免重复，在具体的描述分析中，也将产业结构调整称作"产业结构转型升级""产业结构"，其表达含义一致，在本章中不做具体区分。

反映科技市场现状的指标对一个国家或地区的科技水平进行表征。

资源分布（*Reso*）：资源分布是一个国家或地区发展的基础，我国是一个幅员辽阔的大国，各地资源分布不均衡现象较为普遍，而水资源是人们赖以生存的必然因素，近年来在各地的分布逐渐趋向平衡，故本章选择离散程度较小的人均水源量作为资源分布的表征指标，进一步作为本章分析的控制变量之一。

基础设施（*Pub*）：基础设施是保证一个国家或地区社会经济活动正常运行的公共服务系统，是社会活动存在与发展的物质基础，其表征指标包含交通、水电等多个方面，作为工具变量之一，本章选择每万人拥有公共厕所数这一离散系数小的指标对基础设施进行表征。

7.3.4 工具变量（*Iv*）

该指标是在具体内生性解决模型中引入的与残差项无关、与贫困水平相关的变量，由于式（7.8）的设定中包含多个指标，工具变量的选择尽量与其他变量不存在相关性，故本章选择农作物播种面积（*Agri*）作为脱贫效果的工具变量。

另外，需要强调的是，在全国区域发展不平衡与脱贫效果和产业结构的关系研究中，按照上述变量的设定，出现了变量个数大于样本个数的情况，故本章引入 L_1 范数的 lasso 惩罚（Robert，2011）对变量分别从两个视角进行筛选，结果如表 7.2 所示，最终在实例分析中选择贫困水平、产业结构、教育水平、资源分布等 4 个变量进行基础分析。

表 7.2 2010—2017 年全国范围数据的变量选择结果

	常数项	贫困水平	产业结构	经济水平	城镇化率	教育水平	科技水平	资源分布	基础设施
全部惩罚	0.783	0.165	1.294	0		0.357	0.039	1.793	0
部分惩罚	−1.251	0.916	1.382	0	1.017	0.110	0	0.194	−1.858

注：均采用 L_1 惩罚（即基于最小绝对值的 lasso 惩罚进行变量的选择）。

本章选择变量的视角有核心变量加入惩罚和核心变量不加入惩罚两种（冯亮等，2021），显然，贫困水平和产业结构在两种不同的惩罚设定下均对区域发展不平衡具有显著的影响效应；两种惩罚中均保留下来的变量——教育水平、资源分布，作为本章具体模型在实例分析中应用的控制变量进行研究；另外，需要强调的是，表7.2中的具体系数只作为变量选择的依据，不具有具体的经济含义（未进行面板数据的参数估计处理）。

7.4 影响机制分析

7.4.1 基准结果分析

在确定了教育水平和资源分布为控制变量的前提下，本章遵循"逐步引入、重点分析"的原则，首先对中国各省区市精准扶贫所取得的成效与区域经济不平衡发展之间的动态演变关系进行面板线性验证，得出贫困水平的降低对区域经济发展平衡的缩减具有促进作用，作用机制存在"个体效应"的结论；回归结果如表7.3列（2）所示，仅考虑贫困水平对区域发展不平衡的影响，其作用系数显著，为0.649。其次，仅将产业结构转型升级对区域发展不平衡的冲击效应进行分析，如表7.3列（3）、列（4）所示，产业结构对区域经济不平衡发展的作用系数显著为正，认为产业结构优化效果越好，区域不平衡发展程度越高，而这与经济运行的一般规律相悖；综合考虑线性关系假定的缺点与模型拟合效果的低取值效应，本章考虑产业结构对区域经济发展不平衡的非线性作用机制，并在列（4）中得到证实，即产业结构优化升级与区域发展不平衡之间存在倒"U"形的影响关系（二次型系数为-8.507，显著小于0），认为产业结构的优化升级对区域经济的不平衡发展作用有先促进后抑制的作用，也就是说，经济结构转型升级达到一定程度之后对区域的协调发展才会表现出正向促进作用（Tibshirani，2011）。

表 7.3　2010—2017 年中国各省区市基础模型结果展示

变量	不考虑内生性					考虑内生性		
	仅贫困	仅产业结构		贫困与产业结构		（7） （线性）	（8） （非线性）	（9） （非参数）
	（2）	（3）	（4）	（5）	（6）			
常数项 （均值）	0.729	0.657	0.497	0.564	0.417	0.341	0.362	0.457
贫困 水平	0.649 *** (0.050)	—	—	0.879 ** (0.289)	0.331 * (0.131)	2.789 *** (0.174)	2.636 *** (0.162)	1.007 *** (0.071)

续表

变量	不考虑内生性					考虑内生性		
	仅贫困	仅产业结构		贫困与产业结构		(7) (线性)	(8) (非线性)	(9) (非参数)
	(2)	(3)	(4)	(5)	(6)			
产业结构	—	17.261 *** (2.17)	41.875 *** (5.546)	8.804 * (3.622)	34.558 *** (6.664)	39.204 *** (5.286)	35.864 *** (5.634)	14.289 ** (5.431)
平方项 (产业 结构)	—	—	−8.507 *** (1.782)	—	−6.966 *** (1.959)	−8.348 *** (1.996)	−7.869 *** (1.961)	−2.441 (2.003)
交互项	—	—	—	0.468 * (0.217)	0.133 (0.112)	—	—	—
教育 水平	−0.115 *** (0.022)	−0.125 *** (0.019)	−0.114 *** (0.018)	0.038 (0.027)	−0.065 ** (0.018)	−0.098 *** (0.021)	−0.064 ** (0.021)	−0.051 * (0.023)
资源 分布	0.022 (0.174)	0.019 * (0.008)	0.012 (0.134)	−0.085 * (0.041)	−0.213 * (0.102)	−0.301 * (0.151)	−0.278 (0.149)	−0.041 (0.012)
个体 效应	是	是	是	是	是	是	是	是
R^2	0.564	0.463	0.526	0.576	0.606	0.664	0.672	0.628
样本量	208	248	248	208	208	208	208	208

注：***、** 和 "*" 分别代表 0.1%、1% 和 5% 水平下显著，括号内为标准误；另外，考虑到数据的可得性，本章未对港澳台地区做实例研究（下同）。

再者，除了考虑产业结构与区域经济不平衡发展的非线性关系外，考虑到经济运行的实际规律，我们将精准扶贫效果与产业结构升级的交互作用项作为线性关系的另一种设定进行模型估计，如表 7.3 列（5）所示，二者的交互作用通过了 5% 的显著性水平验证，取值为 0.468（不等于 0），且贫困水平对区域经济不平衡发展的系数从仅考虑脱贫效果的 0.649 增至既考虑贫困水平又考虑产业结构及其交互项的 0.879，认为产业结构的升级转型在一定程度上加剧了精准扶贫效果促进区域协调发展的进程。最后，综合考虑上述交互项与非线性影响效应的具体作用机制，根据式（7.11）的模型设定对贫困水平、产业结构与区域经济不平衡发展之间的关系做系统、全面的研究，如表7.3列（6）所示，贫困水平对区域发展不平衡的作用系数虽然有所下降，但始终为正，产业结构转型升级与区域经济不平衡发展之间的倒"U"形效应依然显著，不同的是，产业结构与贫困水平之间的交互影响效应未通过检验；综合考虑模型拟合优度与参数显著性，本章在后续的研究中仅考虑产业结构与区域发展不平衡之间的非线性效应，不再对相互作用进行赘述。另外，需要强调的是，在列（2）至列（9）的分析中，由于各省区市存在差异性，我们用变截距的面板数据模型进行参数估计，所以常数项所展示数据均为所有个体取值的均值。图7.2，对列（6）中各省区市的个体效应进行了展示。

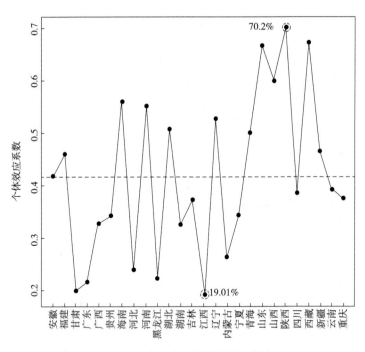

图7.2　各省区市不同截面冲击效应

综上所述，在不考虑核心变量存在内生性问题的前提下，影响区域经济发展不平衡各因素变量的作用系数虽然均通过了显著性检验，但是存在模型拟合优度相对较低的问题。自然，修正面板数据计量模型的一个核心就是"内生性检验与处理"问题，针对式（7.11）在表7.3列（6）的估计结果，我们对工具变量下的两阶段最小二乘估计（2SLS）模型设定如下：

$$imb_{it} = \tilde{\alpha}_i + \gamma_1 pov_{it} + \gamma_2 indu_{it} + \gamma_3 indu_{it}^2 + \mathbf{Z}^{\mathrm{T}}\boldsymbol{\beta} + \tilde{\mu}_{it} \tag{7.13}$$

$$pov_{it} = f(iv_{it}) + v_{it} \tag{7.14}$$

其中，式（7.13）相关变量选择、参数设定与式（7.11）基本一致，不同的是，受内生性影响所估计的系数取值存在差异，直接用式（7.13）进行参数估计存在误差；式（7.14）中，iv 为贫困水平 pov 的工具变量，$f(\cdot)$ 为工具变量对贫困水平作用的函数设定，在本章的实例研究中，分别从线性、二次型（非线性）和局部线性（非参数）三个方面进行验证分析，v_{it} 为随机扰动项，服从高斯正态假定。

如表7.3中考虑内生性的列（7）、列（8）、列（9）两阶段最小二乘估计拟合结果所示，总体上，无论工具变量对贫困水平作用函数的形式如何设定，在不改变精准扶贫效果、产业结构升级优化对区域经济不平衡发展的作用机理的前提下，模型拟合优度进一步提升，参数估计结果更加可靠。列（7）的线性关系设定估计中，贫困水平对区域发展不平衡的影响系数高达2.789，是不做内生性处理对应影响系数的近9倍；产业结构升级对区域经济不平衡发展的非线性倒"U"形关系确定方面，影响"U"形开口方向的二次项系数的影响效应也存在显著变化（从−6.966变至−8.348）；而控制变量教育水平与资源分布的作用机制不存在明显的波动，进一步表明内生性检验在本章的研究中具有重要的存在意义。此外，在列（8）的非线性（二次函数）关系假定下，核心解释变量相较于线性假定其影响系数有小幅的变动，但模型拟合优度有了进一步的提升。不同的是，在列（9）的非参数（局部线性）拟合下，贫困水平的作用系数从非线性的2.636大幅下降至1.007；产业结构优化升级对区域发展不平衡的线性影响系数从35.864显著减小到14.289，而二次项不但从−7.869增加到−2.441，也从显著通过检验变为未通过检验；模型的拟合优度也较线性与非线性有了显著的减小。故关于工具变量与内生变量之间影响关系函数的设定需要以实际数据为依据，并非存在一个广泛适用的固有设定，在本章的实例分析中，推荐使用二次型的非线性设定进行研究。

7.4.2　稳健性检验

为了检验本章所建模型的普遍适用性与合理性，本章分别从改变估计方法和改变控制变量两个角度对式（7.13）和式（7.14）所共同反映的工具变量法下的脱贫效果、产业结构升级与区域经济不平衡发展之间的作用机制的稳健性进行梳理与分析。

表7.4中，上半部分为改变估计方法——工具变量方法下内生模型的广义矩估计（GMM）结果，同样在贫困水平与工具变量（农作物总播种面积）之间线性关系假定之下的GMM估计结果显示，脱贫效果对区域发展不平衡的作用系数为1.219，与表7.3的2.789相比虽然减少了56.29%，但是其影响机制并未改变；在产业结构升级与区域经济不平衡发展的倒"U"形关系验证中，得出与表7.3一致的结论；另外关于教育水平与资源分布的系数估计均与表7.3中的符号一致，即改变估计方法并不改变所得结论，认为本章所建模型具有方法上的稳健性。此外，下半部分为改变变量——将教育水平与资源分布用城镇化水平与基础设施两个控制变量换掉，并使用混合效应面板数据模型的两阶段最小二乘估计方法进行估计，不难看出，核心解释变量对区域经济不平衡发展的作用机制并未发生改变，而控制变量对相应变量的影响系数大小也符合经济实际运行的一般认识，故认为本章所建模型具有变量选择与分析上的稳健性。

表7.4 作用机制的稳健性检验结果

改变估计方法（GMM）对结果的冲击效应（个体效应）								
常数项（均值）	贫困水平	产业结构	平方项	教育水平	资源分布	样本量	个体效应	R^2
0.153	1.219 ** (0.079)	41.091 *** (6.129)	-8.484 *** (2.077)	-0.061 * (0.023)	-0.304 (0.163)	208	是	0.673
改变变量对结果的冲击效应（混合效应）								
常数项	贫困水平	产业结构	平方项	城镇化	基础设施	样本量	个体效应	R^2
0.776 *** (9.189)	0.583 ** (0.112)	36.025 *** (8.176)	-9.399 ** (3.081)	-1.057 *** (0.109)	-5.226 ** (1.963)	208	否	0.737

注：*** 、** 和 * 分别代表0.1%、1%和5%水平下显著，括号中的数字为标准误。

7.5 新三大地带视域下的进一步分析

在中国各省区市精准扶贫效果、产业结构升级与区域经济不平衡发展关系的理论与实践研究中，我们得出个体效应显著的结论，也就是说，不同省区市存在截面差异的现象。然而，在区域经济的实际研究中，学界更加关注的是区域经济不平衡发展中"区位"因素的作用演变轨迹。区域经济的"差异性"具体体现在哪些方面？一直以来，我们习惯于从东、中、西三大地理板块的基础信息方面分析中国区域发展不平衡所表现的"地域性"（或区位性），忽略了我国宏观区域经济发展水平应该与区域经济发展阶段的基本特征相匹配的要求。本章选择充分考虑我国各省区市人口、城镇分布基本特点，充分体现"抓两头、带中间"与"中间突破"两大区域发展战略相结合的新三大地带作为区域经济发展差异的研究对象进行深入探析。

新三大地带区域发展不平衡与贫困水平、产业结构作用机制模型的参数估计根据式（7.12）进行，由于此处已将区位（个体）因素作为主要影响原因进行分别建模讨论分析，所以式（7.12）面板数据模型的参数估计均在混合效应下进行，具体回归结果如表 7.5 所示。

表 7.5　新三大地带区域发展不平衡影响因素分析

	常数项	贫困水平	产业结构	平方项	交互项	教育水平	资源分布	R^2	样本量
东北及东部沿海地带	65.764 * (11.592)	1.058 ** (0.163)	-62.672 * (19.594)	35.574 * (8.289)	—	—	-0.409 * (0.193)	0.919	64
中西部地带	79.55 ** (11.567)	1.468 *** (0.053)	-101.988 * (23.525)	72.275 ** (12.18)	—	-0.680 *** (0.062)	—	0.928	112
远西部地带	51.275 *** (2.697)	2.703 ** (0.578)	63.865 ** (8.119)	—	-2.1075 * (0.645)	—	—	0.905	32
全国	50.026 *** (5.989)	0.761 * (0.154)	-91.234 * (25.391)	46.258 * (21.54)	—	-0.202 * (0.057)	-0.505 (1.115)	0.937	208

注：1. ***、** 和 * 分别代表 0.1%、1% 和 5% 水平下显著，括号中的数字为标准误。

2. 在新三大地带影响因素的筛选中，删掉了不显著的变量（采用逐步回归法进行）；全国总体的影响分析中，遵循最终选择模型而未加入交互项。

从精准扶贫效果对新三大地带区域经济不平衡发展的作用机制看，总体上，贫困水平对区域发展不平衡的影响在远西部地带、中西部地带和东北及东部沿海地带均通过了显著性检验，且均表现为"正向"的冲击效应，即农村贫困发生率越高，区域发展越不平衡；随着2014年精准扶贫思想的落地，我国各省区市扶贫工作取得的成绩显著，而2014年之后区域发展不平衡程度显著减缓，从侧面反映了二者之间影响关系的"连锁效应"。具体而言，远西部地带区域发展不平衡的分析中，影响系数为2.703，远高于其他两个地带，可以认为农村贫困发生率是引起包括内蒙古、新疆、青海和西藏4个省（区）经济发展不平衡的主要原因；远西部地区是我国人口、城镇十分稀疏的地区，2017年人均生产总值为5万多元，是全国平均水平的87%左右，四个省（区）经济发展水平也均小于全国平均水平，远低于东北及东部沿海地区，可以说是区域间差异形成的主要推动者。中西部地带方面，农村贫困发生率对区域发展不平衡的影响系数为1.468，介于其他两个地带之间，表明贫困水平的降低仍然是该地带区域发展不平衡显著减弱的主要手段，但是这种作用会随着教育水平的提升而减弱。东北及东部沿海地带方面，农村贫困发生率对该区域发展不平衡的作用系数为1.058，远低于其他两个地带，表明该地带区域协调发展的实现与贫困率的减小关系微弱，应该从产业结构或者其他因素着手考虑该区域的进一步协调发展。

从产业结构升级对新三大地带区域经济不平衡发展的作用机制看，总体上，产业结构对区域发展不平衡的影响呈现出"U"形势态，但具体的开口方向与开口大小在新三大地带的分析中表现出较大的差异性。衡量产业结构升级的第三、二次产业产值之比反映的是产业的高级化水平，遵循经济运行的一般规律，理应是产业高级化水平越高，区域经济发展不平衡程度越低；这一结论在中西部地带、东北及东部沿海地带得到了很好的验证，即产业高级化水平不断提升，引发产业不断从劳动密集型向技术推动型转变，进而使区域发展不平衡程度有效缓解，呈现出一定的"中和效应"。然而，对远西部地带并非如此，首先，该地带产业结构对区域发展不平衡的影响不再满足"U"形假定，表现出"正向"促进效应，这与一般的经济假设不符；但值得注意的是，产业结构与贫困水平交互项对该地带区域经济不平衡的发展以负向的作用系数显著存在，即脱贫效果与产业升级的相互效应对区域发展的不平衡程度存在显著的抑制效应，从侧面解释了产业结构转型升级通过作用于贫困水平来实现对区域协调发展的同向冲击。具体出现这种结果的可能原因有两个：第一，地区的产业结构的转型升级要受到地区经济水平显著提升、贫困人口显著减少等条件的限制，而远西部地带并不能同时达到这两方面的要求；第二，产业转型升级通过与贫困水平的交互影响作用对区域发展不平衡的抑制机制产生冲击效应。

从控制变量在区域经济不平衡发展与脱贫效果、产业结构关系分析中的作用来看，教育水平与资源分布的总体效应表现为反向冲击，与一般经济假设相符，但在新三大地带的具体作用大小上有显著差异。就教育水平而言，一个国家或者地区的教育水平一定程度上依赖于该国或地区生产力的发展水平，作为控制变量的教育水平（每万人中在校高中生人数）对区域发展不平衡的影响作用仅在中西部地带以-0.680的取值通过了显著性检验，具体而言，该地带正处于"点轴"开发阶段，经济发展水平为全国的65%左右。随着东部沿海地区劳动密集型产业的转移，逐渐形成依托人才密集条件的经济高质量发展体系，教育水平的大幅提升在一定程度上可以有效缓解区域发展不平衡的程度，也可改变贫困地区的生活现状（虽然存在一定滞后效应），这是中西部地带区域经济进一步发展的主要基石。

相较于中西部地带，东北及东部沿海地带经济发展势态良好，人均生产总值均高于全国平均水平，产业发展积极推动外向型经济，以高新技术产业为主，教育水平的提升对区域发展不平衡的有效抑制作用受限，很难在现有的基础上做进一步的突破；远西部地带则处于教育相对落后、经济发展缓慢的阶段，教育水平提升在该地带所取得的成效存在显著的"扩散效应"与"滞后效应"共存的情况。就资源分布情况而言，图7.3的结果表明，地广人稀的中西部地带和远西部地带由人均水资源量分布不均所引起的区域发展不平衡效应并不显著，主要原因在于人口的稀疏性使得水资源的获得并不困难；但是，在人口密度很大的东北及东部沿海地带资源分布不均对该地带区域发展不平衡的影响系数为-0.409（虽然系数较小，但是由于单位较大，以人均为研究对象时，其实际影响作用不小），可以认为是该地带推动区域协调发展的主要指标之一。从另一方面来说，资源分布不均仍然是远西部地带、中西部地带与东北及东部沿海地带之间区域间差异较大的主要原因之一，需要通过积极的区域政策引导这种现象的好转。

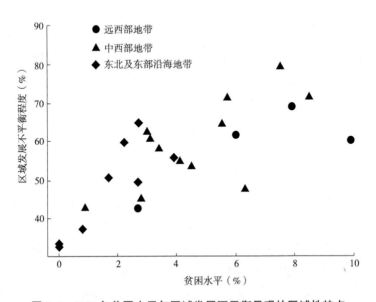

图7.3 2017年贫困水平与区域发展不平衡呈现的区域性特点

此外，新三大地带区域发展不平衡与精准扶贫效果、产业结构升级之间表现出动态性和区域性。总体上，贫困水平与区域经济不平衡发展之间的正向作用机制最为显著，以2017年为例在图7.3中将这种"地域差异性"进行了展示。

7.6 主要结论

中国区域经济发展的不平衡程度总体上呈现出逐年递减的趋势，并在2015年达到样本期间的相对最小值（45.83%），同年，我国产业结构调整的高级化水平达到相对最大值（1.23），农村贫困发生率在该年也表现出缩减幅度最大（比上年下降了1.5%）的情况，这与本章关于贫困治理、产业结构调整与区域经济发展不平衡作用机制的研究初衷紧密契合。本章在利用经济增长理论和基尼系数关系匹配模型拓展与深化区域经济不平衡增长理论的同时，引入个体固定效应面板数据模型，对中国新三大地带中贫困治理与区域经济协调发展的正向促进作用，产业结构调整与区域经济发展不平衡的倒"U"形势态关系进行了验证分析。得出如下结论：

第一，贫困治理对区域经济协调发展的正向作用的强度表现出较大的地区差异性，且在经济发展较为落后的地区（如远西部地带），贫困发生率下降对区域发展不平衡的有效抑制作用受到产业结构转型升级的负向冲击，即配套的产业扶贫政策会加大精准扶贫效果对区域经济协调发展的推动作用。

第二，在经济发展水平相对发达的地区（特别是东北及东部沿海地带），贫困治理对区域经济协调发展的作用强度显著下降，而产业结构调整则呈现出"U"形影响势态，表现为产业结构调整的不断完善会显著缓解区域经济发展不平衡的影响效应。

第三，贫困治理效果、产业结构调整对区域经济发展不平衡的作用机制在时间的维度上表现出一定的阶段性与滞后性，这与不平衡增长理论的"连锁效应"相匹配，认为这种影响效应在我国新三大地带区域经济发展不平衡的研究中存在"阶梯型"的作用形式。

鉴于此，我们认为，贫困治理、产业结构调整是区域经济可持续平稳发展的重要保障，国家区域协调发展政策向这两个方面的倾斜，对于区域经济发展不平衡的缓解与约束具有重要意义；针对地区经济发展水平的不同，在未来贫困治理中，关注欠发达地区的产业结构调整，引导产业梯度和资源要素向这些地区合理转移，会更加有效地促进该地区区域经济协调发展目标的实现，也为政府制定区域发展战略提供了研究支撑。

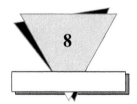

8

区域可持续发展的对策研究

区域发展不平衡问题的解决不能一蹴而就，是一个复杂、缓慢、动态调整的过程，需要通过政策的引导，在资源禀赋、要素流动以及产业分工等多个方面进行协调，逐步缩小区域发展差距，进而实现区域协调发展的目标。本章以区域发展政策的调整和变迁为切入点，在进行政策实施经验分析的基础上，利用 RDD、PSM-DID 和 SCM 模型对区域产业发展政策、"城市群"建设和"一带一路"倡议的政策效果进行量化评估，并通过方案设计给出区域协调发展的路径选择，旨在为推动区域协调发展的进程提供经验支持和对策建议。

8.1 引言

事实上，对于一个国家或地区来说，区域经济发展在任何时候都保持均衡状态是不现实的，在一定范围内允许非均衡增长进而不断推进区域协调发展的进程才是地区经济发展的最终目标（Liu et al.，2020）。纵观中国区域发展的历程，发展的不平衡与不充分问题一直存在，而以增长极理论为依托是我国非均衡区域发展战略提出的初衷，旨在通过极化效应使先发地区成为增长极，然后发挥其扩散效应带动后发地区的市场机制优化和资源再配置，进而实现区域共同发展（罗富政和罗能生，2019）。改革开放以来，我国经济发展迅速、社会生产力显著提升，已经成为世界第二大经济体；但是，区域之间、城乡之间的发展仍然存在着诸多不平衡，制约着当前及未来中国社会与经济发展。其中，区域发展不平衡不充分问题是当前中国社会主要矛盾的主要方面的重要表现（马茹等，2019），破解区域发展不平衡不充分问题和实现区域协调发展是一项重要的任务。

区域协调发展是国民经济平稳、快速、有效发展的前提条件。《清华大学中国平衡发展指数报告》显示[①]，从经济、生态、社会和民生四个领域综合看，总体上中国平衡程度有所改善，地区平衡指数有小幅上升，区域协调发展能力有所增强；具体而言，2011 年平衡发展指数为 42.17，2018 年达 53.29，总体平衡指数提升了 11.12，而"十三五"以来平衡指数上升了 3.57，经济、生态、社会和民生等领域发展成就显著，尤其是社

[①] 由清华大学中国经济社会数据研究中心、经济管理学院与社会科学学院联合发布。

会领域平衡发展指数的增长态势对我国总体平衡程度的提升起到了重要的推拉作用，其贡献率由2016年的32%提高至2018年的53%。但是，就测算结果而言，2011—2018年，我国区域发展不平衡导致的发展损失仍然处于较高的区间，年平均发展损失在16%上下波动。这表明，目前我国社会经济发展中的不平衡不充分问题依然突出。

从历史经验和现有研究发现看，区域政策是政府以区域经济协调发展为对象，在市场失灵（多指配置资源的失灵）过程中所采取的相应对策的总称；也是国家优化区域空间格局、强化区域空间治理的重要手段和工具，具有明显的空间属性（邓睦军和龚勤林，2017），在区域协调发展中扮演着至关重要的角色。具体而言，区域政策是中央政府对区域经济进行干预的重要工具，以控制区域差距、协调区际关系、优化资源空间配置为根本目标（Martin，2008）；通过引导嵌入的方式对政策资源进行集中安排，有目的、有计划地对某些区域进行倾斜，进而推动区域协调发展的实现以及助力区域分配合理结构的形成（Harvey，1990）。这意味着，区域政策是区域发展问题研究中必不可少的一部分，本章以政策梳理为基础，包含国家总体发展战略、改革开放先行区和试验田以及特殊功能区域等多个方面，对区域政策的实施效果进行评价，以期为区域发展不平衡的减缓提供经验借鉴。

自新中国成立以来，区域政策依次经历了"均衡发展—非均衡发展—非均衡协调发展—协调融合发展"等多个阶段，并表现出尺度与地域异质性的特征（周玉龙和孙久文，2016）；与此同时，通过不断充实和完善，我国区域发展的总体战略可用"4321"新格局进行描述，即四大板块、三大城市群、两条河带和"一带一路"（刘慧和刘卫东，2017）。总结而言，区域政策与区域经济发展战略的演变与完善，不仅体现出继承、发展与创新，也反映了党和政府对区域经济发展内在规律认识的逐步加深，是立足于时代背景、与社会经济发展密不可分的存在。从空间结构看，中国大国特征和区域异质性问题较为突出，且"中心-外围"的经济地理结构明显（李涛等，2020），区域发展不仅面临着区域均衡与平等的协调问题，也面临着空间配置效率提升的协调问题。因此，区域政策的梳理、区域经济发展战略演变规律的总结、特殊功能区相应政策的把握是区域发展不平衡减缓对策研究中最为基础的一步。

从国际环境看，一方面，经济全球化是当今全球发展的重要趋势，它重构了国家与国家、国家与地方以及地方与地方之间的关系；另一方面，国际形势复杂多变，尤其是 2020 年新冠疫情在全球扩散蔓延，加速凸显了世界经济长期累积的各种矛盾与问题，对区域经济的发展存在显著的外部冲击效应。然而，生产要素内外条件的改变使要素空间实现重整、要素配置效率提高、产业结构改善，进而推动区域经济协调发展成为区域发展中亟待解决的问题（张虎和韩爱华，2019）。协调发展是涵盖各个子系统或者要素之间有序、协调的统一状态（Helsley and Strange，2014），涉及经济发展、社会保障、生态环境与民生福祉等多个方面，是一个由量变到质变、由无序走向有序、由不稳定的结构转变为稳定结构的长期演化过程。

本章以政策梳理为基础，以方案设计为手段，以作用路径探究与实施效果评价为依托，通过主观描述与客观量化分析相结合的方式对区域发展不平衡的减缓对策进行研究。

8.2　区域发展政策的历史变迁

一个地区或国家的经济发展会受到国家区域发展政策调整与变迁的深刻影响（王金营和贾娜，2020），中央政府会根据国家的发展战略以及区域发展在全局中的作用、地位和实际需要对区域发展政策进行不断的调整与优化，进而影响区域经济的发展与增长。就中国而言，地域广阔、区域差异较大是典型的特征，因此，区域发展政策的制定与颁布不仅是区域经济发展的导向，也是区域发展战略制定的重要组成部分，进而达到缩小区域差距、实现区域相对协调发展的目的。

8.2.1　演变中的区域发展规划

在国家经济社会发展与区域空间规划体系中，区域规划占有举足轻重的地位，是中央与地方政府发展国家与区域经济介于"两只手"之间的重要"抓手"之一（张满银，2020）。自新中国成立以来，中央政府批准或批复实施的区域规划、纲要、愿景和战略等有 60 多个，其中，"十一五"以来的国家级区域规划至少有 40 个（李健和朱雯雯，2020）。

如图 8.1 所示，受中国发展内外环境的变化、区域问题的日益复杂、区域规划职能上升等因素影响（李爱民，2019），区域规划出台密集，广受关注，先后经历了初步探索期（2005—2007 年）、出台密集期（2008—2012 年）、发展稳定期（2013—2018 年）等三个不同的阶段；总体上，该时期区域规划呈现出类型多样化、覆盖范围广、批复具有层次性、中央和地方共同推进等方面的特征。

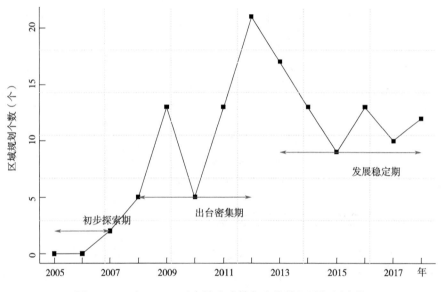

图 8.1 "十一五"以来批准或批复实施的区域规划个数

区域规划是区域总体战略的进一步细化与落实。改革开放之前，区域均衡发展战略是主导，但是其均衡政策忽视了经济发展效率的提升，表现为"嵌入式"的布局特征。改革开放以来，我国区域经济发展战略经历了非均衡发展战略—协调发展战略—统筹发展战略三个阶段的演变（白小明，2009）。如表 8.1 所示，改革开放后，东部沿海地区的优先发展政策更加注重空间配置效率的提升，但是对区域均衡发展的关注度不足、空间不平衡发展较为突出（1979—1989 年）；随着多尺度区域政策的逐渐批复与实施，区域经济发展向东、中、西部地区以及东北地区的潜力区域聚集发展，逐渐缩小区域经济发展差距（1990—1999 年）。然而，区域间差距、区域内失衡仍然是区域总体差距的主要因素，实现区域均衡与空间配置效率的协调发展任重而道远。

表 8.1　中国区域经济发展战略的演变历程

区域经济战略	时期	理论支撑	主要战略内容
非均衡发展战略	1979—1989 年	以赫希曼为代表的"不平衡增长理论";以工业区位论为代表的"古典区位论"	以经济特区为重心的沿海开放及优先发展战略:对外开放和体制改革向沿海地区尤其是经济特区倾斜
协调发展战略	1990—1999 年	以空间经济学为主导,以比较优势理论与产业转移理论为代表的"新经济地理学"	以缩小区域差距为导向的"西部大开发"战略:政策、财政、基础设施和生态环境等并举
统筹发展战略	2000—2009 年	以三大战略、四大板块为抓手的实践导向型理论创新,包括产业重合论、动态博弈论、广义梯度理论等	以区域协调发展为导向的统筹发展战略:继续推进西部大开发、振兴东北等老工业基地、促进中部崛起以及鼓励东部地区率先发展
	2010 年至今	中国特色区域经济理论	以供给侧改革、脱贫攻坚、乡村振兴、区域协调发展、市场改革和全面开放为主的区域经济系统性发展

注:根据相关政策文件整理而得。

　　区域经济发展战略的演变历程,不仅体现了其所具有的历史继承、动态发展与创新完善等特性,也反映了对区域经济发展规律内在认识的动态优化特性。以区域经济发展总体战略为指导,以具体区域政策制定、颁布与实施为实践,通过梳理改革开放以来国家总体发展战略、改革开放先行区和试验田、特殊功能区等区域政策,进一步从地区与具体内容等两个方面,总结区域政策在减缓区域发展不平衡进程中的具体作用。

如表 8.2 所示，改革开放以来区域政策密集出台，呈现出以"一带一路"建设、京津冀协同发展、长江经济带发展、粤港澳大湾区建设等重大战略为引领，以西部、东北、中部、东部四大板块为基础，区域间相互融通补充的多元化、多样化、网格化布局形态。具体而言，"一带一路"建设是我国全方位对外开放的总体方略，是我国长期和顶层的国家战略；"四大板块"是"十一五"以来我国区域发展的总体战略，京津冀协同发展和长江经济带是近年来中央所提出的区域发展新战略。

表 8.2　部分区域政策的调整过程与具体内容

年份	政策文件	涉及地区、具体内容
1979	《关于发挥广东优越条件，扩大对外贸易，加快经济发展的报告》	广东，发挥广东的优越条件、扩大对外贸易
1979	《关于利用侨资、外资，发展对外贸易，加速福建社会主义建设的请示报告》	福建，发挥福建优越的地理条件、扩大对外贸易
1990	开发开放浦东新区的 9 项政策规定	上海，在浦东实行经济开发区和某些经济特区的政策
1992	党的十四大批准开放长江流域的沿江城市和设立长江三峡经济开放区	上海，"东部带动中西部"轴线发展模式形成
1999	党的十五届四中全会正式提出了西部大开发战略	西部地区，决定将西部大开发作为 21 世纪我国经济发展的重要战略之一
2000	《中共中央、国务院关于进一步加强人才工作的决定》、《西部地区人才开发十年规划》和《关于进一步加强西部地区人才队伍建设的意见》	西部地区，标志着我国实施西部大开发战略迈出实质性的步伐
2003	《关于实施东北地区等老工业基地振兴战略的若干意见》	东北地区，支持东北地区等老工业基地加快调整和改造，支持以资源开采为主的城市和地区发展接续产业
2006	《中共中央 国务院关于促进中部地区崛起的若干意见》	中部地区，使中部地区在发挥承东启西和产业发展优势中崛起，并提出了 36 条政策措施
2007	《国务院 2007 年工作要点》	中部、东部、西部及东北

续表

年份	政策文件	涉及地区、具体内容
2007	《国务院关于推进天津滨海新区开发开放有关问题的意见》	天津，批准其为全国综合配套改革试验区，带动京津冀、环渤海地区的合作发展
2008	《进一步推进长江三角洲地区改革开放和经济社会发展的指导意见》	上海、江苏和浙江，有利于增强对中西部地区的辐射带动作用，推动全国区域协调发展
2009	《长江三角洲地区区域规划》	上海、江苏和浙江，增强长三角地区创新能力和竞争能力，提高经济集聚度、区域连接性和政策协同效率
2010	《京津冀都市圈区域规划》	北京、天津和河北，区域发展规划按照"8+2"的模式制订，实现交通与城市空间、经济、社会和环境的协调发展
2015	《关于在部分区域系统推进全面创新改革试验的总体方案》	1个跨省级行政区域（京津冀）、4个省级行政区域（上海、广东、安徽、四川）和3个省级行政区域的核心区（武汉、西安、沈阳），力争通过3年努力，改革试验区域基本构建推进全面创新改革的长效机制
2018	《中共中央 国务院关于建立更加有效的区域协调发展新机制的意见》	"一带一路"沿线地区、京津冀、长江经济带、粤港澳大湾区，建立区域战略统筹机制、健全市场一体化发展机制、深化区域合作机制、健全区际利益补偿机制等
2018	《河北雄安新区总体规划（2018—2035年）》	雄安新区与北京城市副中心，要按照高质量发展的要求，推动雄安新区与北京城市副中心形成北京新的两翼，推进张北地区建设形成河北两翼，促进京津冀协同发展

续表

年份	政策文件	涉及地区、具体内容
2020	《中共中央关于制定国民经济和社会发展第十四个五年规划和二〇三五年远景目标的建议》	坚持实施区域重大战略、区域协调发展战略、主体功能区战略，健全区域协调发展体制机制，完善新型城镇化战略，构建高质量发展的国土空间布局和支撑体系

资料来源：根据相关政策文件、政府门户网站资料进行文本分析整理而得。

"十三五"时期，我国区域发展以协调发展为总体战略，以"一带一路"建设、长三角一体化建设与京津冀协同发展为引领，逐渐形成了沿海、沿江以及沿线经济带为主的横纵交错的多网格经济轴带（范恒山，2017）。城市群是城市发展到成熟阶段的最高空间组织形式，城市群发展战略是新时期我国重要的区域战略之一。21世纪以来，京津冀城市群经济发展高速，用全国2.3%的土地面积、8%的人口占比，贡献了全国近1/10的国内生产总值；以京津冀城市群在2011以来的区域政策为例，如表8.3所示，进一步分析区域政策在推动实现区域协调发展进程中的具体作用。

表8.3 京津冀城市群2011年以来协同发展政策

年份	区域政策
2011	国家发展和改革委员会启动首都经济圈的规划和编制工作，同年出台的《全国主体功能区规划》中京津冀地区被列为"优化开发区域"
2012	在年度区域规划审批计划当中，首都经济圈的发展规划位居首位
2014	强调京津冀协同发展并上升为国家战略
2015	中央政治局召开会议，审议通过《京津冀协同发展规划纲要》；同年颁布"北京—张家口—延庆"为主线的冬奥会承办规划
2016	中央政治局研究建设北京城市副中心
2017	河北雄安新区的设立，以开拓性的模式开启了优化整合京津冀城市布局和空间结构的新思维
2018	国务院正式批复《河北雄安总体规划（2018—2035）》
2019	《中共中央 国务院关于支持河北雄安新区全面深化改革和扩大开放的指导意见》颁布

资料来源：根据相关政策文件，北京、天津和河北政府门户网站相关资料整理而得。

实施区域协调发展战略是新时代国家重大战略之一，是贯彻新发展理念、建设现代化经济体系的重要组成部分。新时期，重塑中国经济地理、促进区域经济优化升级、实现区域经济协调发展，是推动区域经济迈向高质量发展阶段的客观要求。党的十八大以来，以习近平同志为核心的党中央继续把重大功能平台建设放在促进区域协调发展的突出位置，进一步拓展领域、挖掘深度，充分发挥其试验探索、引领促进和辐射带动作用。全面实施区域协调发展战略，更好发挥国家发展规划的战略导向作用，是新时代贯彻新发展理念，建立现代化经济体系，全面建设社会主义现代化强国的重大战略任务。

8.2.2　调整中的区域发展战略

在不同的发展阶段实施不同的区域空间发展战略，区域政策实施效果的提升有赖于空间布局理论的支撑。综合来看，可从空间、时间和动因三个维度对空间布局理论进行概括。从空间秩序的指导理论看，可从中心地理论、距离衰减理论、梯度发展理论以及点–轴开发理论等进行总结（廖建华和廖志豪，2004；韩跃，2014）。总体来说，空间布局模式是基于均值、增长极、点–轴、网络布局到梯度开发的演变，是区域空间发展战略模式调整的核心支撑。

如表8.4所示，区域发展不平衡的空间政策转换与调整先后经历了初步探索期、基本确定期、纵深拓展期以及全面提升期等4个阶段；与此同时，空间属性先后表现为空间中性、空间干预、空间中性以及空间中性（邓睦军和龚勤林，2017）。从1992—1999年看，处于空间中性，该时期国家实行"由沿海到内地的两个大局"区域发展思路，主要通过强化东部地区的集聚效应推动生产力进行梯度转移，并使其发挥扩散效应，进而提升区域发展的均衡度。从2000—2006年看，实行空间干预政策，该时期先后制定"西部大开发"、"东北地区等老工业基地加快调整和改造"以及"促进中部崛起"等战略，标志着四大板块的正式确立；从2007—2012年看，实行空间中性政策，主要通过实施区域发展总体战略与主体功能区战略，构建主体功能定位清晰、区域优势互补以及国土空间利用率高效的区域发展格局（Bolton，1999；魏后凯，2008）；从2013年至今看，实行空间中性政策，主要通过区域协调发展总体战略的实施，协调三大地带、平衡南北方，并打破区域流动性与结构性障碍，进而提升区域协调度。

表8.4 区域发展不平衡的空间政策转换与调整

时间历程	总体战略	不平衡程度	尺度特征	制度与市场条件	空间属性
1992—1999 年（初步探索）	促进区域协调发展	1992 年：TFP 地区间不平衡程度 0.459，Zenga 指数 0.308	多尺度：梯度开放，沿海经济特区和开放城市；打破积累性障碍	开始引入市场机制，放权让利与地方政府行政性分权	空间中性
2000—2006 年（基本确定）	实施区域协调发展总体战略	2000 年：TFP 地区间不平衡程度 0.512，Zenga 指数 0.375	多尺度：四大板块、国家级新区和改革试验区；打破竞争性障碍	进一步完善市场机制，地方政府行政性分权	空间干预
2007—2012 年（纵深拓展）	实施区域协调发展总体战略与主体功能区战略	2007 年：TFP 地区间不平衡程度 0.473，Zenga 指数 0.397	多尺度：四大板块、主体功能区战略；打破流动性障碍	市场基础性作用，简政放权与放管结合	空间中性
2013 年至今（全面提升）	实施区域协调发展战略	2013 年：TFP 地区间不平衡程度 0.354，Zenga 指数 0.287	多尺度：协调三大地带，平衡南北方；打破区域流动性与结构性障碍	市场主导性作用，社会主义市场经济深化发展，赋予地方更多自主权	空间中性

注：全要素生产率（TFP）的区域发展不平衡程度计算公式见式（2.2），Zenga 指数下区域发展不平衡程度的计算公式见式（2.9）。

　　总体而言，融入全球化提升空间配置效率的空间中性属性，考虑地区意识促使关注区域繁荣的空间干预属性，以及兼顾平等与效率全面发展的空间中性和空间干预兼容属性是区域发展不平衡程度趋于缩小的政策支撑。具体地，可从经济地理的"3D"框架来考察区域发展不平衡的空间属性转换，如图8.2所示。从密度看，主要以经济和人口集聚程度的提升为依据，进一步提高人口与市场的接近度，从总体上改善经济增长水平与质量；从距离看，主要以交通与通信等基础设施互联互通程度的提升为核心，在缩小中西部与东部地区时空距离的基础上，进一步对中西部地区的经济区位和市场可达性进行改善；从分割看，以区域间要素自由流动实现资源的高效配置，以基础设施的共享与市场的共建促进市场的深度合作，进一步为区域一体化建设提供动力。

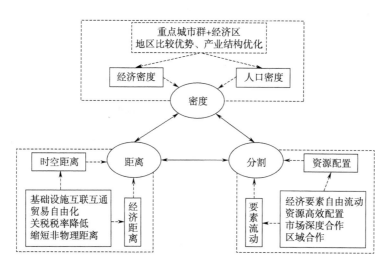

图 8.2 区域空间协调发展的 3D 框架

8.2.3 区域发展政策的历史经验

从中国区域发展战略的历史演变与转换过程看，区域政策的制定与实施是一个不断调整与完善的过程，且这种调整与完善有其历史必然性和客观现实性。此外，区域经济发展战略的演变历程，不仅体现了其所具备的历史继承、动态发展与创新完善等特性，也反映了对区域经济发展规律内在认识的动态优化特性。在总结与反思区域发展政策制定与实施的演进过程的基础上，我们可以得到如下基本经验（杨小军，2009；蒋永穆等，2019），如图 8.3 所示。

第一，以时代背景为依托，牢牢把握要素空间布局的新态势，突破三大地带、四大板块以及行政区划的传统分工格局，重点发挥城市群建设在区域平衡发展中的引领作用。

中国经济发展已经步入新时代，其基本特征就是我国经济已由高速增

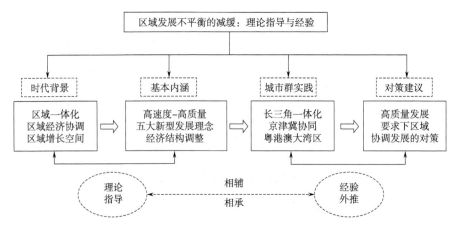

图 8.3　区域发展不平衡减缓的逻辑框架

长阶段转向高质量发展阶段。很长一段时间以来，我国的区域战略与政策主要以地理区位为指导，多以三大地带和四大板块的协调发展为基础，在一定程度上形成了地区之间分工固化、要素配置停滞等格局，而格局固化不利于区域发展不平衡问题的解决。从目前我国区域布局看，通过不断充实和完善，可从"4321"新格局对我国区域布局进行描述，即四大板块、三大城市群、两条河带和"一带一路"，而未来国家空间布局的优化要逐步转向"面"的建设，并将通过重大项目与产业的扶持，进一步引导要素与资源在空间上更加自由的流动，进而形成相对均衡的格局，以实现区域更加平衡的发展。

　　第二，以基本内涵为基础，推动经济结构调整与升级，正确处理效率与公平之间的关系，利用新技术重点推动"地区公共服务均等化"，为区域发展不平衡的减缓提供保障。

　　中国大国特征与区域异质性发展问题突出，党的十九大报告明确指出，我国社会主要矛盾已经转变为人民日益增长的美好生活需要和发展不平衡不充分之间的矛盾；其中，区域发展的不平衡不充分问题是当前我国社会主要矛盾的主要方面的重要表现，区域发展始终面临着"空间效率提升"与"社会公平"两大目标的协调。公共服务是 21 世纪公共行政和政府改革的核心理念，不仅强调了政府的服务性，也强调了人民的权利。因此，现阶段减缓区域发展不平衡程度的首要任务应该集中在"如何实践区域之间公共服务均等化"的问题上（孙志燕和侯永志，2019）。其中，推动区域产业转型升级、优化区域产业结构，在增强我国经济发展质量、推动可持续发展能力，以及推动区域经济发展方式向高质量转变等方面具有关键的作用；同时，也是推动"地区公共服务均等化"的重要支撑。

第三，以城市群实践为经验，正确认识地区经济发展的优劣势，从机制层面破解不平衡发展的关键难题，重视构建有利于区域间"共享增长"的区域协调发展新机制。

城市群是城市发展到成熟阶段的最高空间组织形式，是国家优化区域空间格局、强化区域空间治理的重要表现。就当前中国的区域空间布局而言，地区之间的功能分工主要表现在城市群内部，包括产业的转移与承接和城市功能的疏解等，这表明，城市群内部的不平衡、城市群之间的不平衡也是区域发展不平衡的重要表现。从国外典型国家促进区域平衡发展的政策措施来看（见表8.5），一方面，相对落后地区发展能力需要加强建设；另一方面，需要建立一体化空间统筹布局的区域协调发展新机制（Martin，2015；闫红瑛，2020）。具体而言，不仅需要以城市群为基本空间单元，构建区域财政平衡新机制，促进区域经济之间的"共享增长"；也需要以城市群为基本政策单元，构建土地资源配置的一体化新机制，以平衡产业的空间布局，进而实现区域平衡发展。

表8.5　典型国家促进区域平衡发展的政策总结

国家	区域总体战略	主要区域政策
德国	区域经济结构改进	直接用于援助企业、商业基础建设，政府控制地区差距
英国	地方增长白皮书（2010）：实现每一个地区的潜力	以释放潜力为战略目标，给地方政府更多的空间参与区域建设
法国	国家区域规划合同（2014—2020）	基础设施投资，地方财政改革的集聚实施，地方政府转移支付的减少
韩国	全国国土综合规划（2000—2020）	产业专业化、经济区域化，地区经济增长平衡作为首要目标

续表

国家	区域总体战略	主要区域政策
美国	无总体框架	萧条地区基础设施建设，从干预转向伙伴、从补贴转向投资，基于地方政府的区域政策应用
日本	国家空间规划（2015）；2050年国家空间发展总体规划（2014）	建立区域经济特区，以经济区域化应对人口挑战

资料来源：OECD Regional Outlook 2016。

第四，正确判断国际国内形势，以全球价值链为载体，将更多的优势资源向中西部地区集中，增强专业化、功能化的区域平台构建，进一步推动欠发达地区的开放水平。

从长期经济发展趋势看，改革开放以来，中国经济以"奇迹式"增长水平备受世界瞩目，当前中国经济已经由高速增长阶段转向高质量发展阶段，与此同时，不平衡不充分发展的问题依然突出。正确研判国际国内形势是中国经济发展着眼于未来的核心内容，认真分析国内外经济发展战略的实施与经验，并在此基础上实现我国区域发展战略的转变与更新，是区域协调发展迈入更高水平的重要保障。此外，地理区位、要素流动、资源禀赋在一定程度上受到区域政策的影响。在上一轮的经济发展阶段，东部地区以加工制造业为主，形成了价值链的中后端；西部地区以能源与资源输出为主，构成了价值链的中前端。但是，随着经济全球化与对外开放力度的不断增强，西部地区的资源与能源优势不在，很难进一步参与全球价值链的分工体系，是区域发展不平衡难以缩小的一个主要原因。鉴于此，在促进中国区域协调发展的战略部署中，将更多的优势资源向中西部地区集中，增强专业化、功能化的区域平台构建，进一步推动提升欠发达地区的开放水平是关键。

8.3 区域发展政策的量化评估

从现实发展环境看，一国的区域经济会受到国家区域政策的深刻影响（王金营和李天然，2020）；制定和实施区域发展战略、纲要或规划是区域经济发展、经济结构调整以及国民生活质量提升的基础（Abadie and

Gardeazabal，1993），更是优化空间布局与提升国家整体经济发展质量的保障。从区域发展层面看，区域政策是联系中央政府与地方政府有效推动地方经济乃至国家经济总体发展水平提升的重要抓手（张满银，2020），研究和构建更加有效的区域发展政策实施评估的方法和机制，明确区域政策的具体作用路径，有利于更好地落实区域发展政策，进一步促进区域协调发展能力向更高水平和更高质量推进。本节分别从区域产业政策、"城市群"建设和"一带一路"建设三个视角对区域政策实施的路径与效果进行量化分析，以为下一步区域政策的制定与实施提供经验借鉴。

8.3.1　区域产业政策的量化评估

前文研究结果表明[①]，产业空间集聚对区域经济发展不平衡的单门槛效应显著，根据理论预期，一方面，产业空间集聚效果的提升会拉大城乡、省域之间的经济发展差距，进而加剧区域发展不平衡程度的扩大；另一方面，产业空间集聚效果的提升，也会促进经济体之间的要素流动、知识溢出，推动地区之间的交流与合作，进而在一定程度上缩小区域经济发展差距。由此，产业空间集聚对区域发展不平衡的作用系数可能为正，可能为负，也可能大小不一。为了进一步考察区域产业政策对区域经济发展不平衡的影响效应，通过引入产业空间集聚效果作为核心解释变量，本节构建了断点回归设计（RDD）模型。

具体而言，根据"伊斯特林悖论"[②]，断点回归设计作为经济学领域常用的影响因素与因果关系研究常用的方法（陈林等，2019），不仅避免了OLS估计会产生加总、样本选择偏误等问题（郑超和王新军，2020），还可以进一步反映驱动变量对个体受到处理效应的作用机理，因此，本节通过构建RDD模型来挖掘区域产业政策在区域经济发展不平衡时空演进过程中的作用路径，并通过考察其阈值是否存在，以及具体作用系数来评价区域产业政策的实施效果，进而为后续区域产业政策的制定与实施提供经验借鉴。

---

① 见第4.3.2节"分段视角：产业空间集聚"内容。

② 随着经济的增长，收入水平会不断提升，但收入差距也会扩大，与人民幸福指数之间存在倒"U"形关系。

8.3.1.1 RDD 模型设计

以产业空间集聚效果（ISA）作为区域产业政策的量化表征刻画驱动变量，以区域经济发展不平衡程度（$IRD^{e, q}$）作为被解释变量进行模型设计，具体如下：

$$IRD_{it}^{e, q} = \beta_0 + \sum_{k=1}^{K} \beta_{1k} (ISA_{it} - c)^k + \beta_2 D_i + \mathbf{Z}_{it}\gamma + \varepsilon_{it} \qquad (8.1)$$

式（8.1）中，$i(i = 1, 2, \cdots, N)$ 代表地区；$t(t = 1, 2, \cdots, T)$ 代表时期；$IRD_{it}^{e, q}$ 是经济发展质量下利用逆绝对离差方法测度的区域经济发展不平衡程度，由式（2.2）给出；ISA_{it} 是驱动变量，代表产业空间集聚效果，由式（3.4）给出；c 为断点（或阈值），实际应用中由产业空间集聚对区域经济发展不平衡的单门槛值进行刻画；$k(k = 1, 2, \cdots, K)$ 是多项式的幂次，一般取 1 至 4，最终确定由 AIC 准则进行；D_i 为哑变量，若 $ISA_{it} > c$ 则取 1，反之取 0；$\mathbf{Z}_{it}$ 为控制变量的集合，分别由资源分布（RES）、市场规模（MS）、城镇化水平（Urb）、教育水平（Edu）、技术水平（Tech）和基础设施（Inst）进行表征；β_0、β_{1k}、β_2 和 γ 为待估参数；ε_{it} 为随机扰动项。

8.3.1.2 RDD 模型检验与估计结果

在进行模型估计之前，需要对产业空间集聚效果的"断点"进行确定，并检验其是否存在阈值效应，以确定区域产业政策的实施效果。如图 8.4 所示，单门槛值（0.793）为断点，其检验结果显示，产业空间集聚对区域经济发展不平衡的"阈值"影响效应显著存在；从产业空间集聚效果的直方图看（见左图），以 0.798 为界，表现出明显的"跳跃"特性；从其断点的密度拟合曲线看（见右图），产业空间集聚效果对区域经济发展不平衡的断点干预效应确实存在。此外，幂次 k 根据 AIC 最小准则确定为 1，后续实例分析中沿用 1。

根据式（8.1）的设定，引入具体实例数据对区域产业政策的效应进行估计。表 8.6 展示了产业空间集聚对区域经济发展不平衡的断点回归结果，总体上，产业空间集聚效果在断点处（0.793）的一次项影响效应更强（用模型拟合优度与系数的显著性进行综合判定），产业空间集聚效果对区域经济发展不平衡程度的"阈值"影响效应明显，进一步表明，区域产业政策的制定在缩小区域经济差距方面具有举足轻重的地位。

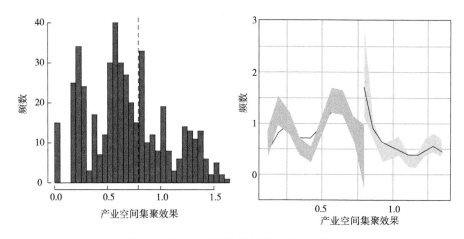

图 8.4　产业空间集聚效果的"断点"检验

从线性影响效应看，见表 8.6 列（1），产业空间集聚效果的提升会在一定程度上扩大区域经济发展不平衡程度，但结合前文的研究，发现这种正向的拉大效应并未持续存在，故进一步通过断点回归模型进行探究。从线性断点效应估计结果看，见表 8.6 列（2）和列（3），产业空间集聚效果大于 0.793（断点值）时，其对区域经济发展不平衡程度的作用系数显著为负，分别为 -0.010 和 -0.006，这表明，产业空间集聚效果的提升对区域经济发展不平衡程度的影响效应存在倒"U"形关系，即先拉大后减少；也就是说，当产业空间集聚效果处于更高水平时，其对区域经济发展不平衡的调节作用才可逐渐显现。另外，产业空间集聚效果的哑变量影响系数分别为 0.059 和 -0.013，均通过了 5% 显著性水平检验，这表明，产业空间集聚效果在断点处的边际效应总体为负，即产业空间集聚效果的提升对区域经济发展不平衡程度扩大的贡献率在断点之后下降趋势更为显著。

表 8.6　产业空间集聚对区域经济发展不平衡的阈值效应估计结果

变量	面板	线性		二次项		交互项	
	（1）	（2）	（3）	（4）	（5）	（6）	（7）
ISA	0.101*	—	—	—	—	—	—
	(0.040)						

续表

变量	面板	线性		二次项		交互项	
	（1）	（2）	（3）	（4）	（5）	（6）	（7）
$ISA\text{-}c$	—	-0.010 ***	-0.006 *	-0.001	0.005	-0.002	-0.008
		（0.001）	（0.003）	（0.010）	（0.006）	（0.012）	（0.007）
$(ISA-c)^2$				0.010	0.024 ·		
				（0.023）	（0.014）		
D	—	0.059 *	-0.013 *	0.059 *	-0.013 *	0.059 *	-0.013 *
		（0.029）	（0.006）	（0.029）	（0.005）	（0.029）	（0.006）
$(ISA-c)\times D$	—	—	—	—	—	0.007	-0.012
						（0.020）	（0.012）
RES	-0.028		-0.019		-0.023		-0.016
	（0.069）		（0.070）		（0.070）		（0.070）
MS	-0.399 ***		-0.390 ***		-0.391 ***		-0.390 ***
	（0.030）		（0.030）		（0.030）		（0.030）
Urb	0.006 ***		0.005 ***		0.006 ***		0.005 ***
	（0.001）		（0.001）		（0.001）		（0.001）
Edu	-0.067 *		-0.049		-0.054		-0.047
	（0.034）		（0.033）		（0.033）		（0.033）
$Tech$	0.012		0.008		0.008		0.008
	（0.007）		（0.007）		（0.007）		（0.007）
$Inst$	-0.011 **		-0.011 **		-0.012 **		-0.010 **
	（0.003）		（0.003）		（0.003）		（0.003）
R^2	0.636	0.109	0.715	0.079	0.632	0.073	0.447

注：产业空间集聚效果的断点 c 为 0.793；*** 、** 、* 和 · 分别代表 0.1%、1%、5% 和 10% 水平下显著，括号内为标准误。

从二次项断点效应估计结果看，见表 8.6 列（4）和列（5），总体上，产业空间集聚效果大于断点（0.793）的样本对区域经济发展不平衡的影响效应呈现出 "U" 形变化趋势，即二次项系数为正，但是其作用系数的显著性不强，这表明，产业空间集聚效果对区域经济发展不平衡的 "阈值"影响效应依然存在,与图8.5所展示的结果基本一致。此外,产业空间集聚的哑变量作用系数分别为0.059和−0.013,均通过了5%显著性水平检验,这表明,产业空间集聚效果在断点处的边际效应总体为负,即产业空间集聚效果的提升对区域经济发展不平衡程度扩大的贡献率在断点之后下降趋势更为显著。从交互项断点效应估计结果看,见表8.6列(6)和列(7),产业空间集聚效果大于断点值与其哑变量交互项的影响系数分别为0.007和−0.012,但是均未通过显著性水平检验,这表明,产业空间集聚效果的持续推进并非缩小区域经济发展差异的核心驱动力。

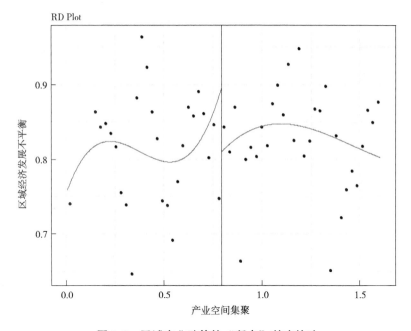

图8.5　区域产业政策的"断点"效应检验

　　另外,从其他6个控制变量的作用效果看,综合资源分布水平的提升、市场规模的扩大、教育水平的提高以及基础设施的进一步完善均可在一定程度上缩小区域经济发展不平衡程度,其中,市场规模扩大与基础设施完善作用效果更强。然而,城镇化水平的增加与技术进步能力的提升会扩大区域经济发展不平衡程度,可从城镇化水平提升会拉大城乡差距、技术进步能力具有知识溢出和滞后影响效应等方面进行解释。

综上所述，区域产业政策通过产业空间集聚对缓解区域经济发展不平衡的调节作用确实存在，但是，产业空间集聚效果提升对区域经济发展不平衡的作用效应表现出"临界"趋势，即当产业空间集聚效果大于0.793时，产业空间集聚效果对区域经济发展不平衡程度缩小的作用效应才逐渐显现，在小于0.793时，甚至表现出扩大效应。进一步研究表明，区域产业政策的制定需要"因地制宜"，也需要"多元化+特色化"的布局形式，以通过产业空间集聚、产业结构转型升级以及产业空间布局等方面的具体策划实现减缓区域经济发展不平衡的目的。此外，以产业空间集聚效果为驱动变量分析区域经济发展不平衡的成因时，从资源分布提升、市场规模扩大、教育水平提高和技术设施完善等视角切入，更加容易找到减少区域经济发展不平衡程度的主要因素，并针对不同地区制定差异化的产业发展以及区域经济发展政策。

8.3.2 "城市群"建设政策的量化评估

自新中国成立以来，中国区域经济的发展贯穿了一条由低水平均衡到非均衡发展、由非均衡发展再到强调区域协调发展转变的主线（陈伟雄和杨婷，2019）。综合来看，区域经济发展政策不断完善，区域经济发展格局不断优化，以区域发展总体战略为基础，现代区域经济发展必将是经济实体区域间相互作用的结果，具体通过区域之间的经济联系表现（Charron，2016）。随着区域竞争主体向城市群的逐渐转变，经济协调、经济联系已经成为研究城市群的重要内容（Parrilli et al.，2013；Zhang et al.，2019），就世界级大湾区发展的借鉴而言，它们的发展都是建立在打破行政区划限制、利用城市群自然属性和经济规律进行协调、加强资源整合与分工合作的基础上（孙久文和原倩，2014）；显然，城市群发展是当前研究跨区域经济协调发展的核心内容。那么，作为区域经济发展的方针指引，政策干预对推动实现区域经济协调发展的具体效应如何？

鉴于此，本节以京津冀和长三角城市群为研究对象，引入政策干预变量，通过倾向得分匹配-双重差分方法（PSM-DID），对"城市群"建设政策对区域经济发展不平衡程度的调节路径与影响效果进行探究。

8.3.2.1 PSM-DID模型设计

就政策评估的方法而言，双重差分方法（DID）备受学界的青睐；考虑本节以京津冀与长三角城市群为研究对象，在准自然实验设计中，存在样本量大小悬殊、区域经济发展不平衡程度不满足共同趋势假定等方面的问题，用倾向得分匹配-双重差分方法（PSM-DID）进行政策效果评估。具体设定如下：

$$IRD_{it}^{e,\,d} = \beta_0 + \beta_1 Treated_{it} + \beta_2 Time_{it} + \beta_3 DID_{it} + \mathbf{Z}_{it}^{\mathrm{T}}\gamma + \varepsilon_{it} \qquad (8.2)$$

式（8.2）中，$i(i = 1,\,2,\,\cdots,\,N_1)$ 代表县域；$t(t = 1,\,2,\,\cdots,\,T)$ 代表时期；$IRD_{it}^{e,\,d}$ 是经济发展水平下利用离差设计测度的区域经济发展不平衡程度，由式（2.1）给出；$Treated_{it}$ 为准自然实验中控制组、对照组划分的虚拟变量，当第 $i(i = 1,\,2,\,\cdots,\,N_1)$ 个县域（实际研究中包含 61 个县域）在时刻 $t(t = 1,\,2,\,\cdots,\,T)$ 为长三角城市群的城市时取值为 1，而京津冀城市群的城市则取值为 0；$Time_{it}$ 是政策变量实验前后时期划分的虚拟变量，考虑到国务院于 2016 年 5 月批复了《长江三角洲城市群发展规划》[①]，本研究中令 2016 年之前的非实验时期为 0，2016 年及之后为 1；DID_{it} 是由 $Treated_{it} \times Time_{it}$ 得到的，反映政策影响（是否处理组与是否实验期交乘项）的核心解释变量；$\mathbf{Z}_{it}$ 为其他影响变量的矩阵集合，内在包含产业空间集聚（ISA）、资源分布（RES）、市场规模（MS）、城镇化水平（Urb）、教育水平（Edu）、技术水平（$Tech$）和基础设施（$Inst$）影响因素；γ 为各解释变量对跨区域经济协调发展度的影响系数；β_0 为政策前京津冀区域经济发展不平衡程度，$\beta_0 + \beta_2$ 代表政策后京津冀区域经济发展不平衡程度，$\beta_0 + \beta_1$ 为政策前长三角区域经济发展不平衡程度，$\beta_0 + \beta_1 + \beta_2 + \beta_3$ 为政策后长三角区域经济发展不平衡程度，β_0、β_1、β_2 和 β_3 为待估参数；ε_{it} 为随机扰动项。

8.3.2.2 PSM-DID 模型检验与估计结果

城市群建设作为新时代区域经济发展的一个重要战略，是依托交通、物流、通信等基础设施网络形成的空间组织紧凑、高度同城化、经济联系紧密和高度一体化实现的城市群体，是推动区域经济协调发展进程的核心利器。在对式（8.2）进行估计之前，需要对两个城市群样本是否需要匹

---

① 注意：截至 2018 年 3 月 13 日，京津冀城市群建设还未得到国务院国家级城市群的批复，故作为对照组进行实验设计。

配进行检验。

具体地，首先，使用非匹配数据对京津冀与长三角的经济发展不平衡程度进行异质性检验；结果显示，京津冀城市群区域经济发展不平衡程度取值的均值为 0.819，而长三角城市群取值的均值为 0.542，显然，两个城市群在区域经济发展不平衡方面具有显著差异。其次，对准自然实验进行所有解释变量的差异探索，结果显示，产业空间集聚、社会资源、市场规模、城镇化水平、教育水平、技术水平和基础设施在组别检验时，其 t 值分别为 2.136，0.521，0.987，2.134，-3.129，-2.678，-4.145，即除社会资源和市场规模之外，其余 5 个变量均存在显著的组别差异，表明进行样本匹配十分必要。最后，利用 Logistic 回归计算倾向分值，如图 8.6 所示，显然，京津冀和长三角两个城市群在区域经济发展不平衡方面呈现出很大的差异性，京津冀在概率值较小的部分落入样本点更多（见左图），长三角城市群则表现出相反的现象（见右图）。综上，需要进行样本匹配处理。

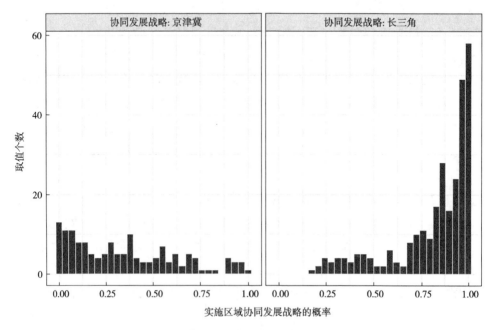

图 8.6　京津冀和长三角城市群倾向匹配得分分布

根据式（8.2）的设定，利用倾向匹配得分样本，通过 DID 方法，对城市群建设的政策效应进行评估，结果见表 8.7。总体上，京津冀和长三角进行匹配之后的政策评估效果更强，更能说明其作用效应，表现为匹配前后模型拟合优度、系数显著性均有所提升。具体而言，从匹配前后城市群建设的单独作用效果看，见表 8.7 列（1）和列（3），政策 DID 的系数在匹配之前为 0.052，但未通过显著性水平检验，而在进行样本匹配之后其作用系数为 0.222，通过了 5% 显著性水平检验，可以认为长三角城市群区域经济发展不平衡的调节很大程度上受到了《关于长江三角洲城市群发展规划》批复相关城市群建设政策的影响。

表 8.7　城市群建设政策效果评估结果展示

| | 匹配前 | | 匹配后 | | 匹配后：反事实 | | 城市群 | |
	（1）	（2）	（3）	（4）	（5）	（6）	（7）	（8）
Treated	1.421 ***	0.208	2.274 ***	0.488	1.002	1.031	—	—
	（0.693）	（0.648）	（0.671）	（0.839）	（0.913）	（1.029）		
Time	−0.067	0.172	−0.028	−0.354	−0.067	0.029	−0.126	−0.101
	（0.743）	（0.616）	（0.863）	（0.744）	（0.785）	（0.699）	（0.141）	（0.811）
DID	0.052	0.250	0.222 *	0.503 ***	0.693	1.025	—	—
	（0.917）	（0.754）	（0.084）	（0.022）	（1.148）	（1.011）		
ISA	—	0.932 **	—	0.384 *	—	0.302 **	−0.374 *	0.511 ·
		（0.287）		（0.112）		（0.074）	（0.161）	（0.885）
RES	—	0.380 ***	—	0.181 ***	—	0.431 *	0.456 ***	0.206
		（0.033）		（0.055）		（0.158）	（3.259）	（0.112）
MS	—	−0.569 ***	—	−0.163 **	—	−0.078 ·	−1.005 *	−0.069
		（0.142）		（0.055）		（0.074）	（0.430）	（0.058）
Urb	—	0.266	—	−0.636 ·	—	−0.660 ·	−0.223 *	0.172
		（0.293）		（0.356）		（0.360）	（0.107）	（0.570）
Edu	—	−0.091 ·	—	0.013	—	0.131	0.245 **	0.701
		（0.070）		（0.190）		（0.216）	（0.095）	（0.892）
Tech	—	0.204 **	—	0.289 ***	—	0.126 ***	0.459 ***	0.958 ***
		（0.073）		（0.059）		（0.993）	（0.043）	（0.196）

续表

	匹配前		匹配后		匹配后：反事实		城市群	
	(1)	(2)	(3)	(4)	(5)	(6)	(7)	(8)
Inst	—	0.023	—	0.019	—	0.026	0.059	0.058*
		(0.073)		(0.059)		(0.033)	(0.243)	(0.021)
个体效应	是	是	是	是	是	是	否	否
时间效应	是	是	是	是	是	是	是	是
样本量	427	427	294	294	294	294	147	147
R^2	0.264	0.707	0.349	0.829	0.354	0.798	0.697	0.781

注：***、**、*和·分别代表0.1%、1%、5%和10%水平下显著，括号内为标准误；此外，实例应用中，截距项的影响效应并无实际内涵，故未在表中进行梳理。

从产业空间集聚与社会资源、市场规模等7个其他影响变量的作用路径来看，见表8.7列（2）和列（4），一方面，区域经济发展不平衡程度的减缓会受到产业空间集聚效果、社会资源分布和技术水平提升的冲击，但是，在城市群建设政策效应推动下，产业空间集聚对区域经济发展不平衡的扩大作用有明显降低，社会资源分布对区域经济发展不平衡的扩大系数从0.380降低至0.181，这表明，城市群建设政策在区域经济协调发展进程的推动中具有至关重要的作用，区域政策的制定需要适应具体区域发展的实际情况。

一方面，为了考察所得结论的稳定性与可靠性，我们采用"反事实"分析的思路对城市群建设政策作用于区域经济发展不平衡的机制做进一步挖掘。具体思路为：假设长三角国家级城市群的批复于2014年完成，那么，2014年之前时间哑变量为0，之后为1，根据式（8.2）重新进行PSM-DID模型的参数估计。如表8.7列（5）和列（6）所示，组别（*Treated*）、时间（*Time*）和政策（*DID*）对区域经济发展不平衡程度的影响效应均未通过显著性检验，加入产业空间集聚效果等7个协变量之后，长三角城市群建设政策对于区域经济发展不平衡的作用效应依然不显著，这表明，反事实实验设计下城市群建设政策对于区域经济发展不平衡的调节作用不明显，进一步验证了政策干预效果的有效性，同时也验证了所得结论的稳健性。

另一方面，为了考察京津冀和长三角城市群对政策干预的灵敏性与异质性，特别将样本按照城市群进行分类，并分别进行参数估计，结果见表8.7列（7）和列（8）。其中，列（7）展示的是京津冀城市群的估计结果，列（8）展示的是长三角城市群的估计结果。从城市群异质性检验结果看，产业空间集聚效果对京津冀城市群经济发展不平衡的作用系数为−0.374，呈现出明显的抑制性，而对长三角城市群经济发展不平衡的作用系数为0.511，具有显著的正向拉大效应，表现出很大的差异。究其原因，长三角城市群是我国城镇集聚程度最高、经济最发达的城市化地区，产业空间集聚程度领先于全国和京津冀，其效果的提升已经处于临界值的上限，持续推进产业空间集聚反而会扩大该地区经济发展差距；相反，京津冀城市群处于产业转移与承接的中期，产业空间集聚效果尚未达到其"阈值"效应，故继续推进产业空间集聚、优化产业结构可有效地减缓区域经济发展的不平衡程度。

综上所述，就城市群建设政策对区域经济发展不平衡程度的干预机制与作用效果而言，一方面，进行样本匹配在政策干预作用路径与实施效果方面具有十分重要的作用；另一方面，城市群建设政策以相对积极的形式减缓着区域经济发展不平衡的程度，在区域协调发展进程的推动中具有不可替代的作用。此外，除城市群政策干预之外，产业空间集聚依然是影响区域经济发展不平衡的重要因素之一，且表现出一定的"临界"效应。

8.3.3　"一带一路"倡议政策的量化评估

区域发展不平衡是一个长期普遍存在的问题。从近期学者们关注的重点看，各地区的发展并非简单的均衡或守恒，也存在很强的"累积循环"效应[①]，尤其是在一个开放的经济体系中，这种效应显得更为明显（Abadie et al.，2010；孙志燕和侯永志，2019）。党的十八大以来，着力实施"一带一路"建设、京津冀协同发展和长江经济带发展三大战略，在促进区域协调发展方面具有关键的指导作用（范恒山，2017）；特别地，"一带一路"倡议不仅包含地区与地区之间的交流与合作，也涵盖国家与

---

① "累积循环"效应是指经济活动偏离初始的均衡状态之后，市场自身的力量不但难以调节到均衡状态，还会在规模效应的影响下加剧这种非均衡的状态。

国家、国家与地区之间政治互信、文化包容以及经济融合，在实现一体联动和重点突破方面具有不可或缺的作用。鉴于此，通过引入"一带一路"倡议政策作为核心解释变量，利用合成控制方法（SCM）从地区优势比较、经济发展环境、市场营销环境等多个方面对区域发展不平衡的作用路径与影响效应进行量化分析。

8.3.3.1　SCM 设计

合成控制模型是一种非实验评估方法，其核心思想是利用统计相关原理，借助政策实施的反事实实验的构造结果实现自然实验的实证效果分析（Abadie and Gardeazabal，2003；王金营和贾娜，2020）。其中，合成控制模型中最重要的一个步骤就是寻找没有受到政策干预的地区，并将这些地区组成"综合控制组"，进而需要给出综合控制组的最优权重，使得经过加权处理之后的合成控制区域在所研究的特征上最大可能地接近受政策影响的"实验组"；然后，通过比较政策干预前后所研究特征的差异推算政策的实施效果。

具体地，在评估"一带一路"倡议政策实施于中国相关省域的效应时，首先，确定研究对象，受到"一带一路"倡议政策影响的 18 个省区市为整体地区，和其他未实施政策的 13 个省区市[①]的集合，即本研究中共有 $P+1$（14）个地区；其次，明确体现 $P+1$ 个地区发展不平衡程度的特征变量，并纳入时间维度呈现为 T 期的面板数据；接着，给出地区 $i(i = 1，2，\cdots，P+1)$ 的政策实施效果：

$$\Delta_{it} = \Phi_{it}(1) - \Phi_{it}(0) \tag{8.3}$$

式（8.3）中，$i(i = 1，2，\cdots，P+1)$ 代表地区，$t(t = 1，2，\cdots，T_0，\cdots，T)$ 代表时期，其中，T_0 是政策颁布的时间，本研究中"一带一路"倡议政策于 2013 年颁布，故 $T_0 = 2013$；$\Phi_{it}(\cdot)$ 表示第 i 个地区第 t 时期的区域发展不平衡状况，"1"代表有政策干预，"0"代表无政策干预；Δ_{it} 代表第 i 个地区第 t 时期的政策实施效果。显然，当 $T_0 \leqslant t \leqslant T$ 时，Δ_{it} 就是"一带一路"政策实施的效果；但是，反事实 $\Phi_{it}(0)$ 在实际运行中是无法观测的，需要利用 P 个未受到政策干预的地区进行数据来源模拟。

---

① 考虑到数据可得性，尚未对港澳台三地进行研究。

根据现有研究，设 $\Phi_{jt}(0)$ 满足如下多元线性关系：

$$\Phi_{jt}(0) = \alpha_t + \beta_t X_j + \gamma_t \mu_j + \varepsilon_{jt} \tag{8.4}$$

式 (8.4) 中，α_t 代表时间效应，X_j 为 j 地区的可观测变量，不受政策干预，在合成控制模型中，变量 X_j 的选择仅需与 "一带一路" 倡议政策无关；μ_j 为不可观测变量，是不同地区所经历的共同冲击；ε_{jt} 为随机扰动项。当 $1 \leqslant j \leqslant P+1$ 时，引入是否进行政策干预的哑变量 D_{jt}：当 $i = j$ 且 $T_0 \leqslant T$ 时，$D_{jt} = 1$，否则 $D_{jt} = 0$。把 D_{ij} 代入式 (8.3) 可得：

$$\Phi_{jt}(1) = \Phi_{jt}(0) + \Delta_{jt} D_{jt} \tag{8.5}$$

关于 "反事实" $\Phi_{jt}(0)$ 的估计，需要合成一个为实施 "一带一路" 倡议政策的 "替身"，采用数据驱动的方法进行拟合。其中，最为核心的问题是 "综合控制组地区权重如何确定"，本节以 "一带一路" 建设中国沿线 18 个地区为政策实施的实验组，其余 13 个省区市为 "综合控制组"。

定义权重矩阵为 $W = (w_2, w_3, \cdots, w_{p+1})^{\mathrm{T}}$，满足 $1 > w_j > 0$ 且 $\sum_{j=2}^{P+1} w_j = 1$；W 中 P 个元素的不同组合构成 "一带一路" 倡议的 "模拟区域"，由下式进行表达：

$$\sum_{j=2}^{P+1} w_j \Phi_{jt} = \alpha_t + \beta_t \sum_{j=2}^{P+1} w_j X_j + \gamma_t \sum_{j=2}^{P+1} w_j \mu_j + \sum_{j=2}^{P+1} w_j \varepsilon_{jt} \tag{8.6}$$

式 (8.6) 中，$w_j (j = 2, \cdots, P+1)$ 为第 j 个地区 "合成" 模拟区域时的权重，其余解释同式 (8.4)。若存在一个 $W^* = (w_2^*, w_3^*, \cdots, w_{P+1}^*)^{\mathrm{T}}$ 使得 $\sum_{j=2}^{P+1} w_j^* \Phi_{j1} = \Phi_{11}$，$\sum_{j=2}^{P+1} w_j^* \Phi_{j2} = \Phi_{12}$ 和 $\sum_{j=2}^{P+1} w_j^* \Phi_{jT_0} = \Phi_{1T_0}$，那么，代入式 (8.3) 中可得：

$$\Delta_{1t} = \Phi_{1t}(1) - \sum_{j=2}^{P+2} w_j^* \Phi_{jt}(0) \quad (T_0 \leqslant t \leqslant T) \tag{8.7}$$

式 (8.7) 中，W^* 的确定成为解决问题的关键，可通过最优化问题进行求解。其中，在 "一带一路" 倡议政策实施之前，记描述区域发展不平衡的预测变量为 Z_1（$K \times 1$ 维，包含 K 个影响因素，下标 1 代表实验组），其他 13 个省区市对应的预测变量记为 Z_0（$K \times P$ 维，包含 K 个影响因素，下标 0 代表控制组）。需要选择一个合适的权重 W 使得 $Z_0 W^{\mathrm{T}}$ 最大可能地接近 Z_1，进而实现合成控制后的 "一带一路" 实施区域在区域发展不平衡特征上与真实区域相匹配的目标。其中，接近度定义为：

$$(Z_1 - Z_0 W^{\mathrm{T}})^T (Z_1 - Z_0 W^{\mathrm{T}}) \tag{8.8}$$

进一步，权重 W 的确定可以由一个有约束的最小化非线性规划问题进行求解，即：

$$\min (Z_1 - Z_0 W^{\mathrm{T}})^{\mathrm{T}} V (Z_1 - Z_0 W^{\mathrm{T}})$$
$$\text{s.t.} \quad 1 > w_j \geq 0, \ j = 2, \cdots, P + 1$$
$$\sum_{j=2}^{P+1} w_j = 1 \tag{8.9}$$

式（8.9）中，V 是一个 $K \times K$ 的对角矩阵，其取值反映了预测变量对于结果变量的相对重要程度。一般而言，选择最优的 V，使得在"一带一路"倡议政策启动之前，合成的"一带一路"实施地区经济发展水平尽可能地接近真实值。实际应用中，区域发展不平衡的量化分析可由人均 GDP 进行，"一带一路"倡议是在 2013 年提出的，故时间为 2004—2013 年，并将相应的变量代入式（8.9）中即可求解最优的权重矩阵 W^*。

最后，将最优的权重 $W^* = (w_2^*, w_3^*, \cdots, w_{P+1}^*)^{\mathrm{T}}$ 代入式（8.7）中，以评估"一带一路"倡议政策在区域发展不平衡中的具体实施效果。

8.3.3.2 SCM 检验与估计结果

在选定 13 个省区市（非"一带一路"沿线城市）为合成控制组之后，根据式（8.1）的基本设定，将人均 GDP、区域经济发展不平衡程度、产业空间集聚效果、社会资源、市场规模、城镇化水平、教育水平、技术水平和基础设施等变量分别作为预测变量进行政策效果评估。在进行"一带一路"倡议政策评估之前，需要根据式（8.3）的具体设定，构建反事实实验并给出最优权重。

具体过程为：本节将 31 个省区市（不包含港澳台）以"一带一路"倡议政策是否经过标准划分为两部分，一部分是"一带一路"建设沿线省区市（共 18 个），后续分析中用"一带一路沿线地区"表示；另一部分是"一带一路"建设未包含的省区市（共 13 个），组成控制样本，用于合成控制组。就权重的获得而言，以 0 为各个权重的初始值，以 0.000 1 为迭代间隔，通过权重之和为 1 的约束，在给定最小拟合目标之下，通过相关软件进行迭代，并通过时间上的均值进行综合确定。如表 8.8 所示，考虑到 "一带一路" 建设以福建与新疆为核心区，是包含双多边机制的区域合作平台，具有很强的经济联系与集聚能力，整体政策特征更加偏向于北方欠发达地区和中部地区，在控制组中的权重占比中欠发达地区占比相对较高，其中，河北为 11.75%、河南为 11.52%、湖北为 10.78%，综合来看，地区经济发展的综合水平相对较为合理。

表 8.8　合成控制组各省区市最优权重

地区	安徽	北京	贵州	河北	河南	湖北
权重	0	0	0.097 8	0.117 5	0.115 2	0.107 8
地区	湖南	江苏	江西	山东	山西	四川	天津
权重	0.099 6	0.091 9	0.084 9	0.078 8	0.073 4	0.068 6	0.064 4

注：最优权重在控制时间 t 的基础上，根据 2004—2013 年最优权重的均值计算而得。

在得到权重矩阵之后，根据式（8.3）的基本设定，对 "一带一路" 倡议政策的实施效果进行估计。从合成区与实际区的拟合效果看，如图 8.7 所示，就地区经济发展水平而言（见图（a）），在 "一带一路" 倡议政策实施之前（2013 年），合成控制区与实际政策干预区之间人均 GDP 的取值非常接近、变化趋势完全一致；而 2013 年之后，实际政策干预区的拟合结果与合成控制区出现了很大的偏差，这表明，一方面，实际的 "一带一路沿线地区" 与合成控制区的经济发展曲线均有所上升，那么，是否意味着 "一带一路" 倡议政策的干预对沿线省区市地区经济发展水平的提升起到调节作用？另一方面， "一带一路" 倡议政策的干预是否会通过提升 "一带一路沿线地区" 经济发展水平，进而缩小 "一带一路沿线地区" 与非 "一带一路沿线地区" 之间的经济发展差距？

为了回答上述两个问题，需要进一步通过合成控制模型对 "一带一路" 倡议政策的作用路径与实施效果进行探究。

进一步比较区域经济发展不平衡程度（见图（b）），在 2004—2013 年非政策干预时期，合成控制区与实际发生区之间区域经济发展不平衡程

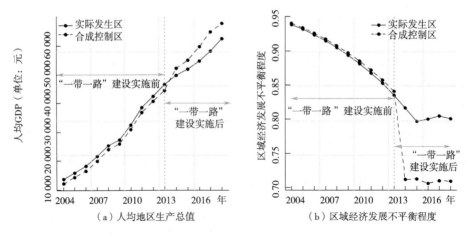

图8.7 "一带一路"倡议沿线省域与合成地区典型变量取值展示

度的下降趋势与速率非常相似，可进一步说明使用合成控制模型分析"一带一路"倡议政策的影响效应是合理的；但是，2013年之后，实际政策干预区的拟合结果与合成控制区也同样出现了很大的偏离。由图8.8可知，在"一带一路"倡议政策进行干预之后，真实的"一带一路沿线地区"与合成控制区变化曲线在经济发展水平和不平衡程度上均呈现出一定的偏离，这表明，"一带一路"倡议政策的实施影响了"一带一路沿线地区"经济发展水平的同时也调节了区域经济发展不平衡程度。

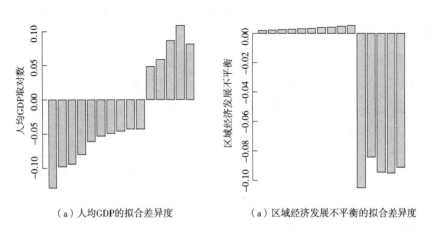

（a）人均GDP的拟合差异度　　　　（a）区域经济发展不平衡的拟合差异度

图8.8 控制组与"一带一路沿线地区"的拟合差异检验

综上所述，利用合成控制模型对"一带一路"倡议政策实施效果进行评价时，可以认为"一带一路"倡议政策在一定程度上转变了"一带一路沿线地区"现有的经济发展趋势，在政策干预的推动下，"一带一路沿线地区"经济发展向较好的方向转变、区域经济发展不平衡程度有所缩小。进一步研究结果表明，区域发展政策是变迁调整的，在一系列政策变迁中，"一带一路"倡议政策的出台，很大程度上促进了"一带一路沿线地区"整体经济发展水平的提升，这表明，区域发展政策与规模经济的适当匹配与优化在区域发展政策的制定与实施中具有重要的意义。因此，区域发展政策的设计必须充分考虑经济发展的规律、现实区域发展情况，平衡地区之间发展的契机与匹配度，从整体到部分系统地推进政策。

8.4 区域可持续发展的路径选择

现有文献关于减缓地区经济发展不平衡的建议多以政策实施为主，基于区域间差异缩减（徐生霞等，2019）、劳动力与生产资料在产业层面的协调（任艳，2020）以及重点加快中部、西部和东北地区的经济发展（陈梦根和张帅，2020）等宏观描述层面给出相应的政策建议，未能将区域发展不平衡程度的缩小过程进行量化测度，缺乏具体实施路径的量化研究。本节将在给出区域发展不平衡程度缩小的方案设计基础上，利用"模拟"测度量化每一种方案对区域发展不平衡程度缩小的具体取值，进一步给出区域协调发展的路径选择。

8.4.1 方案设计

在前文关于区域经济发展不平衡所得结论的基础上，本节从定量分析的视角给出减缓区域经济发展不平衡的具体方案。首先，利用四种不平衡指数测度方法，即区域发展综合不平衡指数（IRD^c）、经济发展不平衡指数（$EIRD$）、Theil-L 指数（$TIRD$）和 Zenga 指数（$ZIRD$），对经济发展不平衡程度分别进行省域和东、中、西三大地带两个维度的测算；其次，根据不同时期的测度值对不同维度层面省级经济发展不平衡指数进行排序，并计算其均值；最后，根据不同的设计方案进行相应的调整与实施，并计算其减缓效果。

如图 8.9 所示，区域发展不平衡包含经济发展、生态环境、公共服务

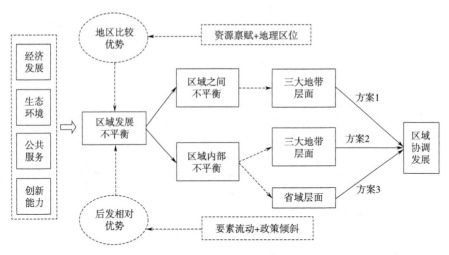

图 8.9　区域协调发展的方案设计

和创新能力等多个维度，可从地区比较优势和后发相对优势两个方面进行平衡。其中，地区比较优势依靠资源禀赋结构调整与地理区位布局进行缓和，而后发相对优势依赖要素自由流动与政策倾斜两个方面进行调节。与此同时，区域发展不平衡可分解为区域之间的不平衡与区域内部的不平衡，现有测度研究结果表明，区域间的不平衡仍然是造成区域发展不平衡的主要原因，但不能忽视区域内部差距的逐渐增大效应（Charron，2016；魏艳华等，2020）；鉴于此，本节以区域之间不平衡和区域内部不平衡两个视角，从省域和东、中、西三大地带两个层面对区域发展不平衡的路径方案进行设计。具体如下：

方案 1：基于区域间差距是地区经济发展不平衡的主要原因，将三大地带中经济发展不平衡指数最高的地带，降低至三大地带的平均水平。

方案 2：基于区域内差异层面，将东、中、西地带内部经济发展不平衡程度最高的省份降至对应地带的平均水平。

方案 3：基于区域内差异层面，将全国各省区市经济发展不平衡程度最高的省份降至全国平均水平。

需要强调的是，四种测度指数测度方法的设计与前文研究一致，为了更加清晰地展示测度结果，分析区域发展不平衡的缩小程度，特别对不平衡指数测度方法进行描述。其中，区域发展不平衡的综合测度指数

（IRD^c）由式（8.10）给出：

$$IRD^c_{it} = \frac{1}{\overline{RCD}_{\cdot t}} \frac{pop_i}{pop_T} (RCD_{it} - \overline{RCD}_{\cdot t})^2 \qquad (8.10)$$

式（8.10）中，$i(i = 1, 2, \cdots, N)$ 为地区，$t(t = 1, 2, \cdots, T)$ 为时期，IRD^c_{it} 代表 i 地区 t 时期的区域发展综合不平衡程度，$\overline{RCD}_{\cdot t}$ 为所用地区综合发展水平的平均值，RCD_{it} 为 i 地区 t 时期区域发展综合水平，pop_i 为 i 地区人口，pop_T 为全地区总人口，综合指数的测度指标体系见表 2.2。

与其他三个平衡指数不同，经济发展不平衡指数（$EIRD$）是在基尼系数与变异系数相结合的基础上，提出的一种既能反映经济高质量发展能力，又能刻画区域相对差距的测度方法。其中，基尼系数主要用于衡量一个国家（地区）居民收入的差距，在 0 到 1 之间取值，取值越大，居民收入差距越大，发展越不平衡；变异系数主要通过标准差与平均值之比来反映离散程度，进一步刻画区域发展不平衡的大小，取值越大，区域发展不平衡程度越大，发展越不平衡。上述两种方法各有优劣，为更加全面系统地讨论地区经济发展不平衡的相关问题，在综合考虑上述两种方法的基础上，借鉴刘等（Liu et al., 2020）的测度方法，构建区域经济发展不平衡指数（$EIRD$），计算公式如下：

$$EIRD = \frac{\sum_{i=1}^{N} |TFP_i - \overline{TFP}|}{N \overline{TFP}} \qquad (8.11)$$

式（8.11）中，$i(i = 1, 2, \cdots, N)$ 为地区；TFP_i 表示地区 i 的全要素生产率，可反映地区经济高质量发展情况。鉴于区域经济发展不平衡指数取值无上限，不易进行范围确定，本节以其最大值为基准，给出各地区经济发展不平衡的相对指数，定义为经济发展不平衡相对指数（$EIRRD$）：

$$EIRRD = \frac{EIRD_i}{\max_{1 \leqslant i \leqslant N}(EIRD_i)} \qquad (8.12)$$

式（8.12）中，$i(i = 1, 2, \cdots, N)$ 代表地区，$EIRRD$ 代表区域经济发展不平衡的相对指数，$EIRD_i$ 代表 i 地区的区域经济发展不平衡指数，$\max(EIRD_i)$ 为 N 地区中区域经济发展不平衡程度最大值。

这些指数不仅可以考虑不同的收入分布形式，还可以进行空间与结构的分解，进而可通过测算结果的对比检验其稳健性。此外，综合前文的测度研究，特将 Theil-L 指数和 Zenga 指数引入区域发展不平衡的缩小方案比较分析中。其中，Theil-L 指数（TIRD）的测度如下：

$$TIRD_i = \frac{1}{N_i} \sum_{j=1}^{N_i} \ln\left(\frac{\overline{y}_i}{y_{ij}}\right) \tag{8.13}$$

$$TIRD = TIRD_w + TIRD_b = \sum_{i=1}^{k} \frac{N_i}{N} TIRD_i + \sum_{i=1}^{k} \frac{N_i}{N} \ln\left(\frac{\overline{y}_i}{\overline{y}_{ij}}\right) \tag{8.14}$$

式（8.13）和式（8.14）中，$j(j = 1, 2, \cdots, N_i)$ 为第 i 组内的地区，$i(i = 1, 2, \cdots, k)$ 为地区分组数，显然，地区总数 $N = \sum N_i$；$\overline{y}_i$ 为第 i 组的经济发展水平的均值；y_{ij} 为第 i 组中 j 地区的经济发展水平取值；$TIRD_i$ 为第 i 组的 Theil-L 系数；$TIRD$ 为指标 y 总的区域差异；$TIRD_w$ 和 $TIRD_b$ 分别为组内与组间经济发展的差异。

Zenga 指数是一种非常有见地的不平衡测度指数（ZIRD），不仅可满足不平衡指数通常所需的基本特性，还满足强转移性和可加和分解性，由式（8.15）给出：

$$ZIRD(y) = \sum_{h=1}^{r} \frac{M_h}{M_T} ZIRD_h(y) \tag{8.15}$$

式（8.15）中，$ZIRD(y)$ 为收入视角下区域发展不平衡的总指数，M_h 为前 h 个个体累计频数，M_T 为全体累计频数，$ZIRD_h(y)$ 为收入视角下区域发展的点不平衡指数。Zenga 指数下不平衡的计算过程见式（2.6）至式（2.8）。

8.4.2 方案实施效果评价

在进行方案实施效果评价之前，首先，根据上述 4 种区域发展不平衡的测度方法对省域，东、中、西三大地带以及全国层面的区域发展不平衡程度进行实际测算，以分析其演变规律；然后，根据上述 3 种方案设计对区域发展不平衡差距的缩小程度进行量化表征，以便进一步给出政策建议。需要强调的是，实际测算中的数据均来自《中国统计年鉴》、各省区市统计年鉴与国家统计局官网。

8.4.2.1 区域发展不平衡的实际测算与比较

以省级行政区为研究对象，根据式（8.11）和式（8.12）分别测算经济发展不平衡指数（*EIRD*）与经济发展相对不平衡指数（*EIRRD*）。从 *EIRD* 测算结果看，如图 8.10 所示，可得如下结论：第一，*EIRD* 取值最高与最低的省份所述区域具有交叉现象，经济高质量发展水平与地区不平衡之间关系不明确。这表现为，2004 年西藏、宁夏、青海、广东和上海经济发展不平衡程度最低，而河南、江西、重庆、湖北和山西经济发展不平衡程度最高；2019 年广东、上海、江苏、浙江和海南经济发展不平衡程度最低，而江西、河南、重庆、湖北和天津经济发展不平衡程度最高。其中，存在经济发达地区与欠发达地区并存现象。第二，省域经济发展不平衡程度总体上呈现先减少后增加的 "U" 形变化趋势。这表现为，观察 2004 年和 2016 年各省 *EIRD* 的差值可知，除江西、宁夏和西藏外，28 个省区市的 *EIRD* 呈现下降，平均减少了 0.170；观察 2016 年和 2019 年各省区市 *EIDI* 的差值可知，有 17 个省区市的 *EIRD* 呈现上升，平均增加了 0.028。第三，2004—2019 年省域经济发展不平衡程度呈现先扩大后缩小的变化趋势。这表现为，从历年 *EIRD* 值最大值与最小值的比值看，2004 年最大值与最小值之差为 1.254，2016 年增加至 1.915，而 2019 年减少到 1.827。

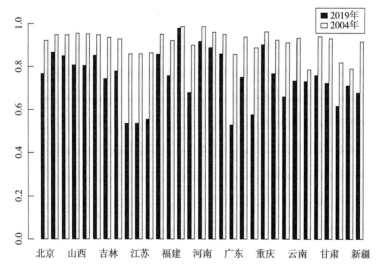

图 8.10　省域经济发展不平衡指数 2004 年和 2019 年展示

从 *EIRRD* 测算结果看，有如下发现：第一，省域经济发展不平衡程度可能存在局部收敛（临界效应）现象。这表现为，以经济发展不平衡程度最高的省份为参照（2004 年为河南，2016 年与 2019 年均为江西），从横向比较看，2004 年最大值与最小值之差为 0.203，而 2016 年为 0.477，但是 2019 年降至 0.405，样本期间经济发展相对平衡指数表现出倒 "U" 形变化趋势。第二，省域经济相对不平衡指数的离散程度呈现出先扩大后缩小的趋势。这表现为，2004 年 31 个省区市 EIRRD 的标准差为 0.027，2016 年扩大为 0.165，而 2019 年又回落至 0.131，与上文提到的倒 "U"形变化趋势几乎一致。上述研究结论与陈梦根和张帅（2020）对 2004—2016 年数据的分析结论基本相符。此外，根据式（8.10）、式（8.13）和式（8.15）分别对综合不平衡指数、Theil-L 指数和 Zenga 指数进行测算，通过比较测算结果发现，三种经济发展不平衡的测算指数在省域层面的变化趋势基本一致，表明上述分析结论具有稳健性。

如图 8.11 所示，有如下发现：第一，东、中、西地带的 4 种不平衡指数测度结果基本呈现相似的变化趋势，可以认为测算结果具有稳健性。第二，东、中部地带经济发展不平衡指数表现出 "U" 形变化趋势，而西部地带经济发展不平衡指数呈现倒 "U" 形特征。这表现为，与省域经济发展不平衡指数取值类似，东、中部地区在 2004—2016 年缩减趋势明显，而 2016—2019 年明显扩大，但是，西部地区以 2011 年为界呈现出先扩大后减少的相反变动趋势。第三，经济发展较为发达的地区和欠发达的地区不平衡程度相对最高。这表现为，总体上东、西部地带经济发展不平衡程度高于中部地区，但中部地带经济发展不平衡程度有扩大的趋势。此外，EIRD 指数与其他 3 类指数在三大地带层面的测度结果不同，中、西、东部发展不平衡程度依次递减，这是由于 EIRD 的基础测算指标是 TFP，只有通过衡量经济高质量发展水平的相对变化程度来反映，同时，三大地带 EIRD 的具体取值总体大于其他 3 类指数，但是三大地带之间差值并不大。综上所述，东、中、西三大地带经济发展不平衡指数基本呈现 "U" 形变化趋势，与省域经济发展不平衡测度结论基本相符，且东、西部地区不平衡程度大于中部地区。

进一步根据式（8.14）将 Theil-L 指数下的不平衡指数（TIRD）进行区域内和区域间的结构分解，按照三大地带可以测算东、中、西部在区域间与区域内不平衡的贡献度，并由此判断引起地区经济发展不平衡的主要

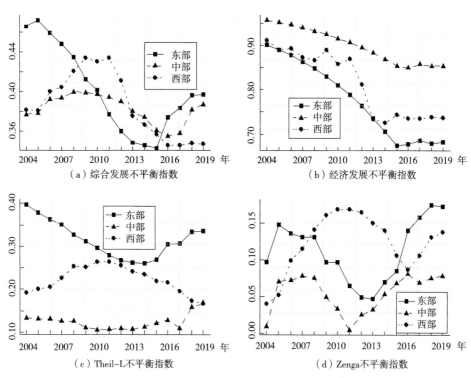

图 8.11 东、中、西三大地带区域发展不平衡演变过程

原因。根据测算结果，有如下发现：第一，地区间经济不平衡是引起地区经济发展不平衡的主要原因。这表现为，除 2017 年之外，地区之间不平衡指数均高于地区内部，不过，地区间与地区内部之间的差异逐渐减小。第二，东部与中部之间的差异的扩大是引起地区经济发展不平衡的主要原因。这表现为，东中部地带之间的经济发展不平衡指数之差总体上高于东西部和西中部。第三，东部与西部地区之间的差异逐渐成为影响地区经济发展不平衡的核心因素。这表现为，虽然 2004—2012 年东西部之间的不平衡差异逐渐减少，但 2012 年之后显著提升，并在 2018 年之后逐渐向东中部差距靠拢。因此，减小东、西部之间的差距是实现地区经济均衡发展的最优路径之一，这与周玲和李宝瑜（2020）所得研究结论相符。综上，*TIRD* 指数结构分解结果显示，地区之间的平衡是引起地区经济发展不平衡的主要原因，其中，东部地区与中西部的差异贡献最大。

8.4.2.2 三种方案的实施效果分析

通过最大值向平均值减少的设定情形，基于经济发展不平衡程度最大的地区（省域或地带），从区域间与区域内两个维度对2004—2019年地区经济发展不平衡程度的减缓效果进行测度，如表8.9所示，有如下发现：

第一，东部与中西部地带之间的差异是引起地区经济发展不平衡的主要原因，减少东部与中西部地带之间的差距是实现地区经济均衡发展的最优路径。这表现为，以 *EIRD* 指数为例，就方案1而言，中部地区在样本期间不平衡程度最大，故将其降至三大地带 *EIRD* 指数的均值，平均可降低 9.45%；就方案2而言，东部地区不平衡指数最大的省份2004—2015年为海南，2016—2019年为河北，中部地区2004—2009年为安徽，2010—2014年为吉林，2015—2017年为湖北，2018—2019年为黑龙江，西部地区2004—2006年为贵州，2007—2016年为内蒙古，2018—2019年为甘肃，经济发展不平衡指数平均降低了 7.11%；就方案3而言，平均降低了 2.87%。显然，区域间的减缓方案设计更加有效，不过，其实施难度也最高，需做进一步挖掘。

表8.9 区域协调发展具体方案的实施效果

时间	方案1效果			方案2效果			方案3效果		
	EIRD	*TIRD*	*ZIRD*	*EIRD*	*TIRD*	*ZIRD*	*EIRD*	*TIRD*	*ZIRD*
2004	0.156 3	0.020 3	0.048 5	0.095 5	0.010 5	0.011 2	0.005 8	0.023 3	0.002 3
2005	0.141 2	0.024 3	0.057 9	0.093 7	0.012 2	0.020 8	0.007 1	0.018 0	0.002 5
2006	0.129 4	0.029 5	0.033 7	0.101 6	0.014 2	0.024 5	0.008 4	0.016 5	0.002 8
2007	0.116 3	0.036 3	0.023 1	0.066 4	0.016 8	0.026 0	0.010 1	0.017 6	0.003 1
2008	0.090 9	0.045 3	0.015 3	0.071 4	0.020 0	0.028 2	0.012 3	0.015 2	0.003 5
2009	0.086 7	0.057 9	0.058 6	0.081 0	0.024 1	0.025 5	0.013 9	0.014 1	0.003 9
2010	0.074 7	0.076 3	0.069 2	0.073 6	0.029 7	0.025 0	0.019 6	0.012 6	0.004 4
2011	0.071 8	0.105 1	0.089 4	0.033 0	0.037 9	0.020 5	0.026 2	0.012 7	0.004 9
2012	0.066 6	0.156 8	0.085 1	0.051 3	0.051 5	0.020 7	0.038 2	0.013 0	0.005 4
2013	0.058 8	0.291 2	0.073 6	0.052 0	0.086 0	0.019 6	0.133 4	0.012 8	0.006 1
2014	0.058 2	0.297 1	0.052 2	0.051 7	0.094 3	0.022 1	0.072 9	0.012 4	0.006 5

续表

时间	方案 1 效果			方案 2 效果			方案 3 效果		
	EIRD	TIRD	ZIRD	EIRD	TIRD	ZIRD	EIRD	TIRD	ZIRD
2015	0.065 9	0.106 8	0.019 5	0.050 2	0.088 4	0.021 2	0.046 0	0.011 7	0.006 6
2016	0.089 5	0.028 6	0.037 5	0.063 9	0.105 3	0.024 2	0.055 6	0.012 4	0.008 2
2017	0.104 8	0.309 5	0.046 7	0.069 5	0.048 8	0.026 3	0.005 9	0.013 3	0.007 1
2018	0.111 6	0.044 4	0.047 9	0.091 8	0.010 4	0.030 4	0.003 2	0.016 8	0.007 3
2019	0.111 7	0.012 7	0.043 0	0.090 8	0.003 1	0.031 1	0.001 1	0.016 9	0.007 5
均值	0.094 5	0.102 6	0.050 1	0.071 1	0.040 8	0.023 6	0.028 7	0.014 9	0.005 1

注：EIRD 代表区域经济发展不平衡指数，由式（6.11）计算而得；TIRD 代表 Theil-L 指数测度方法下区域发展不平衡测度，由式（6.13）计算而得；ZIRD 代表 Zenga 指数测度方法下区域发展不平衡测度，由式（6.15）计算而得。另外，由于测度结果取值位于上述三种方法之间，未对区域综合发展不平衡（IRD^c）进行展示。

第二，三大地带内部经济发展不平衡差异的扩大是近年来地区经济发展不平衡的主要动力，缩小东、中和西部内部省域之间的经济发展不平衡差异是实现地区经济协调发展的重要抓手。这表现为，以方案 2 为例，就 EIRD 指数而言，2004—2019 年地区经济发展不平衡减少程度呈现先波动减少后波动增加的态势，不平衡程度平均减少了 7.11%；就 TIRD 指数而言，样本期间地区经济发展不平衡减少程度表现出先扩大后减少的倒"U"形变化趋势，不平衡程度平均减少了 4.08%；就 ZIRD 指数而言，其变化趋势较为平稳，基本围绕 0.02 上下波动，不平衡程度平均减少了 2.36%。显然，东、中、西部内部经济发展不平衡也需要引起注意，尤其是在 2012 年之后，区域内部不平衡在总不平衡中的贡献度显著提升，成为扩大地区经济发展不平衡的一个潜在因素。

第三，以省域为测度单元，全国范围内经济发展不平衡的减缓效果相对最低，地区经济发展水平与不平衡之间的关系尚不明确。这表现为，以方案 3 为例，就 EIRD 指数而言，宁夏、西藏和广东是样本期间不平衡程度相对最大的省份；就 TIRD 指数而言，江西和河南不平衡程度相对最大；就 ZIRD 指数而言，北京和天津相对最大。其中，经济发达地区和欠发达地区并存，地区经济发展水平与不平衡之间的关系尚不明确。但是，由于省域层面的相关数据样本较小，一般研究结论与样本时期密切相关，可能存在一定的误差，可通过地市级与县级的具体划分，进一步探讨二者之间的关系。

8.4.3　对策建议

综上所述，省域、三大地带和全国地区经济发展不平衡指数由于测度变量和测度方法不一致而存在差异，但是总体上在2004—2019年呈现出先缩小后扩大的变化趋势。一方面，地区间发展不平衡是地区经济发展不平衡的主要原因，而减少东部与中西部之间的差异是实现地区均衡发展的有效路径，且可通过省域层面的测算结果，进一步明确区域协调发展的路径实施过程与目标。另一方面，应当正确认识区域内部发展不平衡在地区经济发展不平衡中贡献度逐渐增大的事实，虽然以省份为基本测算单元，东、中和西部内部发展不平衡程度的贡献度相对较小，但是2016年之后有所改观，可通过进一步明确区域划分（如地级市、县级）来挖掘其作用效果，且可明确其减缓效果。

本节具有一定的政策内涵：首先，在2004—2016年处于地区经济发展不平衡程度减小的阶段，而2016年之后不平衡程度有所上升，故在保持地区经济可持续健康发展的同时，也应重视地区之间、地区内部发展的不平衡问题；这意味着，政策的制定应该以"4321"新格局为主，进一步调节区域之间的不平衡，同时，以"面"的空间布局优化达到减缓区域内部不平衡的目的。其次，缩小东部地区与中西部地区之间的经济差异，可有效减缓地区经济发展的不平衡程度，故应该更加重视中部与西部地区经济高质量的加快发展；这意味着，可通过重大项目的部署与重点产业的扶持，进一步引导要素与资源在空间上更加自由的流动，进而形成相对均衡的格局，以实现区域更加平衡的发展。与此同时，在促进中国区域协调发展的战略部署中，将更多的优势资源向中西部地区集中，增强专业化、功能化的区域平台构建，进一步推动欠发达地区的开放水平是关键。

此外，受数据所限，本节尚未对地级市或县级地区展开详细的分析，后续可进一步细化研究，从更小的研究单元给出更加具体的减缓方案，并对各方案的实施效果进行对比分析，以便准确找到开展区域经济发展工作的重点。

8.5　主要结论

本章以区域发展不平衡的对策为研究对象，从区域发展政策的调整与变迁的轨迹研究出发，基于区域产业政策、"城市群"建设和"一带一路"倡议对不同时期、不同地区所实行的区域发展政策进行路径探讨和效果评估，并通过设计区域之间、区域内部不平衡的减缓方案探索缩小区域经济发展差距的具体措施。所得研究结论如下：

第一，从区域发展政策的调整和变迁看，区域总体战略、区域发展规划和区域空间发展模式具有内在统一性，就中国区域发展政策的历史演变与转换过程而言，区域政策的制定与实施是一个不断调整与完善的过程，且这种调整与完善有其历史必然性和客观现实性。当前，区域规划呈现出类型多样化、覆盖范围广、批复具有层次性、中央和地方共同推进等方面的特征，区域空间战略布局的核心是拓展区域经济发展空间，可从经济地理的"3D"框架来考察区域发展不平衡的空间属性转换。通过区域政策的梳理发现，可从以下4个方面进一步优化区域发展政策：首先，以时代背景为依托，牢牢把握要素空间布局的新态势，突破三大地带、四大板块以及行政区划的传统分工格局，重点发挥城市群建设在区域平衡发展中的引领作用；其次，以基本内涵为基础，推动经济结构调整与升级，正确处理效率与公平二者之间的关系，利用新技术重点推动"地区公共服务均等化"，为区域发展不平衡的减缓提供保障；再次，以城市群实践为经验，正确认识地区经济发展的优劣势，努力从机制层面破解不平衡发展的关键难题，重视构建有利于区域之间"共享增长"的区域协调发展新机制；最后，正确判断国际国内形势，以全球价值链为载体，将更多的优势资源向中西部地区集中，增强专业化、功能化的区域平台构建，进一步推动欠发达地区的开放水平。

第二，从区域发展政策的作用路径与实施效果看，区域发展政策的制定不仅体现了其所具备的历史继承、动态发展与创新完善等特性，也反映了对区域经济发展规律认识的动态优化特性。总体上，区域产业、城市群建设和"一带一路"倡议政策在区域经济协调发展进程的推动中具有很强的调节作用，但是其作用效果与方式呈现出较大差异。具体而言，首先，区域产业政策通过产业空间集聚对区域经济发展不平衡缓解的调节作用确实存在，但是，产业空间集聚效果提升对区域经济发展不平衡的作用效应表现出"临界"趋势，即达到临界值之后，产业空间集聚效果对区域经济发展不平衡程度缩小的作用效应才逐渐显现，在小于临界值时，甚至表现出扩大效应。其次，进行样本匹配在城市群政策干预作用路径与实施效果方面具有十分重要的作用，该政策以相对积极的形式减缓着区域经济发展不平衡的程度，在区域协调发展进程的推动中具有不可替代的作用。最后，"一带一路"倡议政策在一定程度上转变了"一带一路沿线地区"现有的经济发展趋势，在政策干预的推动下，"一带一路沿线地区"经济发展向较好的方向转变，区域经济发展不平衡程度有所缩小。

从区域发展不平衡的减缓路径与方案评估结果看，一方面，地区间发展不平衡是地区经济发展不平衡的主要原因，而减少东部与中西部之间的差异是实现地区均衡发展的有效路径，且可通过省域层面的测算结果，进一步明确减缓路径实施过程和减缓目标；另一方面，应当正确认识区域内部发展不平衡在地区经济发展不平衡中贡献度逐渐增大的事实，虽然以省份为基本测算单元，东、中和西部内部发展不平衡程度的贡献度相对较小，但是2016年之后有所改观，可通过进一步明确区域划分（如地级市、县级）来挖掘其作用效果，且可明确其减缓效果。

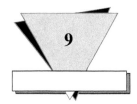

9

结论与展望

9.1 主要结论

纵观经济学研究范式的演进过程，从微观、宏观到域观，即立体化的观察和识别，多维角度的评价与解释，域观视角是我们认识世界、接近经济现实的关键。从域观的视角看，区域发展不平衡是区域内部或区域之间各经济体发展过程中表现出的不平等、不充分现象；事实上，区域发展不平衡问题在世界各国普遍存在，只是不同发展阶段表现不同，这也是中国现阶段不可避免的经济发展现象之一。从区域经济非平衡发展和空间布局相关理论看，区域集群和经济增长是相伴相生的作用过程，而区域集群的集中表现是产业集聚。因此，本书以不平衡为视角，从区域发展不平衡与区域经济可持续发展的量化测度切入，基于产业空间集聚、产业结构优化、全要素生产率、贫困治理等多个方面，系统探讨了影响区域发展不平衡的主要原因。在此基础上，从要素禀赋、区位因素、比较优势、政策导向等多个方面给出了差异化区域可持续发展政策制定与实施的经验支持。所得结论如下：

第一，中国区域发展不平衡程度处于倒"U"形曲线的右侧，呈现波动减少态势，存在东、中、西部依次递减的空间分布特征。

从居民家庭和省域微宏观视角，无论是基于居民家庭收入、经济发展水平和经济发展质量单维层面，还是基于经济发展、公共服务、生态环境和创新能力 4 个维度、26 个指标等多维层面，对区域发展不平衡程度的测算结果表明：区域发展存在不平衡是我国经济发展的客观表现，一方面，2004—2018 年不平衡程度总体上呈现波动减少，但在 2015 年之后有所扩大的趋势；这与我国经济转型初期政策实施效果、产业发展环境密不可分。另一方面，区域发展不平衡程度在空间上具有集聚效应，且表现出东、中、西部依次递减的地域分布特征；可通过提升西部地区综合发展能力缩小相对落后地区与发达地区之间的发展差距，进而推动区域协调发展战略的实现。

第二，产业空间集聚对区域发展不平衡的非线性、空间辐射性影响效应是产业结构红利助推区域经济高质量、协调发展的重要内容。

产业结构演进带来的劳动生产率增长率变动是中国经济增长出现"结

构性加速"与"结构性减速"的重要原因。以产业空间集聚与区域发展不平衡的相关关系与因果关系检验为基础，对二者之间的影响效应进行实证分析。研究发现：首先，产业空间集聚对区域发展不平衡的单向因果关系更为显著，可从用傅立叶逼近的 Toda-Yamamoto 检验结果中找到支撑；与此同时，产业空间集聚与区域发展不平衡的动态耦合影响系数显著，且呈现出一定的时间依赖性和非线性特征。其次，产业空间集聚对区域发展不平衡的门槛影响效应明显存在，且呈现出先增大后减小的倒"U"形结构，也表现出地域差异性；提升产业空间集聚效果，对东部及东北地区不平衡程度的扩大作用明显，而会显著缩小中部与西部地区发展差距。因此，差异化的区域产业规划与政策制定在推动区域协调发展实现进程中具有重要的作用。最后，产业空间集聚对区域发展不平衡的空间辐射效应显著存在，在区域之间具有倒"U"形态势，且其辐射强度和方向在东、中、西部呈现异质性；进一步，资源分布水平的提升、市场规模的扩大是缩小区域内部差距的有效途径，而打破固有行政区划、加强经济体之间经济联系是缩减区域之间差异的关键。

此外，虽然，随着区域规划的空间尺度不断缩小以及区域规划的密集出台，目前基本形成了多层次、多领域的区域协调机制和高效灵活的运转机制，我国区域发展不平衡呈现出非均衡到相对均衡发展演变的阶段特征；但是，区域之间发展差距扩大仍然是造成区域发展不平衡程度难以缩小的主要原因，故应进一步从跨区域联动的视角，从地理区位、基础设施、生产资料、产业调整等多个方面共同进行区域差距的调节。当然，也不能忽视区域内部差距扩大在整体区域发展不平衡中的作用。

第三，产业结构优化与区域发展不平衡之间的多元影响效应是产业结构红利助推区域经济可持续发展的关键内容。

产业结构转型升级带来的劳动生产率增长是推动区域经济可持续发展的必由之路。以产业结构优化与区域发展不平衡之间关系的检验为基础，从不同维度对二者之间的影响效应进行了深入挖掘。研究发现：首先，京津冀及各市产业结构优化水平整体上不断提升，河北省个别地级市上下波动或增长趋势平稳，但京津冀三地产业结构优化水平仍存在较大差异。其次，中国省域与城市群层面的产业结构优化效果与经济协调发展程度在样本期间均呈现攀升态势，长三角的经济协调发展程度整体优于京津冀。特别地，产业结构优化对于区域经济发展不平衡具有显著的抑制作用，进而能够有效推动区域经济协调发展。最后，产业结构优化也可通过提高劳动生产率、加快生产要素积累、促进居民消费升级三种方式，进一步抑制区域经济发展的不平衡，为区域可持续发展蓄力。此外，京津冀目前的发展水平紧紧依赖产业结构的调整转型，产业集聚水平的提高对产业结构优化水平具有积极的影响，这也符合京津冀协同发展、疏解北京非首都功能的政策导向。

第四，相比劳动投入与资源分布，我国现阶段区域差距的缩小更加依赖于资本和技术的投入。

自然资源、人口结构与技术进步是区域经济发展的三大动力，在产业空间集聚对区域发展不平衡的影响机制中扮演至关重要的角色。本书分别以资源、人口与技术作为约束条件，从资源阻力、人口结构与技术进步测度入手，以经济理论分析和计量模型设计相融合的方式对产业空间集聚与区域经济发展不平衡之间的关系进行了系统的挖掘。研究发现：首先，我国资源对经济增长的阻力在空间上呈现东、中、西部依次递减的特征，水资源对经济增长的阻力远大于土地资源；产业空间集聚对区域发展不平衡的作用效应会受到资源约束的限制，土地资源阻力会抑制产业空间集聚效果提升对区域发展不平衡程度的扩大效应，水资源阻力反而会加重这种正向扩大效应。其次，我国人口结构呈现出少子化、老龄化速度加快的特点，人口结构约束下产业空间集聚效果提升对区域经济发展不平衡程度缩小的负向抑制效应明显增强，且其间接影响效应表现出东、中、西部依次递减特性；与此同时，少儿抚养比的增加在区域经济发展不平衡程度减缓的调节作用更为显著，应当重视市场规模扩大在人口年龄结构约束下产业空间集聚对区域经济发展不平衡影响效应分析中的基础作用。最后，我国技术进步效率在时间上呈现波动增长的变化趋势，在空间上表现出中、西、东部依次递减的特征；从技术进步约束下经济增长机制的分析看，产业转移推动下产业转型升级与技术进步的持续推进是促进经济发展速度与发展质量提升的基础，与此同时，随着各地区技术水平的显著提升，区域发展差距会有所缩小。

第五，区域政策是对区域经济发展规律的认识与把握，对其实施效果的评估是调整与完善差异化区域发展政策、推动区域可持续发展的关键步骤。

本书以区域发展不平衡的对策研究为对象，从区域发展政策的调整与变迁的轨迹研究出发，基于区域产业、城市群建设和"一带一路"倡议政策对区域发展政策效果评估，并通过设计区域之间、区域内部不平衡的减缓方案来探索缩小区域经济发展差距的具体措施。研究发现：首先，就中国区域发展政策的历史演变与转换过程而言，区域政策的制定与实施是一个不断调整与完善的过程，且这种调整与完善有其历史必然性和客观现实性；可通过把握要素空间布局的新态势、推动经济结构调整与升级、正确处理效率与公平之间关系以及准确判断国际国内形势等多个方面的经验借鉴来增强专业化、功能化的区域平台构建，进一步加快区域协调发展的步伐。其次，区域产业、城市群建设和"一带一路"倡议政策在缩小区域发展差距的过程中具有很强的调节作用，但是其作用效果与作用方式呈现出较大差异；应适当把握产业空间集聚效果提升对区域经济发展不平衡调节作用的"阈值"效应，城市群建设在实现区域协调发展过程中的不可替代作用，"一带一路"倡议在沿线地区经济发展向较好方向转变、区域发展不平衡程度有所缩小中的带动效应。最后，区域之间的不平衡是造成区域发展不平衡的主要原因，而减少东部与中西部之间的差距是实现地区均衡发展的有效路径；同时，应当正确认识区域内部差距在区域发展不平衡中贡献度逐渐增大的事实。

9.2　研究展望

在现有研究基础上，结合国内外发展的时代背景，尽管本书对"区域可持续发展：基于不平衡的视角"研究在测度、应用和对策方面进行了多视角、多领域和多方法的综合探讨，但是区域发展不平衡本身就是一个复杂的系统，对于该主题的研究是一个不断探索、不断优化的过程，未来可从以下三个方面做进一步挖掘。

第一，区域可持续发展的测度方面。

区域发展不平衡的测度是以时代发展要求为根本前提的，当前中国经济已经进入高质量发展阶段，调节人民日益增长的美好生活需要与不平衡不充分发展之间的矛盾也是区域发展进程中需要重视的问题之一。区域可持续发展更多地反映一个地区要素禀赋、经济活力、产业发展、人民生活和社会和谐等多方面的综合评价。与此同时，单纯基于不平衡视角进行该主题的研究，缺乏多元化、组合化和客观性；在未来的研究中，应力求全方位反映区域可持续发展的一般规律，多元化和组合化方法的构建是一个值得继续深入拓展的研究。

第二，区域发展不平衡调控"度"的把握方面。

在不同目标、不同维度的基础上，本书只是对区域发展不平衡的程度进行了测度，尚未涉及"度"的把握。具体地，一方面，区域发展不平衡的测度值在什么范围可有效推动区域经济发展？在促进区域空间优化重构的同时如何带动整体经济高质、高效发展？区域可持续发展中不平衡扮演了什么样的角色？另一方面，超出该范围之后，则可以通过干预进行调整。那么，这个"度"的把握至关重要，需要通过统计方法进行模拟仿真预测，对缩小其不平衡程度的值应做进一步讨论。

第三，产业空间集聚、产业结构优化与区域发展不平衡关系的研究方面。

一个地区或国家的域观构成元素极为复杂，不同的商域和域类主体并存，相互影响、纵横交错，区域发展态势也表现出不断演进、不断优化的特征。其中，"产业结构演进→结构红利释放→生产率提升→区域协调发展→区域可持续发展"是一条核心的研究主线，而产业基础高级化、产业链现代化水平提高是优化经济结构的重要支撑，更是区域可持续发展战略推进的重要保障。如何在上述主线的基础上，进一步拓展产业空间集聚、产业结构优化与区域发展不平衡的内在影响机制和外在冲击效应，是进一步深化区域发展问题研究的关键。

参考文献

[1] 白小明. 改革开放以来我国区域经济发展战略的历史演变与经验总结 [J]. 中共郑州市委党校学报, 2009 (1): 74-77.

[2] 卞泽阳, 殷醒民, 章奇. 中国经济特区创新功能演变: 从试点到协同: 以雄安新区为例 [J]. 科学管理研究, 2018, 36 (4): 5-8.

[3] 蔡昉, 都阳. 中国地区经济增长的趋同与差异: 对西部开发战略的启示 [J]. 经济研究, 2000 (10): 30-37, 80.

[4] 蔡之兵. 高质量发展的区域经济布局的形成路径: 基于区域优势互补的视角 [J]. 改革, 2020 (8): 132-146.

[5] 曹炳汝, 孙巧. 产业集聚与城镇空间格局的耦合关系及时空演化: 以长三角区域为例 [J]. 地理研究, 2019, 38 (12): 3055-3070.

[6] 钞小静, 廉园梅. 劳动收入份额与中国经济增长质量 [J]. 经济学动态, 2019 (9): 66-81.

[7] 陈昌兵. 可变折旧率的另一种估计方法: 基于中国各省份资本折旧的极大似然估计 [J]. 经济研究, 2020, 55 (1): 49-64.

[8] 陈昌兵. 可变折旧率估计及资本存量测算 [J]. 经济研究, 2014, 49 (12): 72-85.

[9] 陈得文, 苗建军. 空间集聚与区域经济增长内生性研究: 基于1995~2008年中国省域面板数据分析 [J]. 数量经济技术经济研究, 2010, 27 (9): 82-93, 106.

[10] 陈奉先, 封文华. 国际资本流动"突然停止"如何影响企业全要素生产率?: 基于准自然实验的考察 [J]. 经济社会体制比较, 2023 (5): 28-42.

[11] 陈建军, 黄洁, 陈国亮. 产业集聚间分工和地区竞争优势: 来自长三角微观数据的实证 [J]. 中国工业经济, 2009 (3): 130-139.

[12] 陈林, 万攀兵, 许莹盈. 混合所有制企业的股权结构与创新行为: 基于自然实验与断点回归的实证检验 [J]. 管理世界, 2019 (10):

186-205.

［13］陈梦根，张帅．中国地区经济发展不平衡及影响因素研究：基于夜间灯光数据［J］．统计研究，2020，37（6）：40-54．

［14］陈楠，蔡跃洲．人工智能技术创新与区域经济协调发展：基于专利数据的技术发展状况及区域影响分析［J］．经济与管理研究，2023，44（3）：16-40．

［15］陈伟雄，杨婷．中国区域经济发展70年演进的历程及其走向［J］．区域经济评论，2019（5）：28-38．

［16］陈文成．基于因子分析的区域经济不平衡发展研究［J］．数理统计与管理，2010，29（3）：490-501．

［17］成艾华，魏后凯．促进区域产业有序转移与协调发展的碳减排目标设计［J］．中国人口·资源与环境，2013，23（1）：55-62．

［18］程永宏．二元经济中城乡混合基尼系数的计算与分解［J］．经济研究，2006（1）：109-120．

［19］崔喆，沈丽珍，刘子慎．南京市新街口CBD服务业空间集聚及演变特征：基于微观企业数据［J］．地理科学进展，2020，39（11）：1832-1844．

［20］戴魁早，刘友金．要素市场扭曲如何影响创新绩效［J］．世界经济，2016，39（11）：54-79．

［21］单豪杰．中国资本存量K的再估算：1952～2006年［J］．数量经济技术经济研究，2008，25（10）：17-31．

［22］邓睦军，龚勤林．中国区域政策的空间属性与重构路径［J］．中国软科学，2018（4）：74-85．

［23］邓睦军，龚勤林．中国区域政策的空间选择逻辑［J］．经济学家，2017（12）：58-65．

［24］丁鸿君，沈坤荣．产业转移促进国土开发空间结构优化机理探析［J］．求实，2016（12）：40-50．

［25］董昕灵，张月友．产业分工、环境污染与区域经济发展：基于长江经济带重化工产业的实证［J］．经济经纬，2020，37（3）：20-28．

［26］董雪兵，池若楠．中国区域经济差异与收敛的时空演进特征

[J]．经济地理，2020，40（10）：11–21.

　　[27] 董亚宁，杨开忠，顾芸．创新成本、空间分割与创新增长分异研究：基于空间经济增长理论 [J]．中国软科学，2021（7）：87–96.

　　[28] 樊杰，赵浩，郭锐．我国区域发展差距变化的新趋势与应对策略 [J]．经济地理，2022，42（1）：1–11.

　　[29] 樊士德，姜德波．劳动力流动、产业转移与区域协调发展：基于文献研究的视角 [J]．产业经济研究，2014（4）：103–110.

　　[30] 范恒山．"十八大"以来我国区域战略的创新发展 [N]．人民日报，2017–06–14.

　　[31] 范剑勇，冯猛，李方文．产业集聚与企业全要素生产率 [J]．世界经济，2014，37（5）：51–73.

　　[32] 方传棣，成金华，赵鹏大．大保护战略下长江经济带矿产-经济-环境耦合协调度时空演化研究 [J]．中国人口·资源与环境，2019，29（6）：65–73.

　　[33] 方创琳．博台线：中国区域发展均衡线的重要功能与建设构想 [J]．地理学报，2020，75（2）：211–225.

　　[34] 冯亮，刘强，徐生霞．贫困治理、产业结构与区域经济发展不平衡 [J]．经济与管理研究，2021，42（10）：36–50.

　　[35] 冯星光，张晓静．基于广义熵指数的地区差距测度与分解：1978—2003 [J]．统计与信息论坛，2005（4）：24–29.

　　[36] 干春晖，郑若谷，余典范．中国产业结构变迁对经济增长和波动的影响 [J]．经济研究，2011，46（5）：4–16，31.

　　[37] 高进云，张安录，杨钢桥．湖北省城镇化地域差异的实证研究 [J]．中国人口·资源与环境，2006（4）：107–111.

　　[38] 高仙立，姜玉英．纵向数据下半参数 Logistic 模型的变量选择 [J]．统计与决策，2017（20）：26–29.

　　[39] 葛璐澜，金洪飞．"一带一路"沿线国家制度环境对中国企业海外并购区位选择的影响研究 [J]．世界经济研究，2020（3）：60–71，136.

　　[40] 葛秋颖，杨莲娜，曹冲．"促进"抑或"约束"：虚拟耕地资源

之于农业经济增长及新型城镇化进程的影响［J］.财贸研究，2022，33（5）：86-95.

［41］顾朝林.产业结构重构与转移：长江三角地区及主要城市比较研究［M］.南京：江苏人民出版社，2003.

［42］郭丹，谷洪波，尹宏文.基于农村产业结构调整的我国农村劳动力就业分析［J］.中国软科学，2010（1）：18-24.

［43］郭庆旺，贾俊雪.中国潜在产出与产出缺口的估算［J］.经济研究，2004（5）：31-39.

［44］郭先登.新时代完善大国区域经济发展空间新格局的路径选择［J］.山东财经大学学报，2020，32（1）：39-49，72.

［45］韩晶.中国高技术产业创新效率研究：基于 SFA 方法的实证分析［J］.科学学研究，2010，28（3）：467-472.

［46］韩军，孔令丞.制造业转移、劳动力流动是否抑制了城乡收入差距的扩大［J］.经济学家，2020（11）：58-67.

［47］韩跃.战略性新兴产业空间布局研究［D］.北京：首都经济贸易大学，2014.

［48］何慧爽.环境质量、环境规制与产业结构优化：基于中国东、中、西部面板数据的实证分析［J］.地域研究与开发，2015（1）：105-110.

［49］胡鞍钢，刘生龙.交通运输、经济增长及溢出效应：基于中国省际数据空间经济计量的结果［J］.中国工业经济，2009（5）：5-14.

［50］胡成春，陈迅.经济政策不确定性、房地产市场与宏观经济波动：基于 GVAR 模型的区域差异研究［J］.经济问题探索，2019（8）：26-36.

［51］黄梦涵，张卫国，兰秀娟.新型基础设施建设对经济高质量发展的影响：异质性与作用机制［J］.经济问题探索，2023（8）：19-35.

［52］姜玉英，刘强.SPSS 在数据处理中的应用［J］.北京印刷学院学报，2007（2）：69-71.

［53］姜玉英，刘强.固定设计下半参数回归模型小波估计的收敛速度［J］.福州大学学报（自然科学版），2008（2）：176-181.

［54］蒋南平，徐明.资本有机构成理论发展的新态势与当代中国的实践［J］.社会科学研究，2020（4）：40-46.

［55］蒋永穆，周宇晗，鲜阳红．国内区域经济合作演进70年：历史进程、演进动力与基本经验［J］．福建师范大学学报（哲学社会科学版），2019（5）：27-34，168．

［56］金碚．关于"高质量发展"的经济学研究［J］．中国工业经济，2018（4）：5-18．

［57］金碚．试论经济学的域观范式：兼议经济学中国学派研究［J］．管理世界，2019a，35（2）：7-23．

［58］金碚．中国经济发展70年的区域态势［J］．区域经济评论，2019b（4）：1-7．

［59］兰秀娟，张卫国．经济集聚、空间溢出与区域经济发展差异：基于"中心-外围"视角分析［J］．经济问题探索，2020（10）：68-80．

［60］雷辉．我国资本存量测算及投资效率的研究［J］．经济学家，2009（6）：75-83．

［61］李爱民．"十一五"以来我国区域规划的发展与评价［J］．中国软科学，2019（4）：98-108．

［62］李宾．我国资本存量估算的比较分析［J］．数量经济技术经济研究，2011，28（12）：21-36，54．

［63］李冬，杨万平．面向经济高质量发展的中国全要素生产率演变：要素投入集约还是产出结构优化［J］．数量经济技术经济研究，2023，40（8）：46-68．

［64］李虹，邹庆．环境规制、资源禀赋与城市产业转型研究：基于资源型城市与非资源型城市的对比分析［J］．经济研究，2018，53（11）：182-198．

［65］李健，朱雯雯．"一带一路"倡议与沿线区域规划协同发展研究［J］．上海城市管理，2020，29（5）：50-58．

［66］李晶，王海星．生态文明视域下中国区域人类发展空间差异与演变趋势［J］．世界地理研究，2020，29（6）：1294-1303．

［67］李具恒．广义梯度理论：区域经济协调发展的新视角［J］．社会科学研究，2004（6）：21-25．

［68］李凯，刘涛，曹广忠．城市群空间集聚和扩散的特征与机制：

以长三角城市群、武汉城市群和成渝城市群为例［J］．城市规划，2016，40（2）：18-26，60．

［69］李凯，刘涛，曹广忠．中国典型城市群空间范围的动态识别与空间扩展模式探讨：以长三角城市群、武汉城市群和成渝城市群为例［J］．城市发展研究，2015，22（11）：72-79．

［70］李琳，刘莹．中国区域经济协同发展的驱动因素：基于哈肯模型的分阶段实证研究［J］．地理研究，2014，33（9）：1603-1616．

［71］李琼，陈婷．我国社会保障水平区域差异及协调发展的路径选择：基于主成分分析的实证研究［J］．河南师范大学学报（哲学社会科学版），2017，44（3）：56-62．

［72］李涛，李云鹏，王新军．全球城市区域多中心结构的演化特征、影响因素和政策启示［J］．城市发展研究，2020，27（9）：49-57．

［73］李娅，侯建翔．现代化产业体系：从政策概念到理论建构［J］．云南社会科学，2023（5）：83-90．

［74］李言，毛丰付．中国区域经济增长与经济结构的变迁：1978—2016［J］．经济学家，2019（2）：55-65．

［75］李治国，唐国兴．资本形成路径与资本存量调整模型：基于中国转型时期的分析［J］．经济研究，2003（2）：34-42，92．

［76］李子豪，毛军．地方政府税收竞争、产业结构调整与中国区域绿色发展［J］．财贸经济，2018（12）：142-157．

［77］廖建华，廖志豪．区域旅游规划空间布局的理论基础［J］．云南师范大学学报（哲学社会科学版），2004（5）：130-134．

［78］廖敬文，张可云．区域经济复原力：国外研究及对中国老工业基地振兴的启示［J］．经济学家，2019（8）：48-61．

［79］廖祖君，王理．城市蔓延与区域经济高质量发展：基于DMSP/OLS夜间灯光数据的研究［J］．财经科学，2019（6）：106-119．

［80］刘安国，卢晨曦，杨开忠．经济一体化、集聚租和区际税收政策协调［J］．经济研究，2019，54（10）：167-182．

［81］刘秉镰，朱俊丰，周玉龙．中国区域经济理论演进与未来展望［J］．管理世界，2020，36（2）：182-194．

［82］刘和旺，刘博涛，郑世林．环境规制与产业转型升级：基于"十一五"减排政策的 DID 检验［J］．中国软科学，2019（5）：40-52.

［83］刘红光，刘科伟．城镇体系等级-规模中心地模型的分形构建及其应用［J］．经济地理，2006（6）：953-956.

［84］刘华军，王耀辉，雷名雨．中国战略性新兴产业的空间集聚及其演变［J］．数量经济技术经济研究，2019，36（7）：99-116.

［85］刘慧，刘卫东．"一带一路"建设与我国区域发展战略的关系研究［J］．中国科学院院刊，2017，32（4）：340-347.

［86］刘佳骏．以协同发展理念促进区域经济发展：基于京津冀区域协同发展驱动因素的分析［J］．重庆理工大学学报（社会科学），2020，34（10）：7-18.

［87］刘嘉琳，汤吉军．东北地区战略性新兴产业与传统产业融合发展研究：基于动态演化博弈模型分析［J］．经济问题探索，2020（11）：95-104.

［88］刘军，段会娟．我国产业集聚新趋势及影响因素研究［J］．经济问题探索，2015（1）：36-43.

［89］刘乃全，郑秀君，贾彦利．中国区域发展战略政策演变及整体效应研究［J］．财经研究，2005（1）：25-37.

［90］刘强，李泽锦．全要素生产率与区域产业发展质量不平衡：基于京津冀和长三角的实证分析［J］．统计与信息论坛，2019，34（9）：70-77.

［91］刘强，陆小莉，徐生霞．城市群视角下产业集聚的空间异质性研究［J］．数理统计与管理，2020，39（6）：1073-1086.

［92］刘强，徐生霞．中国区域协调发展及空间演进［J］．统计与决策，2021，37（1）：102-105.

［93］刘生龙，郑世林．减贫政策、经济增长与区域收敛：双差分的一个应用［J］．产业经济评论，2021（6）：114-134.

［94］刘晓明，谭建立，刘小勇．转移支付、政府竞争与区域经济协调：基于省级空间面板数据的实证研究［J］．经济问题，2020（9）：36-45.

［95］刘信恒．产业集聚与出口产品质量：集聚效应还是拥挤效应［J］．国际经贸探索，2020，36（7）：33-51.

［96］刘修岩．空间效率与区域平衡：对中国省级层面集聚效应的检验［J］．世界经济，2014，37（1）：55-80．

［97］刘雪燕，陶志鹏．区域政策、环境规制与企业生产率异质性：基于西部大开发区域政策的准自然实验［J］．宏观经济研究，2021（10）：139-152．

［98］刘莹，李琳，张喜艳．中国区域经济协同网络演变及成因分析：以2003—2017年中国40470组两两城市对为样本［J］．地理研究，2020，39（12）：2779-2795．

［99］刘勇．交通基础设施投资、区域经济增长及空间溢出作用：基于公路、水运交通的面板数据分析［J］．中国工业经济，2010（12）：37-46．

［100］刘友金，尹延钊，曾小明．中国向"一带一路"国家产业转移的互惠共生效应：基于双边价值链升级视角的研究［J］．经济地理，2020，40（10）：136-146．

［101］卢根鑫．国际产业转移论［M］．上海：上海人民出版社，1997．

［102］卢娜，王为东，王淼，等．突破性低碳技术创新与碳排放：直接影响与空间溢出［J］．中国人口·资源与环境，2019，29（5）：30-39．

［103］陆小莉，刘强，孙慧慧．中国数字化产业竞争力的区域差异与影响效应［J］．经济与管理研究，2021，42（4）：58-72．

［104］罗富政，罗能生．政府竞争、市场集聚与区域经济协调发展［J］．中国软科学，2019（9）：93-107．

［105］雒海潮，苗长虹，李国梁．不同区域尺度产业转移实证研究及相关论争综述［J］．人文地理，2014，29（1）：1-8．

［106］马克思．资本论［M］．北京：人民出版社，1972．

［107］马茹，罗晖，王宏伟，等．中国区域经济高质量发展评价指标体系及测度研究［J］．中国软科学，2019（7）：60-67．

［108］马茹，张静，王宏伟．科技人才促进中国经济高质量发展了吗?：基于科技人才对全要素生产率增长效应的实证检验［J］．经济与管理研究，2019，40（5）：3-12．

［109］马彦瑞，徐生霞，姜玉英．中国环境效率的非参数测度与影响

因素分析 [J]. 统计与决策，2021，37（11）：65-69.

[110] 梅燕，蒋雨清. 乡村振兴背景下农村电商产业集聚与区域经济协同发展机制：基于产业集群生命周期理论的多案例研究 [J]. 中国农村经济，2020（6）：56-74.

[111] 孟昌，杨星灿. 中国银行业市场集中度变动及其与绩效的关系 [J]. 产业经济评论，2017（1）：87-100.

[112] 倪鹏飞. 货币政策宽松、供需空间错配与房价持续分化 [J]. 经济研究，2019，54（8）：87-102.

[113] 倪泽强，汪本强. 中国省际公共物质资本存量估算：1981—2013 [J]. 经济问题探索，2016（2）：71-79.

[114] 潘敏，唐晋荣. 人民币汇率升值与区域产出差距：基于 MS-VAR 模型的实证分析 [J]. 财贸研究，2014，25（6）：103-112.

[115] 邱坚坚，刘毅华，陈浩然，等. 流空间视角下的粤港澳大湾区空间网络格局：基于信息流与交通流的对比分析 [J]. 经济地理，2019，39（6）：7-15.

[116] 任艳. 区域协调发展与现代产业体系构建的政治经济学阐释 [J]. 经济纵横，2020（6）：11-17.

[117] 沈玉芳，刘曙华. 长江三角洲地区城镇空间组织模式的结构与特征 [J]. 人文地理，2008，23（6）：45-49.

[118] 生延超，刘晴. 人力资本促进区域旅游经济效率的空间差异研究 [J]. 地理科学，2020，40（10）：1710-1719.

[119] 史桂芬，李真，黄少含. 人口迁移、人口素质红利与经济增长 [J]. 统计与决策，2022，38（14）：65-69.

[120] 宋旭光，赵雨涵. 中国制造业 R&D 资产折旧率测算及其解析 [J]. 统计与信息论坛，2018，33（10）：49-55.

[121] 孙静，徐映梅. SNA 视角下企业研发资本化核算及主要变量调整 [J]. 统计研究，2018，35（12）：16-25.

[122] 孙久文，原倩. 京津冀协同发展战略的比较和演进重点 [J]. 经济社会体制比较，2014（5）：1-11.

[123] 孙晓华，郭旭，王昀. 产业转移、要素集聚与地区经济发展

[J]. 管理世界，2018，34（5）：47-62，179-180.

[124] 孙晓华，孙瑞，涂安娜. 网络效应、新兴产业演化与生态位培育：来自电动汽车行业的 ABM 仿真研究 [J]. 管理科学学报，2018，21（11）：1-17.

[125] 孙早，刘李华. 中国工业全要素生产率与结构演变：1990—2013 年 [J]. 数量经济技术经济研究，2016，33（10）：57-75.

[126] 孙志燕，侯永志. 对我国区域不平衡发展的多视角观察和政策应对 [J]. 管理世界，2019，35（8）：1-8.

[127] 孙智君，李响. 文化产业集聚的空间溢出效应与收敛形态实证研究 [J]. 中国软科学，2015（8）：173-183.

[128] 覃成林，郑云峰，张华. 我国区域经济协调发展的趋势及特征分析 [J]. 经济地理，2013，33（1）：9-14.

[129] 覃成林，张华，张技辉. 中国区域发展不平衡的新趋势及成因：基于人口加权变异系数的测度及其空间和产业二重分解 [J]. 中国工业经济，2011（10），37-45.

[130] 覃成林，郑云峰，张华. 我国区域经济协调发展的趋势及特征分析 [J]. 经济地理，2013，33（1）：9-14.

[131] 陶士贵，高源. 西方经济金融制裁对俄罗斯经济的影响：基于合成控制法的研究 [J]. 世界经济研究，2020（11）：113-126，137.

[132] 田雅娟，刘强，冯亮. 中国居民家庭的主观贫困感受研究 [J]. 统计研究，2019（1）：92-103.

[133] 涂建军，罗运超，张骞，等. 改革开放 40 年来中国城市经济联系空间格局演化 [J]. 经济地理，2019，39（3）：1-11.

[134] 汪德根，沙梦雨，赵美风. 国家级贫困县脱贫力空间格局及分异机制 [J]. 地理科学，2020，40（7）：1072-1081.

[135] 王华. 中国 GDP 数据修订与全要素生产率测算：1952—2015 [J]. 经济学动态，2018（8）：39-53.

[136] 王金营，贾娜. 政策调整变迁与京津冀区域协同发展：基于合成控制法的分析 [J]. 人口与经济，2020（5）：72-86.

[137] 王金营，李天然. 中国老年失能年龄模式及未来失能人口预测

[J]．人口学刊，2020，42（5）：57-72．

[138] 王娟娟，任可．新中国成立 70 年来区域经济政策的三次演进及启示 [J]．区域经济评论，2019（5）：39-50．

[139] 王青，金春．中国城市群经济发展水平不平衡的定量测度 [J]．数量经济技术经济研究，2018，35（11）：77-94．

[140] 王韧，李志伟．金融加速器效应与"杠杆率悖论"：基于制造业部门的实证研究 [J]．上海财经大学学报，2019，21（6）：35-49．

[141] 王恬，徐生霞．企业家精神与企业全要素生产率的非线性关系检验 [J]．统计与决策，2022，38（8）：162-167．

[142] 王媛，牛志广，王伟．基尼系数法在水污染物总量区域分配中的应用 [J]．中国人口·资源与环境，2008（3）：177-180．

[143] 王铮，孙翊．中国主体功能区协调发展与产业结构演化 [J]．地理科学，2013，33（6）：641-648．

[144] 王志祥，张洪振，龚新蜀，等．物流产业集聚、市场分割与区域绿色经济效率 [J]．经济经纬，2018，35（5）：87-93．

[145] 王子龙，谭清美，许箫迪．高技术产业集聚水平测度方法及实证研究 [J]．科学学研究，2006（5）：706-714．

[146] 魏后凯．大都市区新型产业分工与冲突管理：基于产业链分工的视角 [J]．中国工业经济，2007（2）：28-34．

[147] 魏后凯．加入 WTO 后中国外商投资区位变化及中西部地区吸引外资前景 [J]．管理世界，2003（7）：67-75．

[148] 魏后凯．中国国家区域政策的调整与展望 [J]．西南民族大学学报（人文社科版），2008（10）：56-64．

[149] 魏丽华．论城市群经济联系对区域协同发展的影响：基于京津冀与沪苏浙的比较 [J]．地理科学，2018，38（4）：575-579．

[150] 魏艳华，马立平，王丙参．中国八大综合经济区经济发展差异测度与评价 [J]．数量经济技术经济研究，2020，37（6）：89-108．

[151] 夏添，孙久文，林文贵．中国行政区经济与区域经济的发展述评：兼论我国区域经济学的发展方向 [J]．经济学家，2018（8）：94-104．

[152] 夏添，孙久文，宋准．新时代国内外区域经济学研究热点评述

[J]. 经济学家，2019（9）：15-24.

[153] 邢澜，张广海. 海洋经济发展试点政策对区域经济韧性的影响：基于沿海地区的准自然实验 [J]. 地理科学进展，2023，42（2）：260-274.

[154] 熊鹰，孙维筠，汪敏，等. 长株潭城市群水资源与经济发展要素的时空匹配 [J]. 经济地理，2019（1）：88-95.

[155] 徐彪，李心丹，刘海飞，等. 区域背景与企业绩效关系研究：基于中国 52 个城市工业制造企业的实证分析 [J]. 管理学报，2011，8（6）：827-835，843.

[156] 徐康宁，陈丰龙，刘修岩. 中国经济增长的真实性：基于全球夜间灯光数据的检验 [J]. 经济研究，2015，50（9）：17-29，57.

[157] 徐生霞，刘强，冯亮. 中国区域经济差距的时空演进特征与成因 [J]. 经济理论与经济管理，2023，43（4）：69-84.

[158] 徐生霞，刘强，姜玉英. 全要素生产率与区域经济发展不平衡：基于资本存量再测算的视角 [J]. 经济与管理研究，2020，41（5）：64-78.

[159] 徐生霞，刘强，陆小莉. 中国区域发展不平衡的四维模式分解及影响因素研究：基于门限回归模型的测度 [J]. 经济问题探索，2019（4）：13-26.

[160] 徐生霞，刘强，陆小莉. 中国区域发展不平衡时空演进特征及影响效应分析：基于产业结构转型升级的视角 [J]. 财贸研究，2021，32（10）：14-26.

[161] 徐生霞，刘强. 北京区域发展不平衡性的时空演变与成因研究：基于教育与劳动报酬的视角 [J]. 数理统计与管理，2019，38（6）：951-964.

[162] 徐生霞，刘强. 跨区域城市群经济协调发展研究：基于产业转型升级与政策干预的视角 [J]. 数理统计与管理，2022，41（3）：427-443.

[163] 许宪春，郑正喜，张钟文. 中国平衡发展状况及对策研究：基于"清华大学中国平衡发展指数"的综合分析 [J]. 管理世界，2019，35（5）：15-28.

[164] 闫晨，蔡曦，张中华．国家信息消费试点政策如何影响产业结构优化？：基于供给侧和需求侧的双重视角 [J]．经济与管理研究，2023，44（7）：40-58．

[165] 闫海洲．长三角地区产业结构高级化及影响因素 [J]．财经科学，2010（12）：50-57．

[166] 闫红瑛．基于区域产业链差异化的西部经济研究新视角：评《西部地区产业联动发展与政策优化研究》[J]．经济问题探索，2020（9）：2，191．

[167] 颜鹏飞，王兵．技术效率、技术进步与生产率增长：基于 DEA 的实证分析 [J]．经济研究，2004（12）：55-65．

[168] 颜色，郭凯明，杭静．需求结构变迁、产业结构转型和生产率提高 [J]．经济研究，2018，53（12）：83-96．

[169] 杨海生，陈少凌，罗党论．政策不稳定性与经济增长：来自中国地方官员变更的经验证据 [J]．管理世界，2014（9）：13-28，187-188．

[170] 杨家辉，刘强，徐生霞．创新型城市的设立是否提升了绿色生态效率？[J]．经济体制改革，2023（4）：184-192．

[171] 杨开忠，顾芸，董亚宁．空间品质、人才区位与人力资本增长：基于新空间经济学 [J]．系统工程理论与实践，2021，41（12）：3065-3078．

[172] 杨克文，李光勤．教育获得对初婚年龄的影响研究 [J]．人口学刊，2018，40（6）：5-19．

[173] 杨丽君，邵军．中国区域产业结构优化的再估算 [J]．数量经济技术经济研究，2018，35（10）：59-77．

[174] 杨汝岱．中国制造业企业全要素生产率研究 [J]．经济研究，2015，50（2）：61-74．

[175] 杨小军．建国六十年来我国区域经济发展战略的演变及其基本经验 [J]．贵州社会科学，2009（10）：53-56．

[176] 杨耀武，杨澄宇．中国基尼系数是否真地下降了？：基于微观数据的基尼系数区间估计 [J]．经济研究，2015，50（3）：75-86．

[177] 杨仲舒，那艺．交通基础设施、制造业资本规模与区域经济增长 [J]．经济问题探索，2020（11）：144-156．

［178］叶玉瑶，张虹鸥．珠江三角洲城市群空间集聚与扩散［J］．经济地理，2007（5）：773-776.

［179］于彬彬．中国城市群产业集聚与经济效率差异的门槛效应研究［J］．经济理论与经济管理，2015（3）：60-73.

［180］余典范，干春晖，郑若谷．中国产业结构的关联特征分析：基于投入产出结构分解技术的实证研究［J］．中国工业经济，2011（11）：5-15.

［181］俞立平．区域创新政策评价的框架、测度与检验［J］．地理科学，2020，40（10）：1610-1617.

［182］袁富华，张平．雁阵理论的再评价与拓展：转型时期中国经济结构问题的诠释［J］．经济学动态，2017（2）：4-13.

［183］袁富华．中国经济"结构双重性"问题分析［J］．经济与管理评论，2014，30（3）：9-17.

［184］袁晓玲，仲云云．我国区域经济发展效率的时空变化及影响因素分析：基于超效率 DEA 模型的实证分析［J］．商业经济与管理，2010（7）：81-90.

［185］原毅军，董琨．产业结构的变动与优化：理论解释和定量分析［M］．大连：大连理工大学出版社，2008：11-12.

［186］原毅军，高康．产业协同集聚、空间知识溢出与区域创新效率［J］．科学学研究，2020，38（11）：1966-1975，2007.

［187］张超，钟昌标，蒋天颖，等．我国区域协调发展时空分异及其影响因素［J］．经济地理，2020，40（9）：16-25.

［188］张凡，宁越敏，娄曦阳．中国城市群的竞争力及对区域差异的影响［J］．地理研究，2019，38（7）：1664-1677.

［189］张虎，韩爱华．制造业与生产性服务业耦合能否促进空间协调：基于 285 个城市数据的检验［J］．统计研究，2019，36（1）：39-50.

［190］张军，吴桂英，张吉鹏．中国省际物质资本存量估算：1952—2000［J］．经济研究，2004（10）：35-44.

［191］张满银．中国区域规划实施评估问题探究［J］．宏观经济研究，2020（3）：82-91，152.

［192］张梦霞，郭希璇，李雨花．海外高端消费回流对中国数字化和智能化产业升级的作用机制研究［J］．世界经济研究，2020（1）：107-120，137.

［193］张倩肖，李佳霖．新时期优化产业转移演化路径与构建双循环新发展格局：基于共建"一带一路"背景下产业共生视角的分析［J］．西北大学学报（哲学社会科学版），2021，51（1）：124-136.

［194］张少军，刘志彪．产业结构升级与区域协调发展：从全球价值链走向国内价值链［J］．经济管理，2013，35（8）：30-40.

［195］张晓平．中国能源消费强度的区域差异及影响因素分析［J］．资源科学，2008（6）：883-889.

［196］张学良，林永然．都市圈建设：新时代区域协调发展的战略选择［J］．改革，2019（2）：46-55.

［197］张志强，鲁达非．前沿技术、吸收能力与中国区域产业的协同发展［J］．经济理论与经济管理，2015（7）：74-86.

［198］张志强，席强敏．新时代中国区域经济理论与实践研究的新进展：首届中国区域经济学者论坛综述［J］．经济研究，2019，54（4）：199-203.

［199］张治栋，吴迪．产业空间集聚、要素流动与区域平衡发展：基于长江经济带城市经济发展差距的视角［J］．经济体制改革，2019（4）：42-48.

［200］赵璐，赵作权．中国制造业的大规模空间聚集与变化：基于两次经济普查数据的实证研究［J］．数量经济技术经济研究，2014，31（10）：110-121，138.

［201］赵秋运，万岑，张骞．比较优势对包容性可持续发展的影响：新结构经济学视角［J］．南方经济，2023（9）：47-65.

［202］赵志耘，吕冰洋．资本流动、资本供给和区域经济不平衡发展［J］．中国软科学，2007（12）：152-160.

［203］郑超，王新军．退休对居民健康的影响：基于断点回归方法的研究［J］．经济与管理研究，2020，41（9）：112-128.

［204］郑京海，胡鞍钢，Bigsten．中国的经济增长能否持续？：一个生

产率视角［J］. 经济学（季刊），2008（3）：777-808.

　　［205］郑玉雯，薛伟贤. 丝绸之路经济带沿线国家协同发展的驱动因素：基于哈肯模型的分阶段研究［J］. 中国软科学，2019（2）：78-92.

　　［206］郑玉歆. 全要素生产率的再认识：用 TFP 分析经济增长质量存在的若干局限［J］. 数量经济技术经济研究，2007（9）：3-11.

　　［207］钟业喜，王晓静，傅钰. "闽新轴带"沿线区域发展不平衡问题研究［J］. 经济地理，2018，38（9）：22-29.

　　［208］周材荣. FDI、产业聚集是否有助于国际竞争力提升：基于中国制造业 PVAR 模型的实证研究［J］. 经济理论与经济管理，2016（10）：56-69.

　　［209］周京奎，王贵东，黄征学. 生产率进步影响农村人力资本积累吗?：基于微观数据的研究［J］. 经济研究，2019，54（1）：100-115.

　　［210］周玲，李宝瑜. 中国地区间经济均衡增长路径研究［J］. 统计与信息论坛，2020，35（9）：34-41.

　　［211］周茂，陆毅，李雨浓. 地区产业升级与劳动收入份额：基于合成工具变量的估计［J］. 经济研究，2018，53（11）：132-147.

　　［212］周璇，陶长琪. 要素空间集聚、制度质量对全要素生产率的影响研究［J］. 系统工程理论与实践，2019，39（4）：1051-1066.

　　［213］周玉龙，孙久文. 论区域发展政策的空间属性［J］. 中国软科学，2016（2）：67-80.

　　［214］朱紫雯，徐梦雨. 中国经济结构变迁与高质量发展：首届中国发展经济学学者论坛综述［J］. 经济研究，2019，54（3）：194-198.

　　［215］ABADIE A，DIAMOND A，HAINMVELLER J. Synthetic control methods for comparative case studies：estimating the effect of California's tobacco control program［J］. Journal of the american statistical association，2010，105（490）：493-505.

　　［216］ABADIE A，GARDEAZABAL J. The economic costs of conflict：a case study of the Basque country［J］. American economic review，2003，93（1）：113-132.

　　［217］ABDESSLEM A B，CHIAPPINI R. Cluster policy and firm

performance: a case study of the French optic/photonic industry [J]. Regional studies, 2019, 53 (5): 692-705.

[218] ACCETTURO A. Agglomeration and growth: the effects of commuting cost [J]. Papers in regional science, 2010, 89 (1): 173-190.

[219] ACHARYA R C, KELLER W. Technology transfer through imports [J]. Canadian journal of economics/revue canadienne d'économique, 2009, 42 (4): 1411-1448.

[220] AKITA T, MIYATA S. The bi - dimensional decomposition of regional inequality based on the weighted coefficient of variation [J]. Letters in spatial and resource science, 2010, 3 (3): 91-100.

[221] AKITA T. Decomposing regional income inequality in China and Indonesia using two-stage nested Theil decomposition method [J]. The annals of regional science, 2003, 37 (1): 55-77.

[222] ANDERSSON R, QUIGLEY J M, WILHELMSSON M. Agglomeration and the spatial distribution of creativity [J]. Papers in regional science, 2005, 84 (3): 445-464.

[223] AROURI M, YOUSSEF A B, NGUYEN C. Does Urbanization Reduce Rural Poverty?: Evidence from Vietnam [J]. Economic modelling, 2017 (60): 253-270.

[224] BAKER S R, BLOOM N, DAVIS S J. Measuring Economic Policy Uncertainty [J]. The quarterly journal of economics, 2016, 131 (4): 1593-1636.

[225] BESAG J, DIGGLE P J. Simple Monte Carlo tests for spatial pattern [J]. Journal of the royal statistical society series C: applied statistics, 1977, 26 (3): 327-333.

[226] BILLINGS S B, JOHNSON E B. A non-parametric test for industrial specialization [J]. Journal of urban economics, 2012, 71 (3): 312-331.

[227] BÖHM B, GLEIß A, WAGNER M, et al. Disaggregated capital stock estimation for Austria: methods, concepts and results [J]. Applied economics, 2002, 34 (1): 23-37.

[228] BOLTON R. Place prosperity versus people prosperity revisited: an

old issue with a new angle [J]. Urban studies, 1992, 29 (2): 185-203.

[229] BRAVO G. The Human sustainable development index: new calculations and a first critical analysis [J]. Ecological indicators, 2014, (37): 145-150.

[230] BRUN J F, COMBES J L, RENARD M F. Are there spillover effects between coastal and noncoastal regions in China? [J]. China economic review, 2002, 13 (2-3): 161-169.

[231] CAO Y, STEWART K, KALIL R. Geographic patterns of end-stage renal disease and kidney transplants in the Midwestern United States [J]. Applied geography, 2016 (71): 133-143.

[232] CHARRON N. Diverging cohesion?: globalization, state capacity and regional inequalities within and across European countries [J]. European urban and regional studies, 2016, 23 (3): 355-373.

[233] CHATTERJEE S, TURNOVSKY S J. Infrastructure and inequality [J]. European economic review, 2012, 56 (8): 1730-1745.

[234] CHENERY H B, ELKINGTON H, SIMS C A. A uniform analysis of development patterns [M]. Harvard University, Center for International Affairs, 1970.

[235] CHENG Y W, QIAN X. Empirics of China's outward direct investment [J]. Pacific economic review, 2009, 14 (3): 312-341

[236] CHENG Z, JIN W. Agglomeration economy and the growth of green total-factor productivity in Chinese Industry [J]. Socio-economic planning sciences, 2022 (83): 101003.

[237] CHEREMUKHIN A, GOLOSOV M, GURIEV S, et al. The economy of People's Republic of China from 1953 [R]. Cambridge: National Bureau of Economic Research, 2015.

[238] CHYI Y L, LAI Y M, LIU W H. Knowledge spillovers and firm performance in the high-technology industrial cluster [J]. Research policy, 2012 (41): 121-143.

[239] CIDELL J. Concentration and decentralization: the new geography

of freight distribution in US metropolitan areas [J]. Journal of transport geography, 2010, 18 (3): 363-371.

[240] COMBES P P, GOBILLON L. The empirics of agglomeration economies [J]. Handbook of regional and urban economics. Elsevier, 2015 (5): 247-348.

[241] CORNING P A. Systems theory and the role of synergy in the evolution of living systems [J]. Systems research and behavioral science, 2014, 31 (2): 181-196.

[242] CORRADIN S, POPOV A. House price, home equity and entrepreneurship [J]. Review of financial studies. 2015, 8 (28): 2399-2428.

[243] DAGUM C. Decomposition and interpretation of Gini and the generalized entropy inequality measure [J]. Statistica, 1997, 57 (3): 1-6.

[244] DIXON P M. Ripley's K function [J]. Encyclopedia of environmetrics, 2002 (3): 1796-1803.

[245] DURANTON G, PUGA D. From Sectoral to Functional Urban Specialization [R]. Cambridge, MA.: National Bureau of Economic Research, 2002.

[246] DURUSU - CIFTCI D, SOYTAS U, NAZLIOGLU S. Financial development and energy consumption in emerging markets: smooth structural shifts and causal linkages [J]. Energy economics, 2020 (87): 104729.

[247] EFRON G. Bootstrap methods: another look at the jackknife [J]. Annals of statistics, 1979 (7): 1-26.

[248] EHIZUELEN M M O. More African countries on the route: the positive and negative impacts of the Belt and Road Initiative [J]. Transnational corporations review, 2017, 9 (4): 341-359.

[249] ELLISON G, GLAESER E L. Geographic concentration in U S manufacturing industries: Adartboard approach [J]. Journal of political economy, 1997, 105 (5): 889-927.

[250] ELLISON G, GLAESER E, KERR W R. What causes industry agglomeration?: Evidence from co - agglomeration patterns [J]. American

economic review, 2010, 100 (3): 1195-1213.

[251] FAGBOHUNKA A. The impacts of agglomeration on the immediate environment, using the Lagos Region as a study case [J]. European scientific journal, 2012, 8 (6): 33-48.

[252] FIELDS G S. Does income mobility equalize longer-term incomes?: new measures of an old concept [J]. The journal of economic inequality, 2010, 8 (4): 409-427.

[253] FINDEISEN S, SUDEKUM J. Industry churning and the evolution of cities: evidence for Germany [J]. Journal of urban economics, 2008, 64 (2): 326-339.

[254] FLEISHER B, LI H, ZHAO M Q. Human capital, economic growth, and regional inequality in China [J]. Journal of development economics, 2010, 92 (2): 215-231.

[255] FU X. Limited linkages from growth engines and regional disparities in China [J]. Journal of comparative economics, 2004, 32 (1): 148-164.

[256] FUJITA M, THISSE J F. Economics of agglomeration - cities, industrial location and regional growth [J]. Journal of economic geography, 2002 (4): 345-349.

[257] GIULIA F, OLMO S, WILLIAM C S. Heterogeneous Agglomeration [J]. The review of economics and statistics, 2017, 99 (1): 80-94.

[258] GLAESER E L, KALLAL H D, SCHEINKMAN J A, et al. Growth in cities [J]. Journal of political economy, 1992, 100 (6): 1126-1152.

[259] GRANGER C W J. Investigating causal relations by econometric models and cross-spectral methods [J]. Journal of the Econometric Society, 1969, 37 (3): 424-438.

[260] HALL R E, JONES C I. Why do some countries produce so much more output per worker than others? [J]. The quarterly journal of economics, 1999, 114 (1): 83-116.

[261] HAN Y H, ZHANG F, HUANG L X, et al. Does industrial upgrading promote eco-efficiency?: A panel space estimation based on Chinese

evidence [J]. Energy policy, 2021 (154)：112286.

[262] HANLON W W, MISCIO A. Agglomeration：a long-run panel data approach [J]. Journal of urban economics, 2017, 99 (1)：1-14.

[263] HARVEY D. Between space and time：reflections on the geographical imagination [J]. Annals of the association of american geographers, 1990, 80 (3)：418-434.

[264] HAUKNES J, KNELL M. Embodied knowledge and sectoral linkages：an input-output approach to the interaction of high-and low-tech industries [J]. Research policy, 2009, 38 (3)：459-469.

[265] HEAD K, MAYER T. Regional Wage and Employment Response to Market Potential in the EU [J]. Regional science and urban economics, 2006, 36 (5)：573-594.

[266] HELSLEY R W, STRANGE W C. Coagglomeration, clusters, and the scale and composition of cities [J]. Journal of political economy, 2014, 122 (5)：1064-1093.

[267] HENDERSON J V, STOREYGARD A, WEIL D N. Measuring economic growth form outer space [J]. American economic review, 2012, 102 (2)：994-1028.

[268] HENDERSON V, KUNCORO A, TURNER M. Industrial development in cities [J]. Journal of political economy, 1995, 103 (5)：1067-1090.

[269] HONGBIN, TREISMAN. Does competition for capital discipline governments?：decentralization, globalization and public policy [J]. American Economic Review, 2005, 95 (3)：817-830.

[270] HSIEH C T, KLENOW P J. Misallocation and manufacturing TFP in China and India [J]. Quarterly journal of economics, 2009, 124 (4)：1403-1448.

[271] Cao H. Urban-rural income disparity and urbanization：what is the role of spatial distribution of ethnic groups? A case study of Xinjiang Uyghur Autonomous Region in western China [J]. Regional Studies, 2010, 44 (8)：965-982.

[272] HYMAN K. Urban infrastructure and natural resource flows: evidence from Cape Town [J]. Science of the total environment, 2013 (461): 839-845.

[273] JAGDISH C K. Regional imbalances and sustainable crop farming in the Uttaranchal Himalaya, India [J]. Ecological economic, 2003 (46) 419-534.

[274] JONES P. Turnover time and the organic composition of capital [J]. Cambridge journal of economics, 2017, 41 (1): 81-103.

[275] JOSHUA D, EDWARD F. Regional industrial structure and agglomeration economies: an analysis of productivity in three manufacturing industries [J]. Regional science and urban economics, 2012, 42 (1-2): 1-14.

[276] KAMPSTRA R P, ASHAYERI J, GATTORNA J L. Realities of supply chain collaboration [J]. International journal of logistics management, 2006, 17 (3): 312-330.

[277] KANBUR R, VENABLES A J. Spatial Inequality and Development [M]. Oxford: Oxford University Press, 2005.

[278] KLEPPER S, SIMONS K L. Industry shakeouts and technological change [J]. International journal of industrial organization, 2005, 23 (1): 23-43.

[279] KOPNINA, H. The victims of unsustainability: a challenge to sustainable development goals [J]. International journal of sustainable development and world ecology, 2016, 23 (2): 113-121.

[280] KRUGMAN P. Increasing returns and economic geography [J]. Journal of political economy, 1991, 99 (3): 483-499.

[281] LAI D. Principal component analysis on human development indicators of China [J]. Social indicators research, 2003 (61): 319-330.

[282] LEE J. Regional income inequality variations in China [J]. Journal of economic development, 1995, 20 (2): 99-118.

[283] LI Y C, WANG X P, ZHU Q S, et al. Assessing the spatial and temporal differences in the impact of factor allocation and urbanization on urban-rural income disparity in China [J]. Habitat international, 2014, 42 (4):

76-82.

[284] LIU Q, XU S X, LU X L. Imbalance measurement of regional economic quality development: evidence from China [J]. Annals of regional science, 2020, 65 (2): 527-556.

[285] LIU Y, LI L, ZHENG T. Regional synergy and economic growth: evidence from total effect and regional effect in China [J]. International regional science review, 2019, 42 (5-6): 431-458.

[286] LONG R, CHEN H, LI H, et al. Selecting alternative industries for Chinese resource cities based on intra - and inter - regional comparative advantages [J]. Energy policy, 2013, 57 (6): 82-88.

[287] MARTIN P, OTTAVIANO G I P. Growth and agglomeration [J]. International economic review, 2001, 42 (4): 947-968.

[288] MARTIN R. National growth versus spatial equality?: a cautionary note on the new "trade-off" thinking in regional policy discourse [J]. Regional science policy & practice, 2008, 1 (1): 3-13.

[289] MARTIN R. Rebalancing the spatial economy: the challenge for regional theory [J]. Territory, politics, governance, 2015 (3): 235-272.

[290] MITCHELL B R. International historical statistics: 1750—1993 (4th ed.) [M]. New York: Stockton Press, 1998.

[291] MURPHY K M, SHLEIFER A, VISHNY R W. Industrialization and the big push [J]. Journal of political economy, 1989, 97 (5): 1003-1026.

[292] NAZLIOGLU S, GORMUS N A, SOYTAS U. Oil prices and real estate investment trusts (REITs): gradual - shift causality and volatility transmission analysis [J]. Energy economics, 2016 (60): 168-175.

[293] OTSUKA A. Regional determinants of total factor productivity in Japan: stochastic frontier analysis [J]. Annals of regional science, 2017, 58 (3): 579-596.

[294] Ozawa T. Institutions, Industrial Upgrading, and Economic Performance in Japan: the 'Flying Geese' Paradigm of Catch-up Growth [M]. Edward Elgar Publishing, 2005.

［295］PARRILLI M D, NADVI K, YEUNG H W C. Local and regional development in global value chains, production networks and innovation networks: a comparative review and the challenges for future research ［J］. European planning studies, 2013, 21 (7): 967-988.

［296］PYATT G. On the interpretation and disaggregation of Gini coefficients ［J］. The economic journal, 1976, 342 (86): 243-255.

［297］ROBERT T. Regression shrinkage and selection via the lasso: a retrospective ［J］. Journal of the royal statistical society, 2011, 73 (3): 273-282.

［298］ROMANO L, Traù F. The nature of industrial development and the speed of structure change ［J］. Structural change & economic dynamics, 2017, 42 (5): 26-37.

［299］RICHARD E, PHILIPPE. Agglomeration and regional growth ［J］. The handbook of regional and urban economics: cities and geography, 2004 (4): 114-132.

［300］SEN A. On economic inequality ［M］. Expanded Edition Oxford: Oxford University Press, 1997: 31-32.

［301］SHI Y, MATSUNAGA T, YAMAGUCHI Y, et al. Long - term trends and spatial patterns of PM 2. 5-induced premature mortality in south and southeast Asia from 1999 to 2014 ［J］. Science of the total environment, 2018 (631): 1504-1514.

［302］SHORROCKS A F. Inequality decomposition by factor components ［J］. Econometrica, 1982 (50): 1-22.

［303］Johnston J, Theil H. Economics and information theory ［J］. The Economic journal, 1969, 79 (315): 601-602 .

［304］SUN Q, TANG F H, TANG Y. An economic tie network-structure analysis of urban agglomeration in the middle reaches of Chang Jiang River based on SNA ［J］. Journal of geographical science, 2015, 25 (6): 739-755.

［305］TAAFFE E J. The urban hierarchy: an air passenger definition ［J］. Economic geography, 1962, 38 (1): 1-14.

［306］TANG J P. Railroad expansion and industrialization: evidence from

Meiji Japan [J]. The journal of economic history, 2014, 74 (3): 863-886.

[307] TIENTAO A, LEGROS D, PICHERY M C. Technology spillover and TFP growth: a spatial Durbin model [J]. International economics, 2016 (145): 21-31.

[308] TODA H Y, YAMAMOTO T. Statistical inference in vector auto-regressions with possibly integrated processes [J]. Journal of econometrics, 1995, 66 (1): 225-250.

[309] UY T, YI K M, ZHANG J. Structural change in an open economy [J]. Journal of monetary economics, 2013, 60 (6): 667-682.

[310] WAGNER J. Exports and productivity: a survey of the evidence from firm-level data [J]. World economy, 2007, 30 (1): 60-82.

[311] WAN G, LU M, CHEN Z. The inequality - growth nexus in the short and long run: empirical evidence from China [J]. Journal of comparative economics, 2006, 34 (4): 654-667.

[312] WEI Y D, FAN C C. Regional Inequality in China: a case study of jiangsu province [J]. Professional geographer, 2010, 52 (3): 455-469.

[313] WEN M. Relocation and agglomeration of Chinese industry [J]. Journal of development economics, 2004, 73 (1): 329-347.

[314] WIEGAND T, MOLONEY A K. Rings, circles, and null-models for point pattern analysis in ecology [J]. Oikos, 2004, 104 (2): 209-229.

[315] WILLIAMSON J G. Regional inequality and the process of national development: a description of the patterns [J]. Economic development and culture change, 1965, 13 (4): 1-84.

[316] WU L, KANEKO S, MATSUOKA S. Driving forces behind the stagnancy of China's energy related CO_2 emissions from 1996 to 1999: the relative importance of structural change, intensity change and scale change [J]. Energy policy, 2005, 33 (3): 319-335.

[317] WU Y R. Capital stock estimates for China's regional economies : results and analyses [D]. Perth WA: University of Western Australia, 2007: 7-16.

［318］XU S X, LIU Q, LU X L. Measuring the imbalance of regional development from outer space in China ［J］. Journal of systems science and information, 2021, 9（5）: 519-532.

［319］XU S X, LIU Q, LU X L. Shock effect of COVID-19 infection on environmental quality and economic development in China: causal linkages （Health Economic Evaluation）［J］. Environment, development and sustainability. 2022, 24（7）: 9102-9117.

［320］XU S X, LIU Q, SUN H H, et al. Economic coordination development from the perspective of cross - regional urban agglomerations in China ［J］. Regional science policy & practice, 2022, 14（S2）: 36-59.

［321］XU S, LIU Q, YANG J. Environmental quality, energy consumption and economic inequality in China: smooth structural shifts and causal linkages ［J］. Journal of systems science and information, 2023, 11（5）: 535-561.

［322］YAMAMOTO D. Scales of regional income disparities in the USA, 1955-2003 ［J］. Journal of economic geography. 2008, 8（1）: 79-103.

［323］YANG J, ADAMS F G. Social overhead capital stock estimation and stock increase effects on productivity in Korea ［J］. Journal of economic and social measurement, 1995（21）: 67-83.

［324］YANG R. Study on the total factor productivity of Chinese manufacturing enterprises ［J］. Economic research journal, 2015（2）: 61-74.

［325］YILDIZOGLU M. Competing R&D strategies in an evolutionary industry model ［J］. Computational economics, 2002, 19（1）: 51-65.

［326］YU D, LI X, YU J, et al. The impact of the spatial agglomeration of foreign direct investment on green total factor productivity of Chinese cities ［J］. Journal of environmental management, 2021（290）: 112666.

［327］ZENGA M. Decomposition by sources of the Gini, Bonferroni and Zenga inequality indexes ［J］. Statistica & applicazioni, 2013, 11（2）: 133-161.

［328］ZENGA M. On the decomposition by sub populations of the point ih （y）and synthetic i（y）inequality indexes ［C］. Luxembourg: Intervento presentato a：Meeting of the Society for the Study of Economic Inequality ECINEQ，2015.

［329］ZHANG S Y，LI H X，ZHANG Q，et al. Uncovering the impacts of industrial transformation on low－carbon development in the Yangtze River Delta ［J］. Resources，conservation & recycling，2019（150）.

［330］ZHOU Q Y，LI Z Q. The impact of industrial structure upgrades on the urban－rural income gap：an empirical study based on China's provincial panel data ［J］. Growth and change，2021，52（3）：1761－1782.

附录

主要符号列表

IRD 区域发展不平衡（imbalance of regional development）

IRED 区域经济发展不平衡（imbalance of regional economic development）

IRCD 区域综合发展不平衡（imbalance of regional comprehensive development）

SRED 区域经济可持续发展（sustainable of regional economic development）

ISA 产业空间集聚（industry spatial agglomeration）

ISO 产业结构升级（industrial structure optimization）

PG 贫困治理（poverty governance）

MS 市场规模（market scale）

MD 匹配度（matching degree）

IAD 逆绝对离差（inverse absolute deviation）

CHNS 中国健康与营养调查（China health and nutrition survey）

GDP 国内生产总值（gross domestic product）

TFP 全要素生产率（total factor productivity）

HQDRE 区域经济高质量发展（high-quality development of regional economy）

MSE 均方误差（mean square error）

WCV   加权变异系数（weighted coefficient of variation）

HHI   赫芬达尔-赫希曼指数（herfindahl-hirschman index）

AIC   Akaike 信息准则（akaike information criterion）

SDM   空间杜宾模型（spatial dubin model）

SNA   社会网络分析（social network analysis）

FTY   傅立叶 Toda-Yamamoto（Fourier toda-yamamoto）

GMM   广义矩估计（generalized method of moments）

SFA   随机前沿分析（stochastic frontier analysis）

RDD   断点回归设计（regression discontinuity design）

PMS   倾向匹配得分（propensity match score）

DID   双重差分（differences-in-differences）

SCM   合成控制法（synthetic control method）